Contrato de Namoro

Contrato de Namoro

2024

Franciele Barbosa Santos

ALMEDINA

CONTRATO DE NAMORO
© Almedina, 2024

Autor: Franciele Barbosa Santos

Diretor Almedina Brasil: Rodrigo Mentz
Editora-Chefe: Manuella Santos de Castro
Editor Pleno: Aurélio Cesar Nogueira
Produtora Editorial: Erika Alonso
Assistentes Editoriais: Letícia Gabriella Batista e Tacila da Silva Souza

Diagramação: Almedina
Design de Capa: FBA

ISBN: 9786556279909
Fevereiro, 2024

Dados Internacionais de Catalogação na Publicação (CIP)
(Câmara Brasileira do Livro, SP, Brasil)

Santos, Franciele Barbosa
Contrato de namoro / Franciele Barbosa Santos.
São Paulo : Almedina, 2024.

ISBN 978-65-5627-990-9

1. Boa-fé 2. Direito de família – Brasil
3. Planejamento familiar 4. Relações interpessoais
5. União estável (Direito de família) – Brasil
I. Título.

23-172894 CDU-347.6(81)

Índices para catálogo sistemático:

1. Brasil : Direito de família : Direito civil 347.6(81)

Eliane de Freitas Leite – Bibliotecária – CRB 8/8415

Este livro segue as regras do novo Acordo Ortográfico da Língua Portuguesa (1990).

Editora: Almedina Brasil
Rua José Maria Lisboa, 860, Conj. 131 e 132, Jardim Paulista | 01423-001 São Paulo | Brasil
www.almedina.com.br

Não há nada mais dignificante do que amar plenamente.

Se ocasionalmente amaste mal, então odiaste;
se odiaste com conhecimento de causa, então amaste.

SANTO AGOSTINHO

NOTA DA AUTORA

A sociedade tem passado por inúmeras transformações ao longo dos anos, uma vez que as mudanças no âmbito social impactaram, diretamente, nos relacionamentos interpessoais e amorosos, os quais passaram a ocorrer de forma mais livre e dinâmica. Nesse contexto, o namoro passa a se entrelaçar com a união estável em razão da proximidade de ambos, o que gera inseguranças para aqueles que desejam namorar, mas sem configurar uma entidade familiar.

Assim, a presente obra tem como objetivo analisar o contrato de namoro, o qual consiste em um negócio jurídico contemporâneo, e se possui efeitos no ordenamento pátrio, sendo a hipótese norteadora da pesquisa que o contrato perpassa pela existência, validade e eficácia do negócio jurídico, bem como que o seu objeto não é proibido por lei, não havendo, portanto, óbices para que produza plenos efeitos.

Para tanto, parte-se da análise dos relacionamentos afetivos na modernidade e pós-modernidade, enunciando a compreensão do namoro em décadas e séculos anteriores e o namoro na sua compreensão atual, bem como caracteriza-se a união estável e a sua proximidade com o namoro. Na sequência, trata-se a respeito da liberdade no âmbito familiar e a sua exteriorização por meio da autonomia privada e autodeterminação, passando pelo princípio de direito de família mínimo e o direito ao livre planejamento familiar. Ainda, analisa-se a boa-fé objetiva aplicada às relações familiares e negociais.

Por fim, define as nuances da atualidade que demandam a consecução do contrato de namoro, a sua caracterização como negócio jurídico contemporâneo para, então, demonstrar que referido instrumento é existente, válido e eficaz, trazendo, também, as partes desse negócio jurídico, o seu conteúdo e cuidados necessários.

Longe de esgotar a problemática que permeia o contrato de namoro, a escolha desse tema se deu em razão da relevância dos relacionamentos amorosos para as pessoas, bem como em face das inseguranças latentes atualmente, sendo a contratualização desse relacionamento uma solução hábil e eficiente.

Assim, conclui-se que o contrato de namoro é um negócio jurídico existente, válido e eficaz, eivado de boa-fé e relevante para a garantia da autodeterminação do indivíduo, ainda aponta para os requisitos que devem ser observados para a produção de plenos efeitos desse instrumento contratual.

Londrina, inverno de 2023.

FRANCIELE BARBOSA SANTOS

AGRADECIMENTOS

Não há nada mais humilde que reconhecer e agradecer àqueles que contribuíram para que fosse possível concluir essa fase tão importante na vida acadêmica que representa a conclusão de um programa de Mestrado. Dessa forma, não poderia deixar de agradecer todos que, de alguma forma, contribuíram.

A Deus, pelo dom da vida, pela graça da sabedoria, saúde e discernimento. Nada, sem exceção, ocorre senão em razão da Sua vontade.

Aos meus pais e ao meu noivo, que me deram suporte para a realização dessa pesquisa e pelo amor incondicional. Obrigada por estarem presentes em minha vida.

Aos meus amigos, agradeço a compreensão da minha ausência e por todo apoio, amor e amizade. Em especial, à minha sócia e amiga Lillian, que me ajudou não só na vida acadêmica, mas compartilhou comigo as dificuldades e alegrias da conciliação da advocacia com o mestrado. Meu sincero obrigada.

À minha orientadora, professora Dra. Daniela Braga Paiano, o ser humano fundamental para a construção da minha vida acadêmica, haja vista que desde o primeiro contato, para fazer parte do seu projeto de pesquisa, me acolheu e me direcionou. Esse gesto foi de profundo acolhimento e incentivo para o ingresso e permanência no âmbito acadêmico. A sua orientação, o seu acolhimento e a sua postura foram essenciais para o meu desenvolvimento. Obrigada.

À professora Dra. Rita de Cássia Resquetti Tarifa Espolador, por seu lado humano e gentil que desde sempre me acolheu na vida acadêmica e por acreditar em mim e na minha pesquisa. Os seus ensinamentos me motivaram. Obrigada.

À banca examinadora, meu profundo respeito e gratidão.

À Universidade Estadual de Londrina, por me proporcionar uma evolução acadêmica e profissional de tão alto nível. Concluir o Mestrado nesta instituição que já havia me acolhido na Graduação é, acima de tudo, a concretização de um sonho.

Por fim, ainda agradeço o professor Dr. Eduardo Tomasevicius Filho pelo incentivo a publicação, pelo ser humano generoso e grandioso que és. Obrigada.

PREFÁCIO

A contemporaneidade demanda uma adequação do Direito para atingir sua finalidade precípua: a proteção das pessoas. O Direito de Família, devido à sua dinamicidade, sempre está em transformação. É nesse contexto que se insere a temática da obra, qual seja, o contrato de namoro.

A autora Franciele Barbosa Santos, ao trabalhar a temática, fruto de sua pesquisa no Programa de Mestrado em Direito Negocial da Universidade Estadual de Londrina, traça seu caminho percorrendo os relacionamentos na pós-modernidade. Com isso, diferencia namoro de união estável – o que, nos dias de hoje, não é uma tarefa fácil!

Trata, ainda, da necessária intervenção mínima do Estado em determinados aspectos do Direito de Família, o que possibilita que as partes envolvidas elaborem contratos atípicos, como o de namoro. É importante ressaltar que, além da intervenção mínima nas relações privadas, cabe às partes decidirem sobre seu planejamento familiar, os negócios jurídicos aplicados à essas relações e que estes devem ser pautados pelo princípio da boa-fé objetiva.

A partir desse contexto, o contrato de namoro ganha enfoque como fonte de proteção material e imaterial, analisando a existência ou não de impedimentos para a sua realização, uma vez que esse instrumento reflete os anseios de parcela da sociedade atual.

Analisado sob o viés negocial, a autora conclui pela possibilidade jurídica e validade do referido contrato e destaca sua imprescindibilidade para os dias atuais. Ainda, trata o contrato de namoro em espécie trazendo os princípios aplicáveis, conteúdo que pode ser contratualizado, as partes que podem contratualizar e os cuidados a serem tomados.

Por fim, ao concluir que é um negócio jurídico hábil para a produção de efeitos no ordenamento pátrio, disponibiliza um modelo de contrato de namoro de sua própria autoria.

O livro reflete um percurso de amadurecimento de ideias, de uma pesquisa realizada em âmbito nacional e estrangeiro, mostrando a utilidade prática do contrato de namoro. É leitura obrigatória para os enamorados da sociedade atual, mostrando que não é apenas um livro jurídico, mas vai além, é uma obra de leitura fluida e essencial para entendermos o 'amor contratualizado'. Boa leitura!

Londrina, 22 de agosto de 2023.

Profa. Dra. DANIELA BRAGA PAIANO
Professora do Programa de Mestrado
e Doutorado em Direito Negocial da Universidade Estadual de Londrina

LISTA DE GRÁFICOS

LISTA DE ABREVIATURAS E SIGLAS

AI	Agravo de Instrumento
AP	Apelação
Art.	Artigo
Arts.	Artigos
CC	Código Civil
CCI	Código Civil Italiano
CF	Constituição Federal
IBDFAM	Instituto Brasileiro de Direito de Família
IBGE	Instituto Brasileiro de Geografia e Estatística
IPEA	Instituto de Pesquisa Econômica Aplicada
PR	Paraná
REsp	Recurso Especial
RS	Rio Grande do Sul
STF	Supremo Tribunal Federal
STJ	Superior Tribunal de Justiça

SUMÁRIO

INTRODUÇÃO

O meio ambiente familiar e os relacionamentos interpessoais sofreram impactos pelas transformações sociais ocorridas, principalmente a partir da modernidade e da pós-modernidade. A família tradicional é uma instituição pré-determinada e com funções que lhe são inerentes, mas a sua caracterização não está imune às mudanças sociais.

Assim como a configuração familiar sofre transformações, as relações amorosas interpessoais também se modificam juntamente com os costumes e tradições, sendo que a mudança no primeiro impacta no segundo. Para compreender a realidade que culmina nos relacionamentos, é necessário vislumbrar as suas principais manifestações e desdobramentos.

Com o advento da pós-modernidade a efemeridade é acolhida e tal característica influi na forma com que as pessoas se relacionam e se conectam, uma vez que as relações amorosas deixam de servir à instituição como o casamento e passam a se fundar no amor e na busca pela felicidade. Nesse contexto, também em razão da ascensão da tecnologia, da Internet e das redes sociais, as formas de criar e manter conexões se transmutam, trazendo inovações e maior liberdade para os relacionamentos amorosos.

De outro vértice, têm-se as entidades familiares, as quais possuem especial proteção do Estado, justamente em razão da sua importância para o desenvolvimento pessoal e da personalidade do indivíduo em seu seio. São reconhecidas como entidade familiar, além do casamento, a união estável e a comunidade formada por qualquer dos pais e seus descendentes (art. 226 CF).

A união estável foi devidamente reconhecida como entidade familiar, a partir da promulgação da Constituição Federal de 1988. Antes dessa constituição assim prever, as uniões ficavam às margens da Lei. O conceito da união estável encontra-se, atualmente, previsto no artigo 1.723 do Código Civil, o qual traça como requisitos para a sua configuração a publicidade, a estabilidade, a durabilidade e o objetivo de constituir família.

Ocorre que, com as mudanças ocasionadas nos relacionamentos interpessoais, o namoro se aproximou, demasiadamente, do que se entende como união estável, uma vez que os requisitos caracterizadores da união estável se tornaram perceptíveis no namoro.

Essa situação ocasiona, na atualidade, inquietudes quanto à insegurança jurídica latente de um eventual reconhecimento da união estável em um relacionamento de namoro. É nesse contexto que se insere o objeto da pesquisa, o contrato de namoro, o qual consiste em um negócio jurídico, sendo a exteriorização de um negócio jurídico contemporâneo.

A pesquisa se insere na perspectiva negocial, uma vez que tem como objetivo a análise de um instrumento negocial, o contrato de namoro, o qual, por sua vez, representa uma contratualização das relações familiares, pois diz respeito à pactuação de relacionamentos amorosos que, apesar de não constituírem uma entidade familiar, se aproximam dela, podendo gerar efeitos para a sua não configuração.

O contrato de namoro é um instrumento pelo qual as partes pactuam sobre o relacionamento que mantêm, bem como traçam aspectos patrimoniais e extrapatrimoniais que entendem como relevantes, principalmente exteriorizam que não pretendem e não se consideram uma família. Trata-se de uma alternativa ao reconhecimento de uma união estável em um relacionamento de namoro.

Sabe-se que o Direito não é capaz de vislumbrar e prever todas as situações, principalmente as existenciais, que se apresentam na realidade fática, justamente porque o Direito surge do fato e o regulamenta e não o oposto. É nessa conjuntura que se insere a contratualização do Direito de Família, uma vez que as relações humanas são mais dinâmicas do que a regulamentação, sendo a contratualização uma forma de trazer maior segurança para as famílias e para os relacionamentos que não configuram uma.

Assim, ante a ausência de previsibilidade do reconhecimento de uma união estável, os enamorados têm optado por contratualizar o relacionamento por meio de contrato, o contrato de namoro. Entretanto, a validade e eficácia desse instrumento contratual não é pacífico no ordenamento pátrio, ao contrário, consiste em um assunto tormentoso, que gera controvérsias e posicionamento antagônicos entre si, ocasionando dúvidas aos enamorados sobre como proteger o relacionamento que desejam vivenciar de ingerências externas e descabidas.

Dessa forma, objetiva-se demonstrar que o contrato de namoro é um negócio jurídico existente, válido e eficaz para a proteção dos indivíduos que desejam firmá-lo, bem como que não há quaisquer vedações pátrias para a sua realização e para que surja com plenos efeitos. Sendo a hipótese norteadora que contrato de namoro perpassa pela existência, validade e eficácia do negócio jurídico, bem como que seu objeto não é proibido por lei, não havendo, portanto, óbices para o seu reconhecimento.

Visa-se trazer maior clareza para o referido instrumento negocial, a partir da teoria do negócio jurídico, justamente por configurar um recurso relevante para os enamorados, principalmente para pactuarem acerca de situações existenciais. Os negócios jurídicos na atualidade, acompanhando o viés constitucional, possuem como centro a realização da pessoa humana e da sua dignidade.

O contrato de namoro, portanto, traz concretude ao amor que as partes desejam vivenciar, justificando a sua existência, justamente em razão de ser um meio para que possam alcançar a felicidade individual por meio dos relacionamentos.

Assim, a pesquisa se mostra relevante, uma vez que ao analisar os aspectos da Teoria do Negócio Jurídico, os planos de existência, validade e eficácia, bem como os princípios aplicáveis aos negócios jurídicos, em especial aos contratos, delimita os aspectos que tornam esse instrumento como hábil para a produção de efeitos.

A considerar que o presente trabalho advém do pensamento racional, crítico e objetivo, com a finalidade de investigar se o contrato de namoro é eficaz, é necessário a utilização de métodos adequados para a construção e desenvolvimento da pesquisa. O método utilizado no presente, portanto, é o dedutivo, uma vez que a lógica da pesquisa parte da análise de premissas amplas e gerais e, após, investiga-se a sua aplicação ao tema proposto e objeto do presente. A pesquisa se desenvolve a partir do gênero de uma pesquisa teórica – bibliográfica, documental e legislativa.

Com o propósito de atingir os fins acima propostos, é necessário, primeiramente, compreender as mudanças sociais que culminaram nas transformações nos relacionamentos interpessoais, os quais não correspondem aos relacionamentos mantidos nas décadas e séculos anteriores, o que ocasiona as incertezas e inseguranças presentes.

Ainda, será analisada a liberdade no âmbito familiar, justamente por se exteriorizar nas relações familiares e, também, na contratualização, sendo imprescindível a sua compreensão para a análise do contrato de namoro em espécie e os limites para o seu exercício.

Não somente isso, será preciso identificar as nuances que demandam e justificam a realização do contrato de namoro, bem como os princípios que lhe são aplicáveis, principalmente a boa-fé objetiva, a qual deve ser assegurada nas mais diversas interações sociais e negociações.

Dessa forma, com o fim de cumprir os objetivos propostos, o trabalho se divide em três capítulos. O primeiro destina-se a identificar as mudanças sociais e seus impactos nos relacionamentos amorosos, bem como busca definir o que se entende por namoro, união estável e os seus aspectos diferenciadores. O segundo capítulo visa analisar a liberdade no âmbito familiar, com ênfase na compreensão da autonomia privada e autodeterminação e a sua correlação com o princípio do Direito de Família mínimo e o direito ao livre planejamento familiar. Por fim, o terceiro capítulo, após apontar os nuances da atualidade que demandam o referido instrumento, define os critérios balizadores para que o contrato de namoro seja reconhecido como hábil para a produção de efeitos.

1. O AMOR NA PÓS-MODERNIDADE

O amor é um sentimento que se manifesta de inúmeras formas e possui diferentes compreensões. É uma emoção que propulsiona o ser humano, que busca amar e ser amado independentemente das circunstâncias. É por meio do amor as pessoas buscam a expressão de sua personalidade e a sua realização enquanto seres humanos.

Esse afeto consiste em um sentimento nobre, representa uma energia relacionada à vida. Quando se ama, o corpo se ilumina, a sensação de estar vivo se aflora, desperta-se, assim, a vontade de crescimento interior, bem como a coragem para superar medos e bloqueios.[1] O amor, portanto, é um sentimento divino que permeia a existência humana, é um estado genuíno de afeição.

Por assim ser, representa a mais profunda expressão do ser humano. É por meio desse sentimento, seja ele amor-próprio, ágape, filial ou eros, que a pessoa manifesta seus sentimentos, exterioriza os seus pensamentos, suas tolerâncias, desejos e paixões. Trata-se de uma expressão individual e pessoal, por meio da qual, na maioria das vezes, o indivíduo procura alcançar a sua própria felicidade.

O amor se manifesta de múltiplas formas, algumas mais corriqueiras e outras mais novas e distintas. Somente a partir da compreensão da

[1] MALUF, Adriana Caldas do Rego Freitas. **Direito das famílias**: amor e bioética. Rio de Janeiro: Elsevier, 2012, p. 85.

diversidade no sentir humano, ultrapassando padrões rígidos, é que se permite ao ser humano o "[...] acesso à expressão mais pura de sua personalidade, podendo este, 'sentir-se em casa no mundo'".[2]

Importante ressaltar que o amor decorre do respeito às individualidades de cada pessoa, uma vez que cada um é único e busca alcançar a sua felicidade de modo particular. Não se determinam, nesse contexto, os meios de buscar tal comprazimento, uma vez que a felicidade é subjetiva e depende do entendimento do próprio indivíduo. Cada pessoa é única e, dentro de seu universo particular, possui o direito de amar e ser amada da maneira que lhe faz sentido.

O amor é um sentimento que remonta à existência humana, não há como falar dele sem considerar a existência do próprio ser humano.[3] Consiste na preocupação ativa com os nossos semelhantes, com o outro, e é justamente isso que o difere dos demais seres vivos. O afeto, nesse contexto, consiste na liberdade do indivíduo de poder se relacionar com o outro em busca da felicidade.

Assim, vislumbra-se que o amor decorre do respeito ao outro e às individualidades das manifestações humanas e é por isso que se deve respeitar a decisão pessoal, a qual manifesta os sentimentos que lhe são próprios conforme a realidade de cada ser. Ressalta-se que as manifestações interpessoais são influenciadas pela vivência de cada um, bem como correspondem ao momento histórico vigente[4], de forma que entendimentos limitantes ou retrógrados não devem impedir a liberdade de amar livremente, uma vez que o amor decorre da aceitação e tolerância.

O ser humano, por ser um ser social, firma laços com outras pessoas, os quais são pautados no afeto que nutrem um pelo outro o que, muitas vezes, podemos denominar de amor. Assim sendo, tem-se que uma das manifestações e exteriorizações do amor é por meio relações interpessoais com ênfase, no presente, nas relações amorosas, as quais, por sua vez, remontam à realidade social e com ela se transmuta.

[2] ARENDT, Hannah. **O conceito de amor em Santo Agostinho**. Tradução de: Alberto Pereira Dinis. Lisboa: Instituto Piaget, 1997, p. 105

[3] FROMM, Erich. **A arte de amar.** São Paulo: Martins Fontes, 2000, s.p, l. 9. *E-book*.

[4] MALUF, Adriana Caldas do Rego Freitas. **Direito das famílias**: amor e bioética. Rio de Janeiro: Elsevier, 2012, p. 58.

Assim, por refletir os costumes sociais, bem como em razão das interações se modificarem com o passar do tempo, juntamente com os aspectos sociais, econômicos e científicos, compreender o momento vigente e os momentos anteriores que desencadearam na atualidade é necessário para visualizar os costumes e normas vigentes para atender diferentes realidades.

Para compreender os relacionamentos atuais e as formas de manifestação do amor, nos presentes dias, é fundamental revisitar momentos anteriores e compreender as influências de cada época para a compreensão atual, bem como as origens da legislação, principalmente as que dizem respeito às famílias, as quais sofreram transformações na sua compreensão e no papel social que representavam com o passar do tempo.

Atualmente, nota-se que as relações amorosas se tornaram diferentes das anteriores e se apresentam de uma forma mais dinâmica, quando comparada com as de momentos históricos distintos. Inclusive, se tornou possível, por exemplo, a contratualização das relações amorosas, com o objetivo de trazer mais segurança para aqueles que se relacionam sentimentalmente. Assim, se antes o amor representava uma preocupação, tão somente, com os sentimentos mantidos entre as partes, nos dias atuais destacam-se, também, os seus desdobramentos. Essa situação impulsionou os casais a realizarem negócios jurídicos dispondo sobre os seus relacionamentos e dando maior concretude ao sentimento mantido.[5]

Portanto, a compreensão do amor, na realidade atual, difere do que se entendia em épocas passadas. Atualmente, há a busca incessante pela liberdade de amar e pela autonomia na manifestação de sentimentos, independentemente da sua forma ou meio. É nesse sentido que, no presente capítulo, busca-se perpassar pelas nuances históricas que desencadearam transformações e resultaram nas relações amorosas que se vislumbra hoje, a fim de demonstrar que as formas de amar já não são mais as mesmas, mas que o direito de amar deve ser garantido.

[5] Cita-se como exemplo o pacto antenupcial, o contrato de namoro e o contrato de coparentalidade.

1.1. Modernidade e pós-modernidade: compreensão e momento atual

Os relacionamentos interpessoais sofrem modificações ante os costumes sociais que são inerentes à realidade que vivenciam. A formação de família, o modo de manter uma relação de namoro e a compreensão de amor, por exemplo, se alteram com as mudanças e costumes sociais. Nesse contexto, é importante a compreensão não só do momento histórico, mas também das manifestações e influências na vida privada das pessoas.

A fim de possibilitar a compreensão de como o amor se apresenta nos dias atuais, é necessário entender o contexto social no qual se insere e as transformações e evoluções que decorreram ao longo da história. Para tanto, é imperioso analisar dois momentos históricos, nos quais os relacionamentos se apresentaram e se apresentam de formas distintas entre si, o que impactou a compreensão e influenciou o modo atual de se relacionar.

O termo "evolução", quando usado no presente para se referir às mudanças nos relacionamentos, costumes e tradições, não se dirige a uma realização determinada ou diz respeito a um objetivo posto em um horizonte, mas se refere a uma transformação do provável, do até então apresentado.[6] Assim, ao se tratar da evolução social, perpassando pelos mais diversos contextos, tem-se como objetivo apresentar e caracterizar cada fase histórica.

O moderno tem como escopo designar tudo aquilo que é novo, que é inovador, aponta para o desconhecido como referência de oposição ao passado, ao que se tinha até então. A modernidade é um momento histórico pautado sobre a liberdade e racionalidade.[7] Trata-se de um período pós-renascentista, século XVII, cuja expressão é de superação dos tempos medievais, trazendo uma ideia de progresso, de eclosão e de inovação.[8]

Por outro vértice, Hegel atribui como delimitação entre a Idade Média e a Idade Moderna três acontecimentos: a descoberta do novo mundo, o Renascimento e a Reforma, os quais ocorreram por volta de 1500.[9]

[6] NEVES, Marcelo. **Entre Têmis e Leviatã**: uma relação difícil: o Estado Democrático de Direito a partir e além de Luhmann e Habermas. São Paulo: Martins Fontes, 2006, p. 5.

[7] BITTAR, Eduardo C. B. **O direito na pós-modernidade**. 3. ed. modificada e atualizada. São Paulo: Atlas, 2014, p. 28.

[8] Ibidem.

[9] HABERMAS, Jürgen. **O discurso filosófico da modernidade**. 2. ed. Lisboa: Publicações Dom Quixote, 1998, p. 17.

Entretanto, apesar das divergências quanto aos marcos entre a Idade Média e Moderna, o que se nota como caracterizador, para a ocorrência do que a posteriormente foi denominado de Idade Moderna, é a mutação de pensamentos e posturas nas mais variadas áreas da existência humana.

Por surgir em contraposição à era medieval, a modernidade vem de encontro a costumes, organizações, crenças e até aspectos econômicos da organização social vigente anteriormente. Tal período se exterioriza por meio de uma unidade paradoxal, uma vez que se apresenta como um complexo de integração e desintegração, de lutas, contradições e ambiguidades.[10]

A modernidade se apresenta como uma série de rupturas com condições históricas precedentes, marcadas por um intenso processo de fragmentação e rupturas. Salienta-se que a modernidade somente adquiriu centralidade durante o século XVIII com os pensadores iluministas, os quais prezavam pelo desenvolvimento da ciência objetiva, contrapondo-se, portanto, às crenças dos séculos anteriores.[11]

O início da era moderna pode ser associada a inúmeras práticas humanas que se correlacionam com as mudanças típicas da sociedade, enfatiza-se a emancipação do tempo em relação ao espaço, uma vez que, mediante a capacidade técnica e científica que passa a ser desenvolvida, nota-se uma aceleração para a conquista de terras e espaço.[12]

Vislumbra-se que o avanço tecnológico e o viés cientificista, atrelados à modernidade, se exteriorizam pelo domínio da natureza e derivam do conhecimento que lhes são aplicados, traçando uma ideia de ordem e manipulação dos eventos, sendo possível classificá-los como prováveis e improváveis.[13] Se as explicações de mundo se fundavam nas crenças e misticismo, tal como se dava na Idade Média, a era moderna pauta-se na ciência. Se anteriormente o homem servia à natureza, na modernidade ele passa a compreendê-la e dominá-la.

[10] HARVEY, David. **A condição pós-moderna**: uma pesquisa sobre as origens da mudança cultural. São Paulo: Edições Loyola, 1992, p. 21

[11] Ibidem, p. 22-23.

[12] BAUMAN, Zygmunt. **Modernidade Líquida**. Rio de Janeiro: Zahar, 2001, p. 216-217.

[13] BAUMAN, Zygmunt. **Legisladores e intérpretes, pós-modernidade e intelectuais**. Rio de Janeiro: Zahar, 2010, p. 18.

A razão, então, é posta a serviço da produção de riquezas, da produtividade e do fazer, ou seja, ocorre a instrumentalização da razão, no intuito de cumprir com os fins que são próprios do capitalismo o que ocasionou desvios no rumo da própria modernização.[14] O desenvolvimento social se voltava para a busca da razão, por meio do desenvolvimento da técnica e do conhecimento, uma vez que o pensar racional, que se afastava das explicações religiosas e crenças míticas, visava à libertação das irracionalidades, bem como do uso arbitrário de poder e do lado obscuro da natureza humana. Desse modo, "Somente por meio de tal projeto poderiam as qualidades universais, eternas e imutáveis de toda a humanidade ser revelada".[15]

Ocorre, assim, o abandono das crenças para explicar o mundo, dedicando-se os homens para a ciência, a fim de alcançar uma nova forma de explicar o mundo e a sua compreensão. Passa-se a acreditar que somente por meio da razão é que a humanidade atingiria a sua libertação das amarras do que a antecedeu.

Tal contexto apresenta-se favorável à aliança entre a produção, o saber e o agir, os quais se apresentam como características da razão instrumental, e colocam o objetivo de emancipação por meio da razão ainda mais distante.[16] Buscava-se superar o medievo por meio do avanço do conhecimento, entretanto, ao invés de terem encontrado a abundância, a cura para inúmeras doenças e formas para a pacificação social, percebeu-se que a razão foi posta a serviço da produção de riquezas.

Importante salientar, nesse contexto, que a ruptura do medieval para o moderno não foi instantânea. A Idade Média foi marcada pela fé, seja a fé cristã, mitológica ou o paganismo. A mudança do foco na fé para a ciência não se deu de forma abrupta, iniciou-se de forma gradual na modernidade o progresso da ciência e das artes, mas ainda se nota ideias clássicas e cristãs que abarcavam a sociedade.[17]

[14] BITTAR, Eduardo C. B. **O direito na pós-modernidade**. 3. ed. modificada e atualizada. São Paulo: Atlas, 2014, p. 32.

[15] HARVEY, David. **A condição pós-moderna**: uma pesquisa sobre as origens da mudança cultural. São Paulo: Edições Loyola, 1992, p. 23.

[16] BITTAR, op. cit., p. 33.

[17] KUMAR, Krishan. **Da sociedade pós-industrial à pós-moderna**: novas teorias sobre o mundo contemporâneo. 2. ed. Rio de Janeiro: Zahar, 1997, p. 236 – 240.

O homem moderno, contudo, ao contrário do medieval, cede ao progresso e ao desenvolvimento humano, se maravilha com as inúmeras possibilidades decorrentes do avanço da ciência e da razão. Para os filósofos modernos, a modernidade consistia na descoberta da finalidade de Deus para o homem na terra, sendo a Revolução Francesa uma das maiores expressões da obtenção da liberdade por meio da razão.[18]

Max Weber atribui íntima relação entre a modernidade e o racionalismo ocidental, o qual descreveu como o processo de desencanto e de desintegração das concepções religiosas. Afirma, ainda, que o desenvolvimento das sociedades modernas se deu em torno da organização da empresa capitalista e do aparelho burocrático do estado.[19]

No âmbito da industrialização e da economia nesse período, apresentou-se uma organização burocrática de produção, movendo a força de trabalho através dos mercados de trabalho. Criou-se, nesse campo, uma burocratização que transcendeu as esferas governamentais e, apesar de ter burocratizado o trabalho em si, não se burocratizou sua direção, a qual, em um estágio inicial, fundava-se em "firma de família",[20] não sofrendo grandes mudanças com o posto até então.

A modernidade afetou todos os segmentos sociais, de forma que a sociedade moderna restou caracterizada justamente em razão das transformações sofridas. Nota-se essa mudança na arte, na literatura, na filosofia, nas crenças, na ciência, na economia, na política, na organização do Estado, bem como nos costumes sociais e nas tradições. Enfim, é marcada pela racionalização, mas não só por ela. Passou-se a refletir, também, nesse período, sobre as tradições, as quais se apresentavam como espontâneas até aquele momento.[21]

Nesse sentido, as artes se apresentavam com o intuito de representar o eterno e o mutável, em uma dicotomia entre opostos. Assim, exteriorizavam o caos vivido na época, bem como a tentativa de negar o anterior e

[18] KUMAR, Krishan. **Da sociedade pós-industrial à pós-moderna**: novas teorias sobre o mundo contemporâneo. 2. ed. Rio de Janeiro: Zahar, 1997, p. 247-248.

[19] HABERMAS, Jürgen. **O discurso filosófico da modernidade**. 2. ed. Lisboa: Publicações Dom Quixote, 1998, p. 13-14.

[20] PARSONS, Talcott. **O sistema das sociedades modernas**. São Paulo: Livraria Pioneira Editora, 1974, p. 37.

[21] HABERMAS, op. cit., p. 14.

desfrutar o novo. O artista moderno, bem-sucedido, era aquele que conseguia representar a beleza no caos, o eterno no mutável e a preciosidade dos dias efêmeros.[22]

Essa contradição aos tempos anteriores tinha como objetivo criar o novo, trazer modernização e mudanças. Essa "[...] destruição criativa é muito importante para a compreensão da modernidade, precisamente porque derivou dos dilemas práticos enfrentados pela implementação do projeto modernista",[23] uma vez que um novo mundo não poderia ser criado sem a destruição do que viera anteriormente.

Tal contradição e destruição são representadas nas artes modernistas. O modernista, que buscavam romper com tudo aquilo que o precedeu, em uma constante negativa do que o antecedeu. Entretanto,

> Se o modernista tem de destruir para criar, a única maneira de representar verdades eternas é um processo de destruição passível de, no final, destruir ele mesmo essas verdades. E, no entanto, somos forçados, se buscarmos o eterno e imutável, a tentar e a deixar a nossa marca no caótico, no efêmero e no fragmentário.[24]

Além disso, a representação da modernidade por meio das artes funde-se com a manifestação histórica, uma vez que a arte moderna se auto fundamenta, buscando em si mesma inspiração, já que rejeita as épocas anteriores. Nesse contexto, a referência para a arte moderna passa a ser "a atualidade que se auto consome, que perde a extensão de um período de transição, de um tempo muito recente".[25]

Esse período, então, é associado a diversos termos como: progresso, razão, ciência, centralização, economia, individualismo, liberalismo, entre outros. Essa associação não se dá em razão do acaso, mas assim o é uma vez que tais termos nasceram juntamente com a modernidade e por ela foram sustentados. As práticas sociais, as ideologias, nascentes nesse

[22] HARVEY, David. **A condição pós-moderna**: uma pesquisa sobre as origens da mudança cultural. São Paulo: Edições Loyola, 1992, p. 29-30.

[23] Ibidem, p. 26.

[24] Ibidem.

[25] HABERMAS, Jürgen. **O discurso filosófico da modernidade**. 2. ed. Lisboa: Publicações Dom Quixote, 1998, p. 20.

'novo tempo' representavam o sustentáculo da liberdade pregada pela modernidade.[26]

É justamente por assim se configurar que o "moderno" e o "progressista" se entrelaçam e passam a deslumbrar com o progresso, com o novo, com a mudança e com as infinidades de possibilidades.[27] Tal fato faz com que a modernidade busque o que ainda está por vir, mostrando descontentamento em se conformar com estruturas, costumes e tradições já postas.

Essa característica de rejeitar o passado e buscar o novo implica que a sua orientação seja dada por si mesma, assim a modernidade se auto cria e se autorrege, ou seja, é seu próprio parâmetro. Ademais, "A modernidade vê-se remetida para si própria sem que a isso possa fugir. Assim se explica a hipersensibilidade com que se vê a si própria, o dinamismo das tentativas de se 'estabelecer' a si própria [...]"[28] fato que se apresentou no decorrer do tempo.

Vale ressaltar que as mudanças no cenário social e individual, as quais caracterizaram a modernidade, para se estabelecerem, devem ser incorporadas ao existente até então. As estruturas preexistentes, nesse contexto, passam a se adequar às novas expectativas, a fim de possibilitar a continuidade dinâmica da sociedade[29], uma vez que os mecanismos de evolução devem ingressar no todo social, sob pena de se tornarem ineficazes.

A evolução cultural é impulsionada por meio da complexidade que a sociedade vai atingindo. Esse contexto implica a evolução dos sistemas funcionais e, entre eles, do Direito. Isso porque os novos comportamentos não encontram respaldo na norma jurídica existente, bem como, muitas vezes, vão de encontro a elas[30], ocasionando estranheza da realidade com a normativa vigente e até gerando a sua ineficácia.

As novas concepções tomam uma perspectiva no sentido de trazer inovação para as estruturas precedentes, ante a inadequação passiva do novo ao modelo tradicional, pois, se assim fosse, não haveria motivo para se

[26] BITTAR, Eduardo C. B. **O direito na pós-modernidade**. 3. ed. modificada e atualizada. São Paulo: Atlas, 2014, p. 28.

[27] Ibidem, p. 28-29.

[28] HABERMAS, Jürgen. **O discurso filosófico da modernidade**. 2. ed. Lisboa: Publicações Dom Quixote, 1998, p. 18.

[29] NEVES, Marcelo. **Entre Têmis e Leviatã**: uma relação difícil: o Estado Democrático de Direito a partir e além de Luhmann e Habermas. São Paulo: Martins Fontes, 2006, p. 7.

[30] Ibidem, p. 15-19.

falar em evolução. É necessário, para dar continuidade à dinâmica social, que as estruturas anteriores se adequem às novas exigências.[31]

A mudança do anteriormente posto, com vistas a atender às novas exigências sociais, se apresenta nas mais diversas esferas da vida humana. Os costumes se alteram e com ele há a necessidade de que as demais estruturas institucionais se transformem, a fim de abarcar a nova realidade latente, caso contrário, não teria razão de existirem, afinal, estruturas que não atendem demandas atuais de nada servem.

O Direito, assim como a Arte, demonstrava uma ambivalência entre a ordem jurídica natural e a ordem jurídico-positiva. Apesar da modernidade negar tudo que a precedeu, o mutável ainda se encontrava subordinado ao imutável, de forma que o Direito positivo apenas era válido a partir da sua conformação com o Direito natural inalterável.[32] Percebe-se que, apesar da modernidade tentar negar tudo o que a antecedeu, não é possível que ela se construa a partir de si mesma sem utilizar das bases até então postas, mesmo que para apontar as suas incongruências e insatisfações.

A modernidade, em suma, apresentou uma nova forma de conceber o mundo, se dirigiu a elementos da natureza e da existência humana, os quais não eram objetos até então. E, por assim ser, trouxe novas possibilidades para o ser humano, com vistas a uma ordem mundial.[33] A sede por progresso a caracterizou, os modernos acreditavam que, com isso, se poderia gerar o bem-estar ao ser humano, entretanto, da mesma forma que o progresso científico trouxe ganhos indiscutíveis, acarretou processos de acelerada destruição.[34] Desse modo,

> O pragmatismo insaciável, que de tudo retira a aura, nascido desse processo, que se infla da ideia progressista, é o mesmo que alimenta os processos de acelerada destruição do mundo natural e exaustão do ambiente físico sobre o qual se lastreia a própria sobrevivência da humanidade. Em nome do progresso, conseguiu-se um regresso tão ilimitado que ameaça

[31] NEVES, Marcelo. **Entre Têmis e Leviatã**: uma relação difícil: o Estado Democrático de Direito a partir e além de Luhmann e Habermas. São Paulo: Martins Fontes, 2006, p. 7.

[32] Ibidem, p. 23.

[33] BITTAR, Eduardo C. B. **O direito na pós-modernidade**. 3. ed. modificada e atualizada. São Paulo: Atlas, 2014, p. 43-44.

[34] Ibidem, p. 70-71.

> colocar a humanidade toda sob uma catastrófica e irreversível condição de barbarização. [...]
>
> Mais que isso, o processo de afirmação das sucessivas etapas do capital, do industrial ao financeiro, do nacional ao global, condicionou a própria identidade humana a um processo de alienação de sua própria natureza, onde o instrumento se converte enfim, e os meios operam independentemente do próprio ingrediente humano.[35]

Se, por um lado, os modernos acreditavam que o bem-estar seria encontrado mediante o progresso da ciência e da razão, não contavam que isso poderia levar à Auschwitz e nem que o ser humano poderia ser objetificado.[36] Pelo contrário, esperavam, por meio do progresso e da ciência, que os seres humanos encontrassem a liberdade e se livrassem das amarras das crenças e achismos, comum da Idade Média. Buscavam, enfim, trazer ao homem a racionalidade necessária para autodeterminar a sua vida com vistas à liberdade.

Em razão dos acontecimentos da Segunda Guerra Mundial, que culminaram no fracasso do ideal pregado pela modernidade, desencadeou o surgimento do que viria a ser denominado como "pós-modernidade". Nesse sentido, foram diversos os fatores que ocasionaram a falência da modernidade e o surgimento da pós-modernidade.

> A pós-modernidade veio se produzindo como consciência ao longo de todo o século XX, com cada fracasso, com cada engodo, com cada engano, com cada destruição, com cada abalo da modernidade que se provocava com doloridas marteladas político-econômicas, sobretudo as advindas dos países desenvolvidos. Sem dúvida alguma, fala-se de um paulatino processo de desmantelamento da modernidade, de seus arcanos valorativos, de seus princípios, de suas crenças, de suas instituições, pois cada fator de desgaste da modernidade é uma semente ou um passo em direção à pós-modernidade.[37]

[35] BITTAR, Eduardo C. B. **O direito na pós-modernidade**. 3. ed. modificada e atualizada. São Paulo: Atlas, 2014, p. 70-71.

[36] Ibidem, p. 72-73.

[37] Ibidem, p. 78.

Destarte, a pós-modernidade surge nesse contexto caótico, em meio a fracassos e, por assim ser, face ao contexto social vigente, o pós-moderno tenta se desvincular de quaisquer influências modernas, entretanto, apesar de se apresentar como uma transposição do moderno, não é possível que se dissocie completamente.[38] Trata-se de um período de negação do que a antecedeu

Tal período pode se designar como o "[...] estado da cultura após as transformações que afetaram as regras dos jogos da ciência, da literatura e das artes a partir do final do século XIX".[39] A sua caracterização não é uníssona, pois não se sabe, com precisão, o que configura esse período, uma vez que se trata de uma mudança paradigmática, um movimento ou uma reavaliação do movimento anterior e de sua forma de pensar.[40]

De todo modo, a pós-modernidade se vincula ao pós-industrialismo e com o surgimento de novas ideias. O conhecimento assume um papel de destaque na força de produção, uma vez que a aferição da riqueza deixa de se basear nas matérias-primas daquela localidade e passa a ser a quantidade e qualidade de informação técnico-científica.[41] Vislumbra-se uma troca de paradigma na produção de riquezas, se antes contavam com riquezas naturais, passam a contar com a tecnologia e com a informação para a sua produção.

A sua ascensão ocorre juntamente com a era pós-industrial. A incidência dos saberes científicos e tecnológicos ocasionam uma mudança significativa. Nesse sentido, com a ascensão do capitalismo e a exploração do conhecimento, bem como em razão da multiplicação das máquinas informacionais, o saber e o conhecimento passam a ser produzidos para serem vendidos, deixando de ser o seu próprio fim.[42]

Se, por um lado, a modernidade buscava a liberdade por meio do conhecimento, sendo o conhecimento a sua finalidade, na pós-modernidade

[38] HABERMAS, Jürgen. **O discurso filosófico da modernidade**. 2. ed. Lisboa: Publicações Dom Quixote, 1998, p. 15-16.

[39] LYTOARD, Jean-François. **A condição pós-moderna**. 12. ed. Rio de Janeiro: José Olympio, 2009, p. XV.

[40] LAMPERT, Ernâni. **Pós-modernidade e conhecimento**: educação, sociedade, ambiente e comportamento humano. Porto Alegre: Sulina, 2005, p. 13.

[41] Ibidem, p. 18.

[42] LYTOARD, op. cit., p. 3-5.

ele ganha valor pecuniário e deixa de ser a finalidade precípua. Assim, o conhecimento passa a ser, para o homem, uma forma de detenção de riquezas ao invés de configurar a sua libertação, como se pretendia na modernidade.

Apresenta-se, nesse momento, uma aversão ao Humanismo e ao legado do Iluminismo, trazendo repúdio a qualquer projeto que buscasse a emancipação humana por meio da ciência e da razão.[43]

Aponta-se, dessa forma, como momento divisor entre modernidade e pós-modernidade o movimento estudantil ocorrido em maio de 1968, o qual se iniciou como movimento estudantil para, após, se tornar um movimento social que se deu em razão da insatisfação com o estabelecido até então pela modernidade. Surge um movimento que traz pautas da minoria, representando a eclosão de reivindicações de transformação social e de visão de mundo.[44]

Assim, tal movimento foi considerado como a grande revolução do final do século XX e apontado como o nascimento do pós-modernismo.[45] O termo "pós-modernidade" passa a ser utilizado, então, para designar um novo contexto sócio-histórico, entretanto seu emprego não é consenso entre os teóricos:

> Outras expressões já foram indicadas para designar esse status quo, com suas diversas projeções sobre a vida humana, como supermodernidade (Georges Balandier), modernidade reflexiva (Ulrich Beck), entre outras, sem lograrem o mesmo êxito ou o mesmo emprego expandido na literatura especializada.[46]

Apesar das diferenças terminológicas utilizadas para denominar o período que sucedeu a modernidade, aqui optar-se-á pelo termo "pós-moderno", como restou denominado por Zygmunt Bauman, "[...] o tempo em que vivemos agora, na nossa parte do mundo (ou,

[43] HARVEY, David. **A condição pós-moderna**: uma pesquisa sobre as origens da mudança cultural. São Paulo: Edições Loyola, 1992, p. 46-47.

[44] BITTAR, Eduardo C. B. **O direito na pós-modernidade**. 3. ed. modificada e atualizada. São Paulo: Atlas, 2014, p. 82.

[45] Ibidem.

[46] Ibidem, p. 84-85.

antes, viver nessa época delimita o que vemos como a "nossa parte do mundo"...)".[47]

Vale considerar que a pós-modernidade não se deu de forma repentina, tampouco se tratou apenas de um movimento intelectual, mas também se exteriorizou nas mudanças dos valores, dos costumes, dos hábitos sociais e das próprias instituições. Tal mudança foi percebida, principalmente, pela Filosofia e pela Sociologia contemporâneas, as quais passaram a descrever esse novo rumo social.[48]

A modernidade prometia a libertação do indivíduo do herdado dos tempos anteriores, entretanto essa liberdade, que durante a modernidade era atribuída ao ser humano, passou a ser considerada realização individual. Assim, se antes ela lhe era inerente, passa a depender das suas próprias realizações. Contudo, esse planejamento de realizações individuais não encontra solidez social, uma vez que o sentimento predominante é a incerteza.[49]

O pós-modernismo aceita o efêmero, o fragmentário. Se noutrora o indivíduo buscava algum respaldo sólido para a sua realização e libertação, como a ciência e a razão, na pós-modernidade há a conformidade com a falta de concretude e a não superação dessa realidade latente.

Em tal período a descontinuidade, o fragmentário e a desordem são aceitos e não há a tentativa de transcender ou de se opor a tais características. Ainda, não se tenta em meio ao caos encontrar o eterno e imutável, os quais poderiam estar contidos nele[50], dessa forma, se, nos tempos modernos essa dicotomia era prevalecente – ou seja, representava-se essa ambiguidade e o ser humano se via em meio a um mundo bipolarizado, entre a solidez e efêmero – na pós-modernidade há a aceitação do fragmentário e da ausência de solidez.

Nesse contexto, destaca-se o pensamento de Nietzche, o qual enfatizava o caos e a impossibilidade de lidar com a realidade de forma racional. O acolhimento da efemeridade e da fragmentação gera uma série de

[47] BAUMAN, Zygmunt. **O mal-estar da pós-modernidade**. Rio de Janeiro: Zahar, 2012, s.p., l. 55. *E-book*.

[48] BITTAR, Eduardo C. B. **O direito na pós-modernidade**. 3. ed. modificada e atualizada. São Paulo: Atlas, 2014, p. 89.

[49] BAUMAN, op. cit., p. 55-59.

[50] HARVEY, David. **A condição pós-moderna**: uma pesquisa sobre as origens da mudança cultural. São Paulo: Edições Loyola, 1992, p. 49.

consequências e mudanças, como a impossibilidade de especificar as verdades eternas e universais, bem como a incredulidade diante das metanarrativas.[51]

O sentimento dominante na pós-modernidade é a incerteza, a qual não se limita aos dons ou capacidades individuais, mas abarca a configuração de mundo e o modo de como viver nele, pois as incertezas não são temporárias, mas passam a ser permanentes e irredutíveis[52], ou seja, a única certeza que se tem é que não há certezas.[53]

É nesse panorama que Zygmunt Bauman descreve a realidade social como "líquida", referindo-se à passagem da fase sólida da modernidade para a sua fase líquida, uma vez que as organizações sociais não mantêm a sua forma por muito tempo, pois se decompõem e se dissolvem mais rapidamente do que se reorganizam.[54]

Inicialmente, Zygmunt Bauman inseriu seus estudos sob o prisma da pós-modernidade, entretanto, em nova reflexão, passou a chamá-la de "modernidade líquida", uma vez que, a seu juízo, a noção de pós-modernidade tinha um caráter negativo, ou seja, "[...] nos dizia profusamente o que a realidade atual já não era, mas oferecia pouca informação sobre o que estava em seu lugar".[55]

Apesar de ter adotado outra terminologia para descrever as mudanças sociais, os estudos do sociólogo se aplicam ao paradigma pós-moderno. Assim, o que é apontado como característica da modernidade líquida é aplicado aos, aqui entendidos como, tempos pós-modernos.

Dessa forma, como as demais esferas sociais, o Direito também não passou intacto às modificações sociais. A Revolução Industrial e a sociedade pós-moderna exigiram que a responsabilidade civil, por exemplo, tomasse uma nova feição. Nesse sentido, passa-se a desvalorizar a causa e foca-se nos

[51] HARVEY, David. **A condição pós-moderna**: uma pesquisa sobre as origens da mudança cultural. São Paulo: Edições Loyola, 1992, p. 49-50.

[52] BAUMAN, Zygmunt. **O mal-estar da pós-modernidade**. Rio de Janeiro: Zahar, 2012, s.p., l. 38. E-book.

[53] BITTAR, Eduardo C. B. **O direito na pós-modernidade**. 3. ed. modificada e atualizada. São Paulo: Atlas, 2014, p. 89.

[54] BAUMAN, Zygmunt. **Tempos líquidos**. Rio de Janeiro: Jorge Zahar Ed., 2007, s.p., l. 5. *E-book*.

[55] BAUMAN, Zygmunt. **Legisladores e intérpretes, pós-modernidade e intelectuais**. Rio de Janeiro: Zahar, 2010, p. 10-11.

efeitos. Isso se dá em razão da instantaneidade da sociedade pós-moderna, a qual se preocupa mais em encontrar soluções do que propriamente encontrar razões, trazendo o foco para o efeito ao invés da causa.[56] O Direito, o qual exige certa estabilização de valores a fim de estabelecer o seu conteúdo normativo, depara-se com a difícil situação de valorar os consensos possíveis em um mundo que se encontra em transformação e estabelecer os seus limites, a fim de dar uma tutela jurídica adequada.[57] Sob essa perspectiva, a sociedade pós-moderna traz desafios para a sua regulamentação, uma vez que as narrativas são múltiplas e a uniformidade quase que escassa.

Nesse contexto, inserem-se as relações interpessoais e institucionais e, entre elas, as famílias. As instituições familiares, que se apresentavam como refúgio e sustento do indivíduo, são enfraquecidas, os laços que anteriormente eram (e deveriam ser) duradouros, não são mais tratados como tais, pois os relacionamentos possuem em seu bojo a possibilidade de retirada unilateral do indivíduo, sem quaisquer explicações.[58] Se a característica dos relacionamentos, antes da pós-modernidade, era de "até que a morte nos separe", nos tempos pós-modernos os relacionamentos são passíveis de términos sem quaisquer explicações.

O contexto social notado na pós-modernidade traz às pessoas uma individualização que chega para ficar. "Uma liberdade sem precedentes para experimentar – mas (*timeo danaos et dona ferentes*) traz junto a tarefa, também sem precedentes, de enfrentar as consequências".[59] Tal individualização se dá tanto no aspecto coletivo, como no aspecto privado.

A liberdade individual é notada nas relações familiares em que se passa a objetivar a concretização da felicidade individual, ou seja, busca-se a eudemonia por meio da família e dos relacionamentos. Se antes a família se dava de forma pré-ordenada, engessada e padronizada, na pós-modernidade a família ganha novos arranjos e novas formações. Isso

56 LEVY, Daniel de Andrade. **Responsabilidade civil**: de um direito dos danos a um direito das condutas lesivas. São Paulo: Atlas, 2012, p. 14.

57 BITTAR, Eduardo C. B. **O direito na pós-modernidade**. 3. ed. modificada e atualizada. São Paulo: Atlas, 2014, p. 92.

58 BAUMAN, Zygmunt. **O mal-estar da pós-modernidade**. Rio de Janeiro: Zahar, 2012, s.p., l. 41. *E-book*.

59 BAUMAN, Zygmunt. **Modernidade líquida**. Tradução: Plínio Dentzien. Rio de Janeiro: Zahar, 2001, p. 52.

porque, o pós-modernismo valoriza o prazer e o desassocia da noção de dever, o que enfraquece o aspecto predominantemente moral dos séculos anteriores.[60]

Entretanto, mencionada liberdade não se dá a qualquer custo, há a responsabilização dos indivíduos e a força regulamentadora do Estado nas relações familiares, as quais nem sempre se demonstram mais adequadas. Vislumbra-se, portanto, que os elos sociais sofreram modificações com o passar do tempo e alteração dos costumes, o que afeta diretamente a família e os laços interpessoais. Essa perspectiva de aceitação da liquefação e da inexistência de verdades absolutas tornam as relações mais voláteis, uma vez que acarreta maior liberdade individual.

Tal situação impacta diretamente no Direito, cujo objetivo precípuo é regulamentar as relações e interações interpessoais e sociais, tanto coletiva quanto individualmente. Mas nem sempre o Direito estará apto a abarcar as novas situações jurídicas, uma vez que transmutam de forma mais rápida e efetiva do que a regulamentação normativa, o que pode gerar inseguranças, conforme será abordado neste trabalho.

Dessa forma, apresentado o cenário amplo da modernidade e pós-modernidade, passa-se a analisar os impactos nos relacionamentos interpessoais de tais transformações, aprofundando-se na problemática ora proposta, qual seja, a necessidade de um instrumento contratual para abarcar os relacionamentos da atualidade, ante a insuficiência do direito subjetivo e das normativas atuais para fazê-lo.

1.2. Impactos da pós-modernidade nas relações interpessoais

A pós-modernidade trouxe consigo mudanças que impactaram nas relações interpessoais, principalmente quando se passa a analisá-las sob a ótica do consumismo. O modo de vida na sociedade pós-moderna é líquido, ou seja, as ações de seus membros se modificam em um tempo mais curto do que o necessário para a consolidação de hábitos e rotinas, não mantendo, assim, uma forma determinada.[61]

60 HIRONAKA, Giselda Maria Fernandes Novaes. A incessante travessia dos tempos e a renovação dos paradigmas: a família, seu status e seu enquadramento na pós-modernidade. **Revista da Faculdade de Direito da Universidade de São Paulo.** V. 101, p. 153-167. Jan/dez, 2006, p. 160.

61 BAUMAN, Zygmunt. **Vida líquida.** Rio de Janeiro: Jorge Zahar Ed., 2007, p. 07.

Outros aspectos importantes a serem destacados são a globalização e o avanço técnico-científico. As fronteiras espaciais e temporais são rompidas com a ascensão da tecnologia, do conhecimento e da informação. Busca-se, cada vez mais, produzir e comercializar bens e serviços, sendo que, para tanto, procuram, por meio de novas práticas, a cooperação e a competição entre os agentes para a circulação e valorização do capital.[62]

Percebe-se, nesse contexto, o foco no capital e na produção de riquezas por meio da aplicação do conhecimento e da tecnologia, buscando o constante desenvolvimento econômico, independentemente dos meios utilizados, tendendo à privatização e ao segredo.[63] Se na modernidade buscava-se a emancipação do homem por meio do conhecimento e pela razão, na pós-modernidade o conhecimento se liberta de tais crenças emancipatórias e passa a ser uma fonte de produção de riquezas.

A vida líquido-moderna se correlaciona com a globalização e com a individualização das pessoas, as quais se direcionam, cada vez mais, para a busca da felicidade individual, desprende-se, portanto, do bem-estar coletivo ou social. Cada indivíduo passa a ser responsável por seu sucesso ou fracasso, pelas suas conquistas ou ausências delas. Pode-se afirmar que a globalização e a busca da felicidade são, ao mesmo tempo, fundamentos e consequências da fluidez e liquidez dos tempos pós-modernos.[64]

Outro aspecto que impacta a vida do cidadão pós-moderno, em razão da globalização, é a extensão da televisão e da Internet. Tal acontecimento facilita a troca entre culturas, as quais se tornam, cada vez mais, hegemônicas. Esse contato do indivíduo com outras culturas ocasiona a transição de uma perspectiva vinculada à nação para uma identidade globalizada.[65]

A individualização do ser humano evidencia a sua falta de preocupação e zelo para com o outro, na medida em que cresce o impulso individual para a busca pelo prazer e pela satisfação dos próprios desejos. Nesse cenário, a "[...] família – antiga *célula mater* da modernidade, enquanto

[62] BAUMGARTEN, Maíra. Pós-modernidade e sociologia: notas para debate. *In*. LAMPERT, Ernâni. **Pós-modernidade e conhecimento**: educação, sociedade, ambiente e comportamento humano. Porto Alegre: Sulina, 2005, p. 79-81.

[63] Ibidem, p. 81.

[64] XAVIER, Marília Pedroso. **Contrato de namoro**: amor líquido e direito de família mínimo. 2. ed. Belo Horizonte, Fórum, 2020, p. 33.

[65] BAUMGARTEN, op. cit., p. 86.

fonte privilegiada da transmissão de valores como trabalho, disciplina, honestidade –, debilita-se".[66]

Percebe-se que, em uma sociedade líquido-moderna, as realizações e relações individuais não se solidificam ou se tornam permanentes, já que tamanhas transformações tornam a inovação rapidamente obsoleta.[67] A ideia de trabalho como centro da sociedade passa para a ideia de consumo, pois, em uma sociedade capitalista, o consumo, as trocas e as compras são o seu sustentáculo.

Herbert Marcuse já denunciava o caráter altamente consumista e desapropriador da sociedade contemporânea, o que leva o indivíduo ao prazer do ter em face do ser.[68] Assim, o ter, o conquistar e o comprar ganham destaque na vida líquida característica da pós-modernidade, na qual vige o modelo capitalista.

Além disso, aponta-se a velocidade dos acontecimentos, pois se antes as mudanças se davam de maneira lenta, planejada e de forma limitada, na pós-modernidade, em razão da globalização e da tecnologia, as transformações são rápidas e velozes. O indivíduo passa a vislumbrar, no presente, uma infinidade de possibilidades em um curto espaço de tempo. Assim, o anseio pela vida eterna, pelas conquistas a longo prazo perde espaço para o imediatismo.

É nesse contexto que se insere o relacionamento de namoro, se antes o namoro consistia em uma fase anterior e necessária para o casamento, atualmente esse relacionamento existe por si só. Entretanto, essa modificação na forma de relacionar não foi acompanhada pelo Direito, ocasionando inseguranças para os casais de namorados, que ficam suscetíveis de, a qualquer momento, ter imposto o reconhecimento de uma união estável indesejada.

Isso ocorre porque o ordenamento pátrio não se adequou à configuração dos relacionamentos atuais. Os avanços tecnológicos, como a Internet, possibilitaram que as pessoas encurtassem distâncias e pudessem se

[66] BAUMGARTEN, Maíra. Pós-modernidade e sociologia: notas para debate. *In*. LAMPERT, Ernâni. **Pós-modernidade e conhecimento**: educação, sociedade, ambiente e comportamento humano. Porto Alegre: Sulina, 2005, p. 86-87.

[67] BAUMAN, Zygmunt. **Vida líquida**. Rio de Janeiro: Jorge Zahar Ed., 2007, p. 07.

[68] BITTAR, Eduardo C. B. **O direito na pós-modernidade**. 3. ed. modificada e atualizada. São Paulo: Atlas, 2014, p. 98.

aproximar facilmente, ocorrendo, dessa forma, uma mudança nas conexões amorosas.

Em razão dessas transformações, restou caracterizada certa fragilidade no namoro, uma vez que os aspectos que o diferenciavam de uma configuração familiar – como a união estável – se perderam em razão da ascensão da liberdade individual, a qual passou a possibilitar que os enamorados pudessem usufruir de uma liberdade inexistente em tempos anteriores.

Nessa conjuntura, insere-se o contrato de namoro, pois, ao permitir que os namoros possam ocorrer de forma mais livre, a diferenciação entre essa relação e a união estável se esvai, tornando frágil os elementos que caracterizam a união estável quando comparada com o namoro, uma vez que ambos passam a apresentar as mesmas características.

Dessa forma, os enamorados têm optado por realizar um negócio jurídico, conhecido como "contrato de namoro", o qual tem por objetivo exteriorizar a vontade dos namorados de que o relacionamento que possuem é de namoro e que não há a intenção, ao menos não presente, de constituir uma família e/ou de ser visto como uma. Nesse contexto, a ascensão das tecnologias, as mudanças sociais ocasionadas pela pós-modernidade, a qual aceita o efêmero, o mutável, impactaram nas relações interpessoais.

O avanço tecnológico e a globalização não são maléficas para o indivíduo, mas trazem uma mudança radical no modo de vida e na forma de se relacionar com os outros e com a sociedade. Essa compreensão, de mudança no paradigma, é importante para explicar a fragilidade dos laços humanos que podem ser notados na pós-modernidade.

Cita-se, por exemplo, a individualidade latente, o homem sem vínculos afetivos e individualista, o qual "[...] almeja usufruir da companhia do outro sem que isso lhe traga responsabilidades. Tudo isso faz com que, em última instância, um contrato de namoro seja algo extremamente oportuno e desejável".[69] A inconstância da sociedade pós-moderna traz uma experiência distinta para o indivíduo, que vivia em uma sociedade voltada para a construção de uma identidade e para a constituição de uma ordem.[70]

[69] XAVIER, Marília Pedroso. **Contrato de namoro**: amor líquido e direito de família mínimo. 2. ed. Belo Horizonte, Fórum, 2020, p. 33.

[70] BAUMAN, Zygmunt. **O mal-estar da pós-modernidade**. Rio de Janeiro: Zahar, 2012, s.p., l. 43. *E-book*.

Na pós-modernidade, conforme citado alhures, o caos e o efêmero são aceitos. O que passa a importar é a velocidade dos acontecimentos e não sua duração, uma vez que "com a velocidade certa pode-se consumir toda a eternidade do presente contínuo da vida terrena".[71] Para tanto, basta comprimir a eternidade de uma forma que ela caiba em uma experiência individual. A eternidade passa a se adequar às situações efêmeras e passageiras, importando a intensidade de viver aquele momento e não a sua durabilidade.

O impacto da globalização, a ascensão da tecnologia e o consumismo trouxeram aos relacionamentos mudanças fundamentais. O consumo gera ao indivíduo uma falsa noção de pertencimento a determinados grupos sociais, promovendo um estilo de vida que não admite o diferente. A importância do indivíduo perante a sociedade passa a ser medida a partir do quanto ele pode consumir e como ostenta esse poder.

Uma sociedade consumerista nada mais é do que o tipo que "[...] promove, encoraja ou reforça a escolha de um estilo de vida e de uma estratégia existencial consumista, e rejeita todas as opções culturais alternativas".[72] O consumo implica na aquisição de novos bens e serviços de forma constante, tornando as mercadorias descartáveis ou ultrapassadas, assim não se busca mais o durável, elevando-se a efemeridade.[73]

Tal modelo de comportamento transcende as esferas do consumo e passa a ser notada, também, nas demais interações sociais, seja em face de um vínculo empregatício ou em razão de um vínculo afetivo. Vislumbra-se, na sociedade, um novo padrão de comportamento que se caracteriza pela velocidade e pelo consumo.

Apesar de não ser possível eliminar a restrição espaço-temporal, na vida pós-moderna, utiliza-se de meios para a tentativa de transpor tais limites, mesmo que irremovíveis.[74] As formas de satisfazer os desejos na sociedade pós-moderna são inúmeras e o indivíduo, pouco a pouco, se reinventa com o intuito de alcançar a felicidade.

[71] BAUMAN, Zygmunt. **Vida líquida**. Rio de Janeiro: Jorge Zahar Ed., 2007, p. 15.

[72] BAUMAN, Zygmunt. **Vida para o consumo**: a transformação das pessoas em mercadorias. Tradução: Carlos Alberto Medeiros. Rio de Janeiro: Jorge Zahar, 2008, p. 41.

[73] Ibidem, p. 64.

[74] BAUMAN, 2007, op. cit.

A realidade traz uma nova percepção de espaço e tempo para os indivíduos, uma vez que a tecnologia impactou os relacionamentos, trazendo mais facilidade para a manutenção de contato. A evolução da tecnologia é inegável e ocorre constantemente, se demonstrando benéfica para inúmeras áreas, principalmente por trazer facilidade e agilidade para a realização de diversos processos. Entretanto, alguns aspectos humanos demandam atenção, dedicação e cuidado constante, bem como não se pode medir o sucesso, tal como ocorre nas relações amorosas.

Em uma sociedade que incentiva o consumo, a noção de realização e de pertencimento é estimulada pela aquisição de coisas e objetos, a fim de que o indivíduo se adeque aos padrões, sob pena de ser excluído ou marginalizado dos demais que a eles se adequam. Assim, as interações sociais e interpessoais, bem como a construção e reconstrução das conexões humanas são regidas pela ordem vigente de consumo.[75]

A globalização tornou possível que outras culturas fossem acessadas e, juntamente com a tecnologia, diminuiu a distância entre os indivíduos, mesmo se localizados em locais distintos, bem como viabilizou que a comunicação se desse de forma instantânea. Assim, tanto ela quanto o advento de determinadas tecnologias, facilitaram a vida do ser humano, ocasionando diversos acontecimentos que seriam inimagináveis anteriormente. Contudo, junto com a velocidade das mudanças percebeu-se a volatilidade das interações humanas.

A globalização aponta para um horizonte líquido, o qual apresenta para o sujeito um mundo cheio de possibilidades e opções descartáveis, as quais, após utilizadas ou quando perdem a conveniência, são desconsideradas. Tais circunstâncias afetam o ser humano no mercado de trabalho e na vida pessoal, pois o consumo, a descartabilidade dos produtos e a globalização culminam em um real enfraquecimento dos laços humanos. Assim, "compromissos do tipo 'até que a morte nos separe' se transformam em contratos do tipo 'enquanto durar a satisfação', temporais e transitórios por definição".[76]

[75] BAUMAN, Zygmunt. **Vida para o consumo**: a transformação das pessoas em mercadorias. Tradução: Carlos Alberto Medeiros. Rio de Janeiro: Jorge Zahar, 2008, p. 19.

[76] BAUMAN, Zygmunt. **Modernidade líquida**. Tradução: Plínio Dentzien. Rio de Janeiro: Zahar, 2001, p. 304-305.

As pessoas projetam para o mundo os fragmentos da vida líquida, transformando relações em consumo e aplicando-lhes a lógica da descartabilidade e da constante necessidade de *upgrades* com o objetivo de acompanhar o progresso. "No mundo líquido-moderno, a lealdade é motivo de vergonha e não de orgulho",[77] o ser humano, nesse contexto, ainda que não intencionalmente, é influenciado pela realidade social e aplica em seus relacionamentos a lógica líquida.

A autoidentidade do indivíduo sofreu transformações com a globalização, uma vez que "[...] aspectos íntimos da vida pessoal estão diretamente ligados ao estabelecimento de conexões sociais de grande amplitude".[78] Os processos de globalização implicam, portanto, dentre outras consequências, na dissolução de fronteiras, o que gera ao indivíduo inúmeras possibilidades de acessar novas experiências.[79]

A velocidade das mudanças, característica da pós-modernidade, ocasiona incertezas para os indivíduos, além da falta de garantia, segurança e continuidade, em relação à posição socialmente ocupada, aos títulos, ao emprego e até à própria sobrevivência.[80] Essa precarização se encontra em todos os setores e essa realidade afeta profundamente todos que a vivenciam, uma vez que "ao tornar incerto todo o futuro, proíbe toda antecipação racional e, em particular, aquele mínimo de crença e esperança no futuro que se deve ter para se revoltar, especialmente coletivamente, contra o presente, mesmo o mais intolerável".[81]

As tendências vêm e vão com grande velocidade, e os objetos se tornam obsoletos. Não há, assim, garantias de que, quando alcançado o objeto de desejo, ainda se tenha vontade de aproveitá-los. A realidade tende para alta substituição, seja de objetos ou de pessoas. Assim, laços e parcerias

[77] BAUMAN, Zygmunt. **Vida líquida**. Rio de Janeiro: Jorge Zahar Ed., 2007, p. 17.

[78] GIDDENS, Anthony. **Modernidade e identidade**. Tradução: Plínio Dentzien. Rio de Janeiro: Jorge Zahar Ed., 2002, p. 36.

[79] FARIA, José Eduardo. A globalização econômica e sua arquitetura jurídica (dez tendências do direito contemporâneo). **Revista da Academia Judicial**, Florianópolis, a.1, p. 41-59, dez. 2010.

[80] BAUMAN, Zygmunt. **Modernidade líquida**. Tradução: Plínio Dentzien. Rio de Janeiro: Zahar, 2001, p. 201.

[81] BOURDIEU, Pierre. **Contre-feux**, Ed. Liber Raisons d'agir, Grenoble, décembre 1997. Original: "[...] en rendant tout l'avenir incertain, elle interdit toute anticipation rationnelle et, en particulier, ce minimum de croyance et d'espérance en l'avenir qu'il faut avoir pour se révolter, surtout collectivement, contre le présent, même le plus intolérable".

tendem a serem vistos como consumíveis e tornam-se vítimas da mesma lógica consumerista, na qual as trocas são constantes ante a velocidade com que a novidade se torna obsoleta.[82]

Outra característica da pós-modernidade é a flexibilização que afasta a ideia de que algo se torne fixo ou durável, assim, se algo quebra ou não agrada mais o indivíduo, é substituído por outro, seja um objeto ou uma pessoa. Nesse contexto, no qual a segurança e estabilidade a longo prazo são raras, a satisfação momentânea se apresenta como uma estratégia razoável.[83]

Percebe-se que a realidade vigente coloca os compromissos assumidos como obstáculos para as oportunidades futuras. Dessa forma, quanto mais leves e superficiais forem os relacionamentos menos danos acontecem. Aproveitar o momento, o "agora" se apresenta como a estratégia mais benéfica para o indivíduo, pois "nesse mundo inseguro e imprevisível, nômades espertos e inteligentes viajam leves e não derramarão lágrimas por qualquer coisa que impeça seus movimentos".[84]

Os vínculos na pós-modernidade são marcados pelas incertezas e pelo fim precocemente previsto, a velocidade impede que haja tempo de se concretizar um relacionamento amoroso, pois são rapidamente considerados ultrapassados.[85] Tais ligações amorosas, nesse contexto, além de envolverem as dificuldades típicas de qualquer relacionamento, lidam com a enxurrada de informações causadas pela globalização, pela velocidade e pelo consumismo.

As relações amorosas passam, então, a serem regidas por uma constante contradição, uma vez que, ao mesmo tempo que os indivíduos almejam segurança por meio de conexões duradouras e estáveis, deixando de lado, mesmo que de forma parcial, sua independência, desejam que os fins de tais relacionamentos sejam indolores e rápidos, buscando "cláusulas" de saída fáceis.[86]

[82] BAUMAN, Zygmunt. **Modernidade líquida**. Tradução: Plínio Dentzien. Rio de Janeiro: Zahar, 2001, p. 203-205.

[83] Ibidem, p. 203.

[84] BAUMAN, Zygmunt. **A sociedade individualizada**: vidas contadas e histórias vividas. Tradução: José Gradel, Rio de Janeiro: Zahar, 2008, p. 197.

[85] BAUMAN, Zygmunt. **Vida líquida.** Tradução: Carlos Alberto Medeiros. Rio de Janeiro: Jorge Zahar, 2007, p. 7-8.

[86] BAUMAN, Zygmunt. **Vidas desperdiçadas**. Tradução: Carlos Alberto Medeiros. Rio de Janeiro: Jorge Zahar, 2005, p. 152-153.

A característica consumerista da pós-modernidade afeta a forma de amar o outro, uma vez que se passa, muitas vezes, a aplicar a lógica do efêmero e da troca também nas relações amorosas. O prazer passageiro, o uso imediato e a satisfação instantânea, as quais não exigem esforços prolongados, são esperados nos relacionamentos. Não há, nesse cenário, quaisquer promessas de construção genuína do amor, mas tão somente do seu consumo, como de qualquer outra mercadoria.[87]

Envolver-se em um relacionamento amoroso requer que as partes se entreguem e fiquem abertos para aquilo que possa advir da relação. Iniciar qualquer relacionamento envolve diversas etapas que tendem ao aprofundamento na intimidade um com o outro. Contudo, a cultura consumerista favorece a satisfação do desejo de forma imediata, não envolvendo espera, sacrifícios ou esforços prolongados e tal comportamento pode ser notado nas relações interpessoais.

Assim, conhecer, entregar-se às possibilidades, esperar, batalhar e enfrentar desafios juntos não é característico dos relacionamentos líquidos pós-modernos, uma vez que, assim como no consumo, espera-se satisfação rápida, momentânea e garantias de contentamento das partes, sendo que, em não havendo, ocorre a troca do parceiro na mesma constância que a troca de mercadorias.

Ao mesmo tempo, espera-se da experiência amorosa garantias de um futuro certo e feliz, isto é, uma satisfação garantida. Entretanto, entregar-se a um relacionamento amoroso é expor-se às incertezas, pois não há garantias de sucesso futuro e nem de fracasso indolor, mas, assim como a morte, é da natureza do amor ser refém do destino. É, portanto, um futuro estranho e misterioso, o qual é impossível de ser previsto, acelerado ou interrompido.[88]

A fluidez, ocasionada pela modernidade e acolhida pela pós-modernidade, acarreta a busca de satisfação imediata, uma vez que nada mais é fixo e tudo se encontra em constante mudanças. Entretanto, isso contrasta com a construção de um relacionamento sólido, o qual requer dedicação, paciência e o desnudamento do ser a fim de conhecer um ao outro.

[87] BAUMAN, Zygmunt. **Amor líquido**. Tradução: Carlos Alberto Medeiros. Rio de Janeiro: Jorge Zahar Ed., 2004, p. 21-22.

[88] Ibidem, p. 21.

Ao mesmo tempo em que ocorre a busca por satisfação imediata, na sociedade líquida, ainda se busca encontrar o amor de forma sólida, que ofereça garantias da eternidade, demonstrando a ambivalência inconciliável, mas acolhida pela pós-modernidade. Apesar de se desejar um relacionamento amoroso na sua integralidade, percebe-se que não há a entrega necessária para a sua construção, e que apenas se deseja as coisas boas que advém desse relacionamento, mas não as adversidades.

Uma das características dos tempos líquidos é, justamente, a desconfiança generalizada. Há um medo que permeia e influencia todas as esferas de decisões. Em razão dessa desconfiança latente, os indivíduos não se abrem para novas experiências que possam trazer alguma espécie de risco.[89] Expor-se à possibilidade de se entregar ao novo consiste em assumir as possibilidades de surpresas desagradáveis.

Assim, aceitar que "o amor é uma hipoteca baseada em um futuro incerto e inescrutável"[90], acarreta tensões, ansiedades e medo de comprometimento. É nesse contexto, bem como influenciado pela globalização e ascensão das redes sociais, que os relacionamentos conhecidos como "ficadas" ganham espaço. E é justamente assim que o indivíduo pós-moderno tem o melhor dos dois mundos: satisfaz-se o desejo, mas sem a necessidade de comprometimento.

Evita-se, portanto, qualquer envolvimento que possa trazer decepções ou sacrifícios. Sendo que o "para sempre" perde espaço para o "enquanto for conveniente" e satisfatório. Reforça-se que os relacionamentos amorosos atuais não são melhores ou piores que outros com outras características, mas são distintos. É necessário, assim, a sua compreensão e tratamento peculiar, já que difere dos demais.

Da mesma forma que se nota a volatilidade das relações pós-modernas, também se percebe a intensidade presente em alguns namoros. Assim, evidenciam-se as mudanças ocasionadas nos relacionamentos interpessoais, acolhendo a liberdade das pessoas de se relacionarem da forma que melhor atenda às suas expectativas. É necessário, portanto, entender as

[89] XAVIER, Marília Pedroso. **Contrato de namoro**: amor líquido e direito de família mínimo. 2. ed. Belo Horizonte, Fórum, 2020, p. 55.

[90] BAUMAN, Zygmunt. **Amor líquido**. Tradução: Carlos Alberto Medeiros. Rio de Janeiro: Jorge Zahar Ed., 2004, p. 23.

modificações nesses vínculos e tratá-los da forma que são, ou seja, namoro como tal, e entidade familiar como família.

Contribuiu, também, para a ascensão dos relacionamentos líquidos e passageiros, o surgimento da Internet e das redes sociais. Elas tornaram possível o contato a longa distância, conversas com desconhecidos e com diversas pessoas ao mesmo tempo. Ainda, cita-se o advento de aplicativos de relacionamento que funcionam, por meio de algoritmo, e selecionam pessoas compatíveis para o indivíduo estabelecer contato.

A Internet trouxe para o indivíduo uma gama de possibilidades, bem como uma falsa noção de pertencimento. Com o celular sempre tocando, o indivíduo nunca está só, pois há uma infinidade de possibilidades e pessoas. No entanto, também não está comprometido. Há uma lista interminável de opções de conexão que permite ir para o próximo número ou para a próxima pessoa disponível.[91] As opções são inúmeras e se comprometer com um relacionamento implica em abandonar eventuais explorações dessas opções.

Atualmente, existem inúmeras pessoas conectadas ao redor do mundo, milhões de usuários de redes sociais e de aplicativos de relacionamento. É possível se conectar com qualquer pessoa, de qualquer lugar e a qualquer momento, trazendo uma infinidade de possibilidades para que o indivíduo se relacione.

A comunicação por meio da Internet é um fenômeno social cujos efeitos ainda não foram capazes de serem analisados para chegar-se a conclusões sólidas. Nota-se que ocorre um certo estreitamento das relações, em face da facilidade e proximidade possibilitada pela Internet, bem como que se formam certas comunidades baseadas em interesses comuns. Contudo, aponta-se para uma certa desumanização das relações *online*, pois podem se apresentar como uma forma fácil de se fugir do real.[92]

O indivíduo, na pós-modernidade, espera alguma garantia de que a escolha feita foi a mais adequada a fim de satisfazer os seus desejos, contudo no amor não há quaisquer garantias. Pressupõe entrega sem qualquer

[91] BAUMAN, Zygmunt. **Amor líquido**. Tradução: Carlos Alberto Medeiros. Rio de Janeiro: Jorge Zahar Ed., 2004, p. 79-82.

[92] CASTELLS, Manuel. **Sociedade em rede**. Volume I. 8. ed. Revista e ampliada. Tradução: Roneide Venancio Majer com contribuição de Klauss Brandini Gerhardt. São Paulo: Paz e Terra, 2000, p. 442-443.

esperança de resultado positivo futuro. Comprometer-se com algo, assumir um relacionamento, significa renunciar a eventuais oportunidades que possam surgir.

No cenário da pós-modernidade os relacionamentos *online* estão cada vez mais comuns. Atualmente existem inúmeros aplicativos que visam intermediar encontros *online* ou até possuem como objetivo a facilitação do encontro de uma pessoa compatível com o indivíduo por meio de algoritmos específicos para cruzarem perfis parecidos, 'pulando', assim, várias etapas que envolveria conhecer o outro.

Apesar da facilitação de aproximação de pessoas compatíveis promovida por meio desses aplicativos, o que em uma primeira vista parece ser benéfico, há uma tendência de o indivíduo passar a se relacionar com o outro a partir do momento em que o outro se parece com ele. Não há, nesse contexto, espaço para as diferenças, para conhecê-las e se maravilhar nas possibilidades que o outro pode apresentar.

Ocorre a narcificação[93]/[94] do amor, uma vez que as redes sociais atuam por meio de algoritmos que selecionam os interesses parecidos com o do indivíduo. Dessa forma, o conteúdo consumido pela pessoa influi, diretamente, no conteúdo que irá lhe ser apresentado pelos algoritmos. Da mesma forma ocorre nos aplicativos de relacionamento, que funcionam de modo a aproximar semelhantes e selecionar pessoas que possam satisfazer as expectativas uma das outras.

Em uma sociedade líquida e consumista, percebe-se que há uma certa padronização nos relacionamentos, eliminando as diferenças, o atípico. Byung-Chul Han, filósofo contemporâneo, aponta que para o amor é fundamental tais diferenças. Aponta, ainda, que na sociedade atual os indivíduos estão cada vez mais preocupados com o próprio sucesso, tornando-se individualistas e egoístas, deixando de conhecer o outro profundamente, uma vez que se importam apenas consigo mesmo.[95]

93 HAN, Byung-Chul. **Agonia do eros.** Tradução de Enio Paulo Giachini. Petrópolis, RJ: Vozes, 2017, p. 7.

94 Byung-Chul Han afirma que a sociedade atual está se tornando cada vez mais narcisista. Aplicado aos relacionamentos, afirma que o indivíduo apenas encontra significação onde reconhece, de alguma forma, si mesmo.

95 HAN, op. cit., p. 6-7.

A individualidade, manifestada nos tempos atuais, deságua nos relacionamentos interpessoais, uma vez que laços duradouros, além de implicarem em compromisso a longo prazo e sem garantias, dependem do reconhecimento do outro pelo indivíduo. Dessa forma, o amor teria se tornado um objeto de consumo, cujo intuito principal é de satisfazer desejos individuais, sendo que, quando satisfeitos, a utilidade se perderia.

As conexões são facilmente firmadas, facilitadas por meio da Internet, da mesma forma com que são cortadas. "As conexões tendem a ser demasiadamente breves e banais para poderem condensar-se em laços".[96] A superficialidade, ainda, se pauta na insegurança e no medo de o relacionamento fracassar, o que, em uma sociedade pautada no desempenho, se torna inadmissível. O acesso ao amor, assim, enquanto vulneração e paixão, se torna escasso.[97]

Relacionamentos pouco duráveis e que não envolvam quaisquer tipos de aprofundamentos emocionais se apresentam como boa opção aos indivíduos que não desejam partilhar as inseguranças e nuances que tais vínculos podem acarretar. É nesse sentido que o amor passa a ser visto como líquido, pois consiste em se doar ao outro, em contribuir com o mundo por meio desse sentimento, é o impulso de se expandir, de ir além por meio daquele que se ama. Se entregar ao amor, desse modo, envolve renúncias e responsabilidades.[98]

Tal ideal não se apresenta com tanta regularidade na atualidade. O que se percebe é que muitas relações são egoísticas, ao passo que o indivíduo se relaciona com o outro nos limites da condescendência e na autossatisfação. Por ser moldado e viver em uma sociedade tipicamente individualista, não se pode esperar que os relacionamentos tenham outra feição. Assim, duram enquanto é conveniente e pelo tempo que proporcionam a felicidade para o indivíduo, sendo sacrifícios em prol do relacionamento, deixados de lado.

Salienta-se que não existe certo ou errado quando se trata de relacionamentos interpessoais, e nem juízo de valor como é melhor ou pior, mas

[96] BAUMAN, Zygmunt. **Amor líquido.** Tradução: Carlos Alberto Medeiros. Rio de Janeiro: Jorge Zahar Ed., 2004, p. 83.

[97] HAN, Byung-Chul. **Agonia do eros.** Tradução de Enio Paulo Giachini. Petrópolis, RJ: Vozes, 2017, p. 15.

[98] BAUMAN, op. cit., p. 24.

é fato que as relações amorosas sofrem modificações com as mudanças culturais e sociais. Não se visa criticar os modelos atuais de relacionamentos ou as pessoas que optam por eles, mas apontar para a necessidade de que cada relação seja analisada e vista como o é. Não se tem como intuito tecer críticas ao indivíduo que deseja, tão somente, satisfazer seus próprios desejos sem quaisquer envolvimentos emocionais, mas apontar que tais conexões devem ser visualizadas por sua própria ótica e não a partir daquelas feitas para durar.

A problemática que se apresenta e que se aborda no presente é justamente a de que as transformações nos relacionamentos ainda não foram, de fato, reconhecidas e recepcionadas como tais pela legislação brasileira. Por esse motivo, percebe-se um certo receio e estranhamento ao abordá-las. Destaca-se que cada indivíduo se relaciona de acordo com os seus próprios interesses e objetivos, e que não cabe ao Direito ou a terceiros a regulamentação da manifestação do afeto, mas, tão somente dos seus efeitos.

O que concerne ao Direito é o reconhecimento dos relacionamentos como se apresentam e, então, o tratamento pela forma que são, e não baseado em uma percepção de estabilidade que não é típica da realidade atual. Dessa forma, chama-se atenção para a adoção de posturas iguais perante relacionamentos que são essencialmente distintos, uma vez que os efeitos desse tratamento podem não ser e, na maioria das vezes, não são queridos pelas partes.

Aponta-se, assim, que relacionamentos de namoro não podem mais serem vistos como um relacionamento cuja consequência obrigatória é o casamento. No mundo moderno e pós-moderno os rompimentos e desengajamentos são comuns e concorrem com a complexidade dos arranjos familiares, os quais, por sua vez, são regidos e regulamentados pelo Direito pautado em uma modernidade sólida, sendo que, na sociedade atual, percebe-se uma infinidade de arranjos amorosos, que nem sempre condizem com essa premissa.

1.3. Do namoro: histórico e caracterização

Os relacionamentos interpessoais são resultados de acontecimentos sociais e culturais que se modificam junto com a sociedade. Com o objetivo de demonstrar essas transformações, procurou-se traçar as transições paradigmáticas desde a modernidade. Para tanto, o presente tópico abordará as mudanças no relacionamento de namoro, visando explicitar que, o que se entendia sobre esse vínculo, nas décadas e séculos anteriores, já não corresponde ao namoro atual.

A partir da modernidade iniciou-se um movimento de negação a tudo o que antecedeu esse período, ocasionando uma grande revolução em diversas esferas sociais e interpessoais. A pós-modernidade, entendida como um estágio de revisão de padrões pré-estabelecidos e das heranças modernas, culminou na ruptura com o tradicionalismo vigente na sociedade, causando abalo nas estruturas consolidadas.[99]

A ascensão da pós-modernidade, na qual as atitudes tomadas remontam à fluidez, acarreta a falta de compromisso, seja com o passado ou com o futuro. O indivíduo passa a focar no efêmero, uma vez que nega quaisquer riscos que advenham de compromissos a longo prazo, sendo que passa a se comprometer apenas com o presente. O ideal de liberdade, nesse contexto, se torna, ao mesmo tempo, ampla e reduzida, uma vez que há um amplo espaço para que o indivíduo aja, mas toda ação se torna fugaz e se esvaece nas experiências momentâneas.[100]

Vislumbra-se que os relacionamentos interpessoais se libertaram das amarras do tradicionalismo e passaram a se dar de uma forma mais fluida, o que têm ocasionado inquietações ante a proximidade com o que se entende como união estável. O namoro que, até então, não apresentava quaisquer preocupações para o âmbito jurídico, passa a requerer atenção na sua configuração, uma vez que apresenta características que são próprias da união estável. Mais do que são próprias, as caracterizam como.

Atualmente, define-se como "namoro" a manutenção de um relacionamento amoroso estável com uma pessoa[101], tratando-se de uma proximidade física e psíquica que abrange um sentimento mútuo entre as partes. Etimologicamente, essa palavra decorre da expressão espanhola *estar em amor*, a qual, por sua vez, formou o verbo *enamorar*, que originou a

[99] BITTAR, Eduardo Carlos Bianca. O direito na pós-modernidade. **Revista Sequência**, nº 57, p. 131-157, dez. 2008, p. 143.

[100] HANSEN, Gilvan Luiz. **Modernidade, utopia e trabalho**. Londrina: Engenho das Letras, 2020, p. 173.

[101] NAMORO. *In*. DICIO, Dicionário Online de Português. Disponível em: https://www.dicio.com.br/namoro/. Acesso em: 28 mar. 2023.

palavra namoro.[102] Percebe-se, portanto, que o namoro está correlacionado à existência de um sentimento comum entre as partes, um sentimento compartilhado de afeição de um pelo outro. Entretanto, as formas de expressão desse sentimento são diferentes a depender da época analisada.

O namoro, no século XX, possuía características próprias e bastante delimitadas. Consistia em um relacionamento estável e obrigatório para atingir o fim que se destinava: o casamento. Compreendia um período no qual os enamorados conviviam com o objetivo de planejar e organizar o matrimônio.[103] Assim, era evidente perante a sociedade quando um relacionamento consistia em um namoro.

Tal característica, de período preparatório para o casamento, se assemelha com o disciplinado no Direito Romano, denominado de "esponsais", que consistiam na convenção entre duas pessoas de, futuramente, contraírem casamento, possuindo importância social e efeitos perante terceiros.[104] Percebe-se que os relacionamentos se iniciavam com objetivos específicos, quais sejam, o de firmar enlace e o de constituir família.

Apesar de ser um compromisso firmado entre as partes e possuir certas consequências jurídicas, os esponsais, equivalentes ao noivado atualmente, não gerava a obrigação das partes se casarem, uma vez que o casamento deveria acontecer pautado na liberdade.[105] Nota-se que até os esponsais, no Direito Romano, não geravam a obrigatoriedade de se contrair casamento, o que gera certa estranheza ao, nos dias atuais, permitir a imposição de uma entidade familiar quando ausente a vontade das partes.

Nesse contexto, o namoro consistia em um compromisso assumido, mas sem a ampla liberdade presente nos relacionamentos atuais. Isso porque "O namoro à moda antiga se fazia cauteloso e era até difícil chegar aos beijos e abraços, o que só acontecia depois de certo tempo de espera e

[102] NAMORO. *In*. Origem da palavra. Disponível em: https://origemdapalavra.com.br/palavras/namoro/#:~:text=Resposta%3A,que%20originou%20o%20nosso%20namoro. Acesso em: 28 mar. 2023.

[103] XAVIER, Marília Pedroso. **Contrato de namoro**: amor líquido e direito de família mínimo. 2011. Dissertação (mestrado) – Universidade Federal do Paraná, Setor de Ciências Jurídicas, Programa de Pós-graduação em Direito, Curitiba, 2011. Orientador: Paulo Roberto Ribeiro Nalin, p. 82.

[104] ALVES, José Carlos Moreira. **Direito Romano**. 16. ed. Rio de Janeiro: Forense, 2014, p. 644.

[105] Ibidem, p. 646.

da aprovação familiar".[106] Os enamorados, então, apenas se relacionavam com a autorização da família e sob a vigilância desses.

Na década de 1950, por exemplo, o papel do casamento se destacava e impunha às mulheres uma série de obrigações a serem seguidas, a fim de conseguirem um bom casamento. Estabeleciam-se modelos de comportamento para as mulheres, visando conservar os bons costumes e manter as jovens longe de costumes modernos que poderiam prejudicar a sua 'boa fama'.[107]

Se, por um lado, ocorreu uma certa modernização nos costumes brasileiros, em razão de influências norte americanas de emancipação feminina, por outro, com o fim da Segunda Guerra Mundial, houve um aumento na ideia de que as mulheres deveriam voltar aos seus lares, seguindo os valores tradicionais da sociedade.[108] Nesse sentido, disseminava-se, nas revistas femininas da época, a forma que as moças deveriam se comportar, principalmente em se tratando de relacionamentos amorosos.

Até então, os namoros aconteciam na frente dos pais, no sofá da sala, sempre sob vigilância e olhares críticos da família.[109] Nesse sentido, era clara a distinção entre namoro, união estável e casamento, uma vez que somente na união estável e no casamento aconteciam relações sexuais entre o casal. A virgindade da mulher era um atributo de grande importância para conseguirem casamento, demonstrando-se, dessa forma, a importância e a preocupação dos pais com os namoros das filhas.[110]

Assim, era de fácil diferenciação os relacionamentos que consistiam em uma entidade familiar e o namoro, não gerando quaisquer preocupações ao mundo jurídico. Dessa forma, as moças que respeitavam esses preceitos, conservavam a sua inocência sexual, portanto, possuíam maiores

[106] OLIVEIRA, Euclides de. A escalada do afeto no direito de família: ficar, namorar, conviver, casar. Belo Horizonte: IBDFAM, 2005, p. 13. **Anais do V Congresso de Direito de Família**. Disponível em: http://www.ibdfam.org.br/assets/upload/anais/13.pdf . Acesso: 24 nov. 2022.

[107] MITTANCK, Vanuza Alvez. As mulheres de 1950: seu comportamento e suas atitudes. *In*. **Anais eletrônicos do Seminário Internacional Fazendo Gênero 11 & 13th Women's Congress.** Florianópolis, 2017. ISSN 2179-510X.

[108] DEL PRIORI, Mary (org.). **História das mulheres no Brasil**. 7. ed. São Paulo: Contexto, 2004, s.p., l. 509. *E-book*.

[109] OLIVEIRA, op. cit.

[110] DEL PRIORI, op. cit., s.p., l. 107.

chances de se casarem. Logo, deveriam obedecer aos seus pais, conter os seus gestos, evitar quaisquer intimidades físicas com homens, para se enquadrarem como "moças de família". Do contrário, poderiam ter a sua reputação "manchada" e não conseguir um casamento.[111]

Para o namoro acontecer, na década de 1950, algumas regras deveriam ser observadas, a fim de que ocorresse de acordo com o exigido até então, visto que o namoro consistia em uma fase de adaptação dos enamorados para prosseguirem com o noivado e casamento. Assim, a moça deveria se manter recatada, demonstrar que possuía habilidades de dona de casa e ser atenciosa, pois se tratava de requisitos para uma boa esposa. O homem, por sua vez, necessitaria apenas mostrar que era capaz de sustentar uma família.[112]

Percebe-se que o namoro, nessa época, tem como único objetivo preparar o casal para o casamento. Fundava-se em padrões rígidos da época e das tradições que eram impostas. A sociedade, juntamente com as famílias, tinha como objetivo conservar os costumes e afastar as filhas de quaisquer comportamentos modernos que pudessem "manchar" o nome da família. Entretanto, alguns acontecimentos influenciaram para que houvesse a concessão de certa liberalidade desses hábitos.

Cita-se como um fator que influenciou a mudança nos relacionamentos interpessoais o surgimento da pílula anticoncepcional e consequente controle de natalidade, bem como a escolarização da mulher e a possibilidade do divórcio. Torna-se, assim, o tecido social mais tolerável e receptivo para as concepções da individualidade humana.[113]

O namoro, que ocorria de forma pré-determinada e sob a vigilância dos pais e da família, passa a ser mais livre, principalmente em razão da mudança do papel social da mulher, a qual passa a assumir novos compromissos frente a sociedade, deixando de ser, tão somente, dona de casa. Abrem-se novas possibilidades para as mulheres e, juntamente com

[111] DEL PRIORI, Mary (org.). **História das mulheres no Brasil**. 7. ed. São Paulo: Contexto, 2004, s.p., l. 510-513. *E-book*.

[112] CARPENEDO, Caroline; KOLLER, Sílvia Helena. Relações amorosas ao longo das décadas: um estudo de cartas de amor. **Interação em Psicologia**, jan/jun. 2004, p. 01-13, p. 2.

[113] HIRONAKA, Giselda Maria Fernandes Novaes. A incessante travessia dos tempos e a renovação dos paradigmas: a família, seu status e seu enquadramento na pós-modernidade. **Revista da Faculdade de Direito da Universidade de São Paulo.** V. 101, p. 153-167. Jan/dez, 2006, p. 154.

essa transformação, ocorre uma certa autonomia para escolha de seus relacionamentos.

Em síntese, tecendo comparações entre o namoro de antigamente e o atual, pode-se afirmar que o primeiro consistia, tão somente, em uma fase pré-nupcial, enquanto o segundo possui um fim em si mesmo, podendo nunca se transformar em um outro vínculo, sendo, portanto, "o relacionamento entre duas pessoas sem caracterizar uma entidade familiar".[114]

Os enamorados possuem, atualmente, maior gama de liberdade, se comparados com os de décadas anteriores. Os namoros atuais não exigem autorização dos pais, bem como não ocorrem sob constante vigilância. Inclusive, é comum que namorados pernoitem juntos, viagem e até coabitem, a fim de poupar despesas. Percebe-se que as amarras sociais que determinavam certas características ao namoro se esvaíram, possibilitando outras formas de manterem seus relacionamentos.

O namoro, assim como os demais relacionamentos, pode, a qualquer momento, ter um fim, principalmente por se tratar de uma interação na qual as pessoas ainda estão se conhecendo. Entretanto, diferentemente de uma entidade familiar, o término de um namoro não deve, ao menos não deveria, ocasionar quaisquer efeitos jurídicos. Nesse sentido, enuncia a decisão do TJPR, em sede de apelação, o qual frisou que o namoro não possui efeitos na esfera jurídica.[115] Isso porque

> [...] o namoro não é uma categoria jurídica da conjugalidade no Direito de Família", mas sim um fato social que "por opção legislativa, atualmente, não

[114] PEREIRA, Rodrigo da Cunha. **Direito das famílias**. Rio de Janeiro: Forense, 2020, p. 180.

[115] APELAÇÃO CÍVEL. AÇÃO DE CONCESSÃO DE BENEFÍCIO DE PENSÃO POR MORTE. SENTENÇA DE IMPROCEDÊNCIA. NÃO COMPROVAÇÃO DE UNIÃO ESTÁVEL. RELACIONAMENTO DE NAMORO. SENTENÇA MANTIDA. RECURSO DESPROVIDO. Existem relacionamentos que, embora duradouros e estáveis, são apenas um namoro, em que, não raro um dos pares acha que está só namorando e o outro acredita estar vivendo em união estável. Esses relacionamentos não preenchem os requisitos necessários para que sejam reconhecidos como uniões estáveis (família), capaz de permitir a produção de efeitos na esfera jurídica previdenciária. (TJPR – 6ª C.Cível – 0003070-36.2016.8.16.0004 – Curitiba – Rel.: Juiz Jefferson Alberto Johnsson – J. 10.09.2019).

recebe tutela jurídica de família, de modo que, qualquer divergência entre os pares, deverá ser resolvida mediante aplicação de outras normas.[116]

Justamente por não configurar uma categoria jurídica e não ser abarcado pela legislação brasileira, eventuais problemáticas que venham a envolver tal relacionamento não serão resolvidas pelo Direito de Família. Nesse esteio, busca-se uma maior compreensão do namoro, uma vez que a problemática que envolve esse relacionamento atualmente é o que ele não é, ou seja, "busca-se maior compreensão a respeito dos contornos das repercussões jurídicas do namoro, nem tanto pelo que ele é, mas pelo que ele não é – já que ele não é união estável e o que se pretende é dela diferenciá-lo".[117]

Nesse sentido, cita-se a decisão tomada pelo Tribunal de Justiça do Rio Grande do Sul, o qual negou o reconhecimento e dissolução de namoro qualificado, com consequente divisão patrimonial, assim, por não se tratar de entidade familiar, as pendências econômicas entre as partes deveriam ser resolvidas na Vara Cível. A magistrada, ainda, esclareceu que "o namoro qualificado não se submete a qualquer direito ou dever jurídico e está desvinculado de qualquer fonte do direito (legislativa, costumeira ou negocial), constituindo, no direito das famílias uma relação social pura movida pela afetividade".[118]

O namoro acarretou ainda maiores preocupações quando da percepção do seu estreitamento com a união estável, passando a jurisprudência denominar alguns relacionamentos de namoro de "namoro qualificado", que consistem em um vínculo durável, contínuo e público, se assemelhando, demasiadamente, com o que se entende por união estável. Se diferencia, tão somente, no objetivo de constituir família, assim no namoro ainda há

[116] BORTOLATTO, Ariani Folharini; GHILARDI, Dóris. Existir, valer, ser eficaz: o que a teoria dos fatos jurídicos diz sobre o "contrato de namoro"? *In:* Ghilardi, Dóris. **Estudos avançados de direito de família e sucessões**. v. 1. Rio de Janeiro: Lumen Juris, 2020, p. 09.

[117] TEIXEIRA, Ana Carolina Brochado. Prefácio para **Contrato de namoro:** amor líquido e direito de família mínimo, de Marília Pedroso Xavier, 2. ed. Belo Horizonte: Fórum, 2020, p. 18.

[118] BRASIL. Tribunal de Justiça do Rio Grande do Sul. **Negado pedido de reconhecimento e dissolução de namoro qualificado**. Notícias do TJRS, 2020. Disponível em: https://www.tjrs.jus.br/novo/noticia/negado-pedido-de-reconhecimento-e-dissolucao-de-namoro-qualificado/. Acesso em: 25 nov. 2022.

espaço para o "eu" o qual não se tornou "nós", já que não se vive um para o outro.[119]

A expressão "namoro qualificado" foi empregada no Recurso Especial n. 1454643-RJ, no qual restou decidido que, apesar da coabitação, relacionamento público, duradouro e contínuo, não restou configurado o *affectio maritalis*, uma vez que o estreitamento do relacionamento havia se dado em razão de necessidades individuais de cada um e não por terem decidido formarem uma família.[120]

[119] POFFO, Mara Rúbia Cattoni. Inexistência de união estável em namoro qualificado. **IBDFAM**, 2010. Disponível em: https://ibdfam.org.br/artigos/601/Inexist%C3%AAncia+de+uni%C3%A3o+est%C3%A1vel+em+namoro+qualificado. Acesso em: 25 nov. 2022.

[120] RECURSO ESPECIAL E RECURSO ESPECIAL ADESIVO. AÇÃO DE RECONHECIMENTO E DISSOLUÇÃO DE UNIÃO ESTÁVEL, ALEGADAMENTE COMPREENDIDA NOS DOIS ANOS ANTERIORES AO CASAMENTO, C.C. PARTILHA DO IMÓVEL ADQUIRIDO NESSE PERÍODO. 1. ALEGAÇÃO DE NÃO COMPROVAÇÃO DO FATO CONSTITUTIVO DO DIREITO DA AUTORA. PREQUESTIONAMENTO. AUSÊNCIA. 2. UNIÃO ESTÁVEL. NÃO CONFIGURAÇÃO. NAMORADOS QUE, EM VIRTUDE DE CONTINGÊNCIAS E INTERESSES PARTICULARES (TRABALHO E ESTUDO) NO EXTERIOR, PASSARAM A COABITAR. ESTREITAMENTO DO RELACIONAMENTO, CULMINANDO EM NOIVADO E, POSTERIORMENTE, EM CASAMENTO. 3. NAMORO QUALIFICADO. VERIFICAÇÃO. REPERCUSSÃO PATRIMONIAL. INEXISTÊNCIA. 4. CELEBRAÇÃO DE CASAMENTO, COM ELEIÇÃO DO REGIME DA COMUNHÃO PARCIAL DE BENS. TERMO A PARTIR DO QUAL OS ENTÃO NAMORADOS/NOIVOS, MADUROS QUE ERAM, ENTENDERAM POR BEM CONSOLIDAR, CONSCIENTE E VOLUNTARIAMENTE, A RELAÇÃO AMOROSA VIVENCIADA, PARA CONSTITUIR, EFETIVAMENTE, UM NÚCLEO FAMILIAR, BEM COMO COMUNICAR O PATRIMÔNIO HAURIDO. OBSERVÂNCIA . NECESSIDADE. 5. RECURSO ESPECIAL PROVIDO, NA PARTE CONHECIDA; E RECURSO ADESIVO PREJUDICADO. [...] Da análise acurada dos autos, tem-se que as partes litigantes, no período imediatamente anterior à celebração de seu matrimônio (de janeiro de 2004 a setembro de 2006), não vivenciaram uma união estável, mas sim um namoro qualificado, em que, em virtude do estreitamento do relacionamento projetaram para o futuro – e não para o presente –, o propósito de constituir uma entidade familiar, desiderato que, posteriormente, veio a ser concretizado com o casamento. [...] 4.1 No contexto dos autos, inviável o reconhecimento da união estável compreendida, basicamente, nos dois anos anteriores ao casamento, para o único fim de comunicar o bem então adquirido exclusivamente pelo requerido. Aliás, a aquisição de apartamento, ainda que tenha se destinado à residência dos então namorados, integrou, inequivocamente, o projeto do casal de, num futuro próximo, constituir efetivamente a família por meio do casamento. Daí, entretanto, não advém à namorada/noiva direito

Desta feita, percebe-se que o namoro, apesar de ter sofrido estreitamento, não deve ser confundido com a união estável. É necessário, assim, a sua compreensão na configuração atual para que se evite o reconhecimento indevido de união estável em um relacionamento de namoro. Nesse sentido, buscará traçar as características da união estável, com o intuito de diferenciá-la do namoro, bem como tecer críticas e apontar para necessidade de mudanças para garantir a segurança aos enamorados.

1.4. Da união estável: histórico e caracterização

O surgimento da união estável não se deu apenas pelo seu reconhecimento com o advento da Constituição Federal de 1988. Formações que correspondem ao que se entende, atualmente, como união estável já eram percebidas desde os tempos romanos, tendo sido admitidas pelas leis matrimoniais de Augusto. Valorava-se tal união como se casamento fosse quando realizada por um homem e uma mulher de classes elevadas, sendo que, em relação aos casais pertencentes às classes baixas, a união continuava sem formalidades.[121]

Tais relacionamentos eram conhecidos e denominados como "concubinato", o qual consiste em "[...] dormir com outra pessoa, copular, deitar-se com, repousar, descansar, ter relação carnal, estar na cama".[122] O concubinato foi amplamente combatido pelo Cristianismo, além de ser malvisto pela sociedade, mesmo quando não se tratava de concubinato adulterino. Ainda nos dias atuais, a palavra "concubinato" é valorada negativamente, em razão de sua herança histórica.

Por ser a união de fato, à época denominada como concubinato, uma situação social, a qual se tornou cada vez mais comum, restou reconhecida juridicamente por diversos ordenamentos, como Portugal, Espanha,

à meação do referido bem. 5. Recurso especial provido, na parte conhecida. Recurso especial adesivo prejudicado. (STJ – REsp: 1454643 RJ 2014/0067781-5, Relator: Ministro MARCO AURÉLIO BELLIZZE, Data de Julgamento: 03/03/2015, T3 – TERCEIRA TURMA, Data de Publicação: DJe 10/03/2015).

121 MALUF, Carlos Alberto Dabus. União estável no direito brasileiro. *In*. DA SILVA, Regina Beatriz T.; CORREIA, Atalá; SOLAVAGIONE, Alicia García (Coord). **Tratado da união de fato**. São Paulo: Almedina, 2021, p. 287.

122 AZEVEDO, Alvaro Villaça. **Estatuto da família de fato**: de acordo com o atual Código Civil, Lei nº 10.406, de 10-01-2002. 3. ed. São Paulo: Atlas, 2011, p. 161.

França, Alemanha, Itália, Argentina, entre outros países, sendo que, a partir de 1988, encontra-se positivada no ordenamento brasileiro.[123]

A união estável restou reconhecida pelo ordenamento brasileiro a partir da promulgação da Constituição Federal de 1988, trazendo, em seu artigo 226, parágrafo 3º, que a união estável entre um homem e uma mulher é reconhecida como entidade familiar, devendo a Lei facilitar a sua conversão em casamento.[124]

O conceito de união estável foi trazido pela Lei nº 9.278 de 1996[125], a qual regulamenta a união estável no Brasil, em seu artigo primeiro, que apregoa que "é reconhecida como entidade familiar a convivência duradoura, pública e contínua, de um homem e uma mulher, estabelecida com objetivo de constituição de família", sendo que tal conceito foi repetido pelo Código Civil de 2002 em seu artigo 1.723.[126]

Ressalta-se que, antes mesmo da regulamentação pelos dispositivos citados e, durante a vigência da Constituição Federal de 1988, já eram conferidos aos companheiros alguns direitos, por meio da Lei nº 8.971 de 1994, como, por exemplo, direito aos alimentos e direito à sucessão da companheira.[127]

O legislador substituiu o termo "concubinato" pela expressão "união estável" e, dessa forma, inaugurou uma nova fase para a compreensão da união de fato.[128] Apesar de o Direito brasileiro ter um vasto histórico de prestígio às famílias advindas do matrimônio, esses laços eram uma rea-

[123] MALUF, Carlos Alberto Dabus. União estável no direito brasileiro. *In*. DA SILVA, Regina Beatriz T.; CORREIA, Atalá; SOLAVAGIONE, Alicia García (Coord). **Tratado da união de fato.** São Paulo: Almedina, 2021, p. 288.

[124] BRASIL. [Constituição (1988)]. **Constituição da República Federativa do Brasil de 1988.** Brasília, DF: Presidência da República, [2016]. Disponível em: http://www.planalto.gov.br/ccivil_03/Constituicao/Constituicao.htm. Acesso em: 25 nov. 2022.

[125] BRASIL. **Lei nº 9.278, de 10 de maio de 1996.** Regula o §3º do art. 226 da Constituição Federal. Disponível em: http://www.planalto.gov.br/ccivil_03/leis/l9278.htm. Acesso em 28 nov. 2022.

[126] BRASIL. **Lei nº 10.406, de 10 de janeiro de 2002.** Institui o Código Civil. Disponível em: https://www.planalto.gov.br/ccivil_03/leis/2002/l10406compilada.htm. Acesso em: 28 nov. 2022.

[127] BRASIL. **Lei nº 8.971, de 29 de dezembro de 1994.** Regula o direito dos companheiros a alimentos e à sucessão. Disponível em: http://www.planalto.gov.br/ccivil_03/leis/l8971.htm. Acesso em: 28 nov. 2022.

[128] AZEVEDO, Alvaro Villaça. **Estatuto da família de fato**: de acordo com o atual Código Civil, Lei nº 10.406, de 10-01-2002. 3. ed. São Paulo: Atlas, 2011, p. 240.

lidade, sendo que "[...] cerca de 1/3 (um terço) das pessoas que conviviam haviam mantido relação não formal".[129] Dessa forma, não era mais possível que o Direito ignorasse a existência de formações familiares distintas do casamento, passando a regulamentar os seus efeitos.

O reconhecimento pelo Direito da situação que de fato ocorria foi de grande importância para aqueles que conviviam como se casados fossem, uma vez que, quando da separação, cabiam aos indivíduos ingressar com uma ação para a partilha de bens. A mulher, por exemplo, recebia uma espécie de contribuição pelos serviços domésticos prestados.[130]

A união estável, portanto, consiste na relação entre duas pessoas, as quais convivem como casadas. É um vínculo que não é marcado por uma solenidade, tal como ocorre no casamento, mas que apresenta o ânimo de manter uma comunhão de vida plena, estável, duradoura e pública, em que se nota o dever de lealdade entre as partes.[131]

Apesar da previsão legal trazer que se reconhece como união estável a união entre um homem e uma mulher, o Supremo Tribunal Federal (STF) reconheceu, na Ação Direta de Inconstitucionalidade (ADI) nº 4.277 de 2011[132], a união estável entre pessoas homoafetivas, rechaçando qualquer interpretação que venha a ser discriminatória.

Percebe-se, portanto, que a união estável se manifesta como se casamento fosse diferenciando-se deste, justamente, pela ausência da necessidade de ritos formais para a sua configuração. Assim, para o seu reconhecimento é necessário que o relacionamento demonstre os requisitos elencados na legislação, ou seja, que configure um relacionamento estável, duradouro, público e com intenção de constituir família.

[129] DA SILVA, Regina Beatriz Tavares; CORREIA, Atalá; SOLAVAGIONE, Alicia García. União familiar de fato e seu estudo comparatístico. *In*. DA SILVA, Regina Beatriz T.; CORREIA, Atalá; SOLAVAGIONE, Alicia García (Coord). **Tratado da união de fato**. São Paulo: Almedina, 2021, p. 43-44.

[130] AZEVEDO, Alvaro Villaça. **Estatuto da família de fato**: de acordo com o atual Código Civil, Lei nº 10.406, de 10-01-2002. 3. ed. São Paulo: Atlas, 2011, p. 284

[131] MALUF, Carlos Alberto Dabus. União estável no direito brasileiro. *In*. DA SILVA, Regina Beatriz T.; CORREIA, Atalá; SOLAVAGIONE, Alicia García (Coord). **Tratado da união de fato**. São Paulo: Almedina, 2021, p. 288-289.

[132] BRASIL. Supremo Tribunal Federal. **Ação Direta de Inconstitucionalidade 4.277**. Distrito Federal. Relator. Min. Ayres Britto. Data de Julgamento: 05/05/2011. Data de publicação 13/10/2011. Disponível em: https://redir.stf.jus.br/paginadorpub/paginador.jsp?docTP=AC&docID=628635. Acesso em: 28 nov. 2022.

Atualmente, não se exige um tempo mínimo de relacionamento para que seja considerado duradouro. Todavia, quando de seu surgimento, a Lei n. 8.971 de 1994 traçou alguns requisitos, os quais eram impostos para o reconhecimento da união estável. Em seu artigo 1º, previa que a companheira de um homem teria direito a alimentos caso comprovasse que vivia com ele, sem impedimentos, há cinco anos ou diante da existência de prole.[133] Assim, para essa Lei o elemento necessário para comprovar a estabilidade se exteriorizava pelo prazo de cinco anos ou em razão de prole em comum.

Entretanto, com a promulgação da Lei nº 9.278 de 1996[134], a qual regulamenta o artigo 226, §3º da Constituição Federal[135], passou-se a entender a união estável da forma como perdura até hoje, ou seja, sem quaisquer exigências de tempo mínimo de relacionamento ou de existência de filhos comuns. Percebe-se, assim, um afrouxamento dos requisitos para o reconhecimento dessa relação, o que pode até se demonstrar benéfico em um primeiro momento, mas que pode acarretar diversas inseguranças jurídicas.

A união estável consiste naquela união no plano fático que adquire, com o passar do tempo, a estabilidade como a do casamento, se apresentando perante a sociedade como se casados fossem, bem como respeitando o dever de lealdade. A exclusão da exigência do lapso temporal para configurar a estabilidade teve como objetivo atender às necessidades da época, entretanto a ausência de tal requisito é alvo de críticas pelos estudiosos do Direito de Família, uma vez que pode acarretar insegurança e instabilidade jurídica ao reconhecimento de união estável em uniões que ainda não alcançaram a estabilidade.[136]

[133] BRASIL. **Lei nº 8.971, de 29 de dezembro de 1994**. Regula o direito dos companheiros a alimentos e à sucessão. Disponível em: http://www.planalto.gov.br/ccivil_03/leis/l8971.htm. Acesso em: 28 nov. 2022.

[134] BRASIL. **Lei nº 9.278, de 10 de maio de 1996**. Regula o §3º do art. 226 da Constituição Federal. Disponível em: http://www.planalto.gov.br/ccivil_03/leis/l9278.htm. Acesso em 28 nov. 2022.

[135] BRASIL. [Constituição (1988)]. **Constituição da República Federativa do Brasil de 1988**. Brasília, DF: Presidência da República, [2016]. Disponível em: http://www.planalto.gov.br/ccivil_03/Constituicao/Constituicao.htm. Acesso em: 28 nov. 2022.

[136] GARBI, Carlos Alberto. A união de fato "duradoura"- em busca do tempo perdido. *In*: DA SILVA, Regina Beatriz T.; CORREIA, Atalá; SOLAVAGIONE, Alicia García (Coord). **Tratado da união de fato**. São Paulo: Almedina, 2021, p. 260.

Por não ter um requisito objetivo temporal, a definição de estabilidade fica a cargo do julgador, o qual, a depender do caso, irá decidir se foi o suficiente ou não. Nesse sentido, o Superior Tribunal de Justiça (STJ), em alguns casos, já citou a insuficiência de tempo para a configuração da união estável[137], mas não estabeleceu *quantum* mínimo para o seu reconhecimento.

A inexigência de tempo mínimo ou de qualquer ato solene para a configuração da união estável, pelo ordenamento pátrio, vai de encontro aos demais ordenamentos jurídicos e pode até configurar um retrocesso, uma vez que a união estável representa uma entidade familiar séria, com grandes consequências jurídicas, a qual, justamente por não possuir requisitos sólidos para a sua configuração, é que pode se demonstrar mais vulnerável às manifestações fraudulentas e ao reconhecimento indevido.[138] Nesse sentido:

[137] RECURSO ESPECIAL. CIVIL. FAMÍLIA. RECONHECIMENTO DE UNIÃO ESTÁVEL POS MORTEM. ENTIDADE FAMILIAR QUE SE CARACTERIZA PELA CONVIVÊNCIA PÚBLICA, CONTÍNUA, DURADOURA E COM OBJETIVO DE CONSTITUIR FAMÍLIA (ANIMUS FAMILIAE). DOIS MESES DE RELACIONAMENTO, SENDO DUAS SEMANAS DE COABITAÇÃO. TEMPO INSUFICIENTE PARA SE DEMONSTRAR A ESTABILIDADE NECESSÁRIA PARA RECONHECIMENTO DA UNIÃO DE FATO. 1. O Código Civil definiu a união estável como entidade familiar entre o homem e a mulher, "configurada na convivência pública, contínua e duradoura e estabelecida com o objetivo de constituição de família" (art. 1.723). 2. Em relação à exigência de estabilidade para configuração da união estável, apesar de não haver previsão de um prazo mínimo, exige a norma que a convivência seja duradoura, em período suficiente a demonstrar a intenção de constituir família, permitindo que se dividam alegrias e tristezas, que se compartilhem dificuldades e projetos de vida, sendo necessário um tempo razoável de relacionamento. 3. Na hipótese, o relacionamento do casal teve um tempo muito exíguo de duração – apenas dois meses de namoro, sendo duas semanas em coabitação –, que não permite a configuração da estabilidade necessária para o reconhecimento da união estável. Esta nasce de um ato-fato jurídico: a convivência duradoura com intuito de constituir família. Portanto, não há falar em comunhão de vidas entre duas pessoas, no sentido material e imaterial, numa relação de apenas duas semanas. 4. Recurso especial provido.(STJ – REsp: 1761887 MS 2018/0118417-0, Relator: Ministro LUIS FELIPE SALOMÃO, Data de Julgamento: 06/08/2019, T4 – QUARTA TURMA, Data de Publicação: DJe 24/09/2019 RMDCPC vol. 92 p. 129).

[138] MALUF, Carlos Alberto Dabus. União estável no direito brasileiro. *In*. DA SILVA, Regina Beatriz T.; CORREIA, Atalá; SOLAVAGIONE, Alicia García (Coord). **Tratado da união de fato.** São Paulo: Almedina, 2021, p. 288.

> A insegurança jurídica causada pela norma legal para os casais brasileiros é altamente preocupante, levando pessoas a optar pelo celibato sentimental, para evitar problemas futuros. Isto é efetivamente o desprestígio legal ao afeto de uma norma que aparentemente incentiva esse sentimento e protege a afetividade.[139]

Percebe-se, assim, que a união estável possui natureza fática, ou seja, acontece de acordo com um fato da vida, mas nem por isso os requisitos devem ser frouxos a ponto de ocasionar insegurança aos enamorados e aos casais que desejam conviver sem nenhuma preocupação com as consequências que podem advir desse relacionamento.

Na Argentina, diferentemente do Brasil, a união estável – chamada de união convencional – pode ser registrada ou factual, entretanto, depende de, no mínimo, dois anos de convivência para ser reconhecida.[140]/[141] Ainda, os efeitos da união estável nesse país são regidos pelo pacto de convivência e, na ausência deste, cada membro exerce, livremente, a administração de seus próprios bens.[142]

[139] DA SILVA, Regina Beatriz Tavares. A frouxidão dos requisitos da união estável e a equiparação de seus efeitos aos do casamento no direito brasileiro. *In*. DA SILVA, Regina Beatriz T.; CORREIA, Atalá; SOLAVAGIONE, Alicia García (Coord). **Tratado da união de fato**. São Paulo: Almedina, 2021, p. 424.

[140] ARGENTINA, **Código civil y comercial de la nacion**. Ley n. 26.994 (2014). Disponível em: https://www.uba.ar/archivos_secyt/image/Ley%2026994.pdf. Acesso em: 28 nov. 2022.

[141] ARTICULO 509.- Ambito de aplicación. Las disposiciones de este Título se aplican a la unión basada en relaciones afectivas de carácter singular, pública, notoria, estable y permanente de dos personas que conviven y comparten un proyecto de vida común, sean del mismo o de diferente sexo.

ARTICULO 510. – Requisitos. El reconocimiento de los efectos jurídicos previstos por este Título a las uniones convivenciales requiere que:

a) los dos integrantes sean mayores de edad;

b) no estén unidos por vínculos de parentesco en línea recta en todos los grados, ni colateral hasta el segundo grado;

c) no estén unidos por vínculos de parentesco por afinidad en línea recta;

d) no tengan impedimento de ligamen ni esté registrada otra convivencia de manera simultánea;

e) mantengan la convivencia durante un período no inferior a dos años.

[142] DE SOLAVAGIONE, Alicia García. União convivencial na república Argentina. *In*. DA SILVA, Regina Beatriz T.; CORREIA, Atalá; SOLAVAGIONE, Alicia García (Coord). **Tratado da união de fato**. São Paulo: Almedina, 2021, p. 147.

Os demais ordenamentos, a exemplo, da Angola, da Argentina, da Colômbia, do Chile, do Paraguai e de Portugal, exigem como requisito para a configuração da união estável, ou um ato formal – cita-se a declaração formal da vontade para a configuração dos efeitos e reconhecimento da união estável –, ou um tempo mínimo para a sua configuração. Dessa forma, a legislação brasileira se demonstra contrária à tendência mundial, uma vez que a lei é silente e deixa de delimitar requisitos delineados e lapso temporal, trazendo insegurança jurídica.[143]

No caso dos Estados Unidos da América (EUA), em alguns estados, são reconhecidas as uniões denominadas *commom law marriage*, ou seja, casamento de fato, para qual não se exige qualquer espécie de cerimônia ou de licença para a sua configuração.[144] Cita-se como requisitos para o reconhecimento de tais uniões a capacidade, o acordo entre as partes, a coabitação e a apresentação para a comunidade como se casados fossem.[145]

Por fim, é importante citar a natureza jurídica da união estável, uma vez que impacta diretamente no seu reconhecimento. Há duas correntes predominantes: a primeira, cujo expoente é Paulo Lôbo, o qual entende que a união estável é ato-fato jurídico, uma vez que não se exige qualquer manifestação de vontade para a sua configuração e consequente produção de efeitos jurídicos.[146]

De outro vértice, Marcos Bernardes de Mello menciona que a união estável consiste em um negócio jurídico, uma vez que existe uma gama de liberdade para a sua configuração ou não, bem como depende da vontade das partes.[147] Ainda, existe uma terceira corrente doutrinária,

[143] DA SILVA, Regina Beatriz Tavares. A frouxidão dos requisitos da união estável e a equiparação de seus efeitos aos do casamento no direito brasileiro.. In: DA SILVA, Regina Beatriz T.; CORREIA, Atalá; SOLAVAGIONE, Alicia García (Coord). **Tratado da união de fato.** São Paulo: Almedina, 2021, p. 53-60.

[144] AZEVEDO, Alvaro Villaça. **Estatuto da família de fato**: de acordo com o atual Código Civil, Lei nº 10.406, de 10-01-2002. 3. ed. São Paulo: Atlas, 2011, p. 76.

[145] BOWMAN, Cynthia Grant. **A feminist proposal to bring back common law marriage** (1996). Cornell Law Faculty Publications. Disponível em: https://scholarship.law.cornell.edu/cgi/viewcontent.cgi?article=1137&context=facpub. Acesso em: 29 nov. 2022, p. 712-713.

[146] LÔBO, Paulo. **Direito Civil**: famílias. Volume 5. 11. ed. São Paulo: Saraiva, 2021, s.p., l. 76. *E-book*.

[147] MELLO, Marcos Bernardes de. Breves notas sobre o perfil jurídico da união estável. **Revista Ibdfam**: Família e Sucessões, v. 39, p. 138-164, maio/jun.2020, p. 161-162.

não predominante, a qual aponta que a união estável é um contrato não solene, o qual é firmado de forma escrita ou verbal, dispensando maiores formalidades.[148]

A partir da detida leitura do conceito trazido pela legislação pátria é possível perceber que se exige um elemento volitivo para a configuração da união estável, qual seja: o objetivo de constituir família. Esse propósito, nada mais é, que a intenção, a vontade interna de assim se apresentar perante a sociedade. Dessa forma, não há que se falar em união estável sem a presença da vontade de ambas as partes de serem consideradas família.

Assim, com fulcro no artigo 1.723 do Código Civil, o qual traça os requisitos para a configuração da união estável, que exige que haja a vontade de constituir família, percebe-se que não se desconsidera a vontade, a intenção das pessoas, mas, ao contrário, consiste em elemento fundamental para a caracterização da união estável, sendo este elemento, inclusive, o que a diferencia do namoro.

Nessa toada, filia-se aqui ao posicionamento de Marcos Bernardes de Mello, entendendo que a união estável consiste em um negócio jurídico, o qual possui como essencial a vontade direcionada para um fim, bem como permite certa liberdade nos efeitos, que são notados, inclusive, na escolha de patrimônio e contratualização por meio do pacto de convivência.

Entretanto, apesar do ordenamento pátrio traçar requisitos para a configuração da união estável, percebe-se que tais requisitos se demonstram insuficientes para trazerem a segurança jurídica necessária na atualidade, principalmente em razão dos relacionamentos de namoro se aproximarem de forma excessiva do que se entende por união estável. Isso porque, o ordenamento brasileiro não traz requisitos objetivos determinados, ocasionando uma análise subjetiva, a qual acaba por prejudicar os enamorados.

1.5. A tênue diferença entre namoro e união estável

A união estável consiste em uma entidade familiar devidamente reconhecida pelo ordenamento pátrio, cuja caracterização depende da presença de seus elementos essenciais, quais sejam: "[...] a convivência pública,

[148] MALUF, Carlos Alberto Dabus. União estável no direito brasileiro. *In*. DA SILVA, Regina Beatriz T.; CORREIA, Atalá; SOLAVAGIONE, Alicia García (Coord). **Tratado da união de fato**. São Paulo: Almedina, 2021, p. 291.

contínua e duradoura com o objetivo de constituição de família".[149] Ainda, é necessário, para o reconhecimento da união estável um suporte fático, ou seja, que a realidade narrada corresponda com a realidade vivenciada.

A convivência pública consiste na exposição perante a terceiros, vizinhos, conhecidos, membros de determinada comunidade de que o casal se comporta como se casados fossem. A continuidade implica na participação na vida um do outro de forma não esporádica, ou seja, sem tempo marcado para que o relacionamento termine.[150] A constatação da continuidade e durabilidade são feitas a partir da análise do caso concreto, uma vez que a legislação pátria não determina um prazo mínimo para configurar um relacionamento duradouro, contínuo e estável.

Entretanto, com o passar do tempo e estreitamento dos relacionamentos, os requisitos que eram característicos da união estável passaram a estar presentes no namoro, ou seja, atualmente é possível se falar em um namoro que possui convivência pública, contínua e duradoura. Assim, os relacionamentos de namoro se aproximaram do que se entende por união estável, passando a diferenciação residir, tão somente, no objetivo de serem vistos como se família fossem.

Tal situação tem se apresentado perante os tribunais com maior frequência, ficando a decisão sobre a existência da vontade de constituir família a cargo do Poder Judiciário. Nesse contexto, cita-se o enunciado número 42, aprovado pelo Instituto Brasileiro de Direito de Família (IBDFAM) que traz que "o namoro qualificado, diferentemente da união estável, não engloba todos os requisitos cumulativos presentes no art. 1.723 do Código Civil".[151]

Depreende-se, assim, o já afirmado anteriormente, sendo o intuito de constituir família o elemento caracterizador da união estável quando comparado com o namoro. Vislumbra-se que o que diferencia ambos os relacionamentos é o *animus familiae*, reconhecido pelas partes e pela

[149] BRASIL. **Lei nº 10.406, de 10 de janeiro de 2002.** Institui o Código Civil. Disponível em: https://www.planalto.gov.br/ccivil_03/leis/2002/l10406compilada.htm. Acesso em: 28 nov. 2022.

[150] AZEVEDO, Alvaro Villaça. **Estatuto da família de fato**: de acordo com o atual Código Civil, Lei nº 10.406, de 10-01-2002. 3. ed. São Paulo: Atlas, 2011, p. 398.

[151] BRASIL. **Enunciados do IBDFAM**. Disponível em: https://ibdfam.org.br/conheca-o--ibdfam/enunciados-ibdfam . Acesso em: 29 nov. 2022.

sociedade (trato e fama).[152] Além disso, o *animus familiae* deve ser presente e não futuro, uma vez que os enamorados podem ter a intenção futura de constituir família, mas não implica em ter a vontade de já serem vistos como uma.

Ainda, há a possibilidade de os enamorados morarem juntos e conviverem, sem que seja, contudo, formado uma entidade familiar. Tal acontecimento tem sido cada vez mais comum, principalmente, nos casos em que as partes passam a viver juntas após um divórcio formal de um relacionamento anterior.[153] Esses casais, na maioria das vezes, não desejam formar uma nova entidade familiar ou serem vistos como se casados fossem, mas sim aproveitar o seu relacionamento da melhor forma que convier, podendo desfrutar do sentimento recíproco mantido.

As inseguranças acarretadas por ainda não se ter um entendimento acerca do reconhecimento da união estável são tamanhas que muitos casais têm optado por realizarem um contrato de namoro, que consiste em um instrumento pelo qual as partes exteriorizam o relacionamento que estão vivenciando, a fim de protegê-lo dos efeitos do reconhecimento de uma união estável inexistente.[154]

Percebe-se, assim, que a proximidade de tais relacionamentos tem ocasionado certo desconforto e inseguranças àqueles que vivenciam um namoro e desejam continuar vivenciando, tendo esses casais se valido de instrumentos com o objetivo de resguardarem a liberdade que lhes é própria, ou seja, a liberdade de poder amar da forma que melhor entenderem.

Assim, conforme demonstrado no presente capítulo, os relacionamentos amorosos sofreram modificações, as quais não foram devidamente acompanhadas pela regulamentação legal. O Direito, nessa toada, não acompanhou a evolução nos relacionamentos amorosos e, atualmente, não oferece segurança para a manutenção do namoro, ao contrário, acarreta inseguranças aos enamorados.

[152] PEREIRA, Rodrigo da Cunha. **Direito das famílias.** Rio de Janeiro: Forense, 2020, p. 180.

[153] COLE, Charles D. Common-law marriage in the contemporary united states. **Revista do Curso de Mestrado em Direito da UFC**, Fortaleza, v. 27, p. 357-365, jul./dez. 2007, p. 360-361.

[154] SANTOS, Franciele Barbosa; PAIANO, Daniela Braga. Autonomia privada nas relações familiares: é possível namorar atualmente?. **Revista Meritum**, Belo Horizonte, vol. 16, n. 3, p. 10-27, 2021. DOI: https://doi.org/10.46560/meritum.v16i3.8735, p. 23.

Apesar da gama de liberdade no âmbito social ter aumentado, ou seja, as pessoas possuem maior liberdade para se relacionar, podendo viajar juntas, ficarem sozinhas e até pernoitarem uma na casa da outra, tem se verificado que o ordenamento atual não oferece respaldo para a manutenção dessa nova forma de namoro, a qual passa a ser facilmente confundida com uma união estável.

A união estável, por sua vez, se apresenta como uma entidade familiar séria e necessária, sendo que o seu reconhecimento deve se reservar para os relacionamentos que efetivamente se configure como um. Sendo que a banalização do seu reconhecimento em qualquer relacionamento acaba por trivializar, ou seja, acaba por banalizar o próprio instituto.

Nesse contexto, vislumbra-se a dicotomia dos tempos atuais, pois de um lado tem-se maior liberdade no relacionamento de namoro, mas a sua manutenção acarreta desafios ante as inseguranças que podem advir da proximidade entre o namoro atual e a união estável. E, por assim ser, é que se busca apresentar alternativas aos enamorados para a garantia de viverem o seu amor livremente.

2.
DA LIBERDADE NO ÂMBITO FAMILIAR

Para compreender a liberdade que rege as relações familiares e a contratação nos dias atuais é necessário, inicialmente, tecer algumas considerações acerca da liberdade, perpassando pela sua compreensão em diferentes momentos históricos. Busca-se, com o presente, demonstrar que a liberdade sofreu, diretamente, com a regulação do Estado de acordo com o momento vivido.

Assim, com o objetivo de evidenciar a liberdade que permeia os relacionamentos atuais, bem como as modificações em seu entendimento é que se passa a visualizar a liberdade nas suas múltiplas facetas, com o foco na liberdade individual e, posteriormente, abarcar a liberdade contratual, uma vez que a liberdade do ser humano em reger a sua própria existência e tomar as suas decisões com autonomia, se exteriorizam em todas as esferas da sua vida, seja nas relações interpessoais, seja nos negócios jurídicos ou nos contratos.

A compreensão da liberdade permeia toda a história humana. Em uma vivência social e comunitária se faz necessário certos reguladores sociais a fim de possibilitar o convívio entre os indivíduos. Nesse contexto se insere a discussão acerca da liberdade, seu exercício e limites. A liberdade não é isenta de valoração, assim sua interpretação, limites e significações se manifestam de acordo com o momento histórico vivido, bem como não é possível dissociá-la de aspectos como poder e individualidade.

A compreensão de liberdade para os povos antigos difere da compreensão da liberdade nas sociedades modernas, bem como é distinta da sustentada pelos liberais e republicanos. Em alguns governos antigos, como o regime dos gauleses, a liberdade se dava de forma mitigada, uma vez que determinadas classes como os padres, os militares e a nobreza usufruíam de ampla liberdade, enquanto o povo não tinha quaisquer direitos ou garantias.[155]

Para os antigos a liberdade se relacionava com a deliberação em praça pública dos mais diversos assuntos, inclusive para acusar alguém de delitos, analisar contas públicas e votar leis. Entretanto, ao mesmo tempo, admitiam a total submissão do indivíduo ao todo, sendo que o Estado exercia controle total da vida privada do indivíduo, não havendo qualquer liberdade individual que não aquela determinada pelo Estado.[156]

Nesse sentido, enquanto os antigos possuem ampla liberdade nas questões públicas e pouca na esfera privada, ou seja, não possuem conhecimento acerca da sua individualidade, com os modernos ocorre o oposto. Entendem como liberdade a garantia de seus privilégios individuas, ou seja, é "[...] o direito de não se submeter senão às leis".[157]

Verifica-se que um dos conceitos mais antigos de liberdade é citado em Heródoto, na Grécia, o qual entendia que consistia na autonomia para decidir. Salienta-se que esse conceito era dirigido à autossuficiência econômica que uma cidade deveria ter quando comparada com outra, entretanto tal conceito era estendido aos indivíduos.[158]

Cita-se, ainda, a ideia de liberdade cristã, a qual configurava uma espécie de paradoxo, uma vez que era necessário que o indivíduo conciliasse o seu livre-arbítrio com a vontade divina. Tal entendimento dá origem a compreensão da liberdade como atributo essencialmente humano, tornando o indivíduo livre, inclusive, contra o Estado.[159]

155 CONSTANT, Benjamin. **Da liberdade dos antigos comparada à dos modernos**. *In*. MONTEIRO, João Paulo e ou. Filosofia Política 2. Porto Alegre: L&PM Editores (UNICAMP/UFRGS – com apoio do CNPQ), 1985, p. 10.

156 Ibidem, p. 11.

157 Ibidem, p. 10-16.

158 CASTILHO, Ricardo. **Liberdade:** fundamento dos Direitos Humanos. São Paulo: Expressa, 2021, s.p., l. 6. *E-book*.

159 LIMA E BRITO, Laura Souza. **Liberdade e direitos humanos**: fundamentação jusfilosófica de sua universalidade. São Paulo: Saraiva, 2013, s.p., l. 18. *E-book*.

O ser humano vivenciou diversas situações, extremamente opostas, que poderiam ser consideradas como consequência do exercício dessa faculdade. Em épocas rudimentares vigia a liberdade extrema, com o emprego da força. Ainda, coexistiram pessoas que detinham liberdade, consideradas cidadãs, com pessoas que não eram livres, eram escravas. Já, nos regimes democráticos, reconhece-se uma liberdade individual mitigada, uma vez que esta sofre interferências para a viabilidade da coexistência.[160]

Assim, percebe-se que a compreensão acerca da liberdade se transmutou com o passar do tempo e quando posta em diferentes realidades. Assim sendo, na contemporaneidade, pode ser entendida como um pressuposto básico e comum de toda ação eticamente responsável[161], diferindo do que se entendia como liberdade na antiguidade e na Idade Média.

O conceito de liberdade, apesar de consensualmente se referir a algo bom, se apresenta como um dos conceitos mais práticos e fundamentais, mas, ao mesmo tempo, um dos menos claros.[162] Muitas vezes pode-se atribuir à definição aspectos emocionais, fazendo com que seja associado com algo bom e desejável, afastando, assim, a sua conceituação objetiva.

Na concepção liberal o essencial é a liberdade na vida privada dos indivíduos, os quais se organizam em uma sociedade para atender essa finalidade. Nesse sentido, o Estado se exterioriza como mecanismo que tem como objetivo assegurar os direitos individuais.[163] Os indivíduos são livres, portanto, ante a ausência de impedimentos ou interferências externas indevidas, sendo norteados pelo paradigma dos direitos individuais.[164]

160 GARCIA, Emerson. A liberdade e o seu fundamento existencial. *In*. CONSTANT, Benjamin. **A Liberdade dos antigos comparada à dos modernos**. Tradução: Emerson Garcia. São Paulo: Atlas, 2015, s.p., l. 16. *E-book*.

161 CASTILHO, Ricardo. **Liberdade:** fundamento dos Direitos Humanos. São Paulo: Expressa, 2021, s.p., l. 6. *E-book*.

162 ALEXY, Robert. **Teoria dos Direitos Fundamentais**. Tradução: Virgílio Afonso da Silva. 2. ed. São Paulo: Malheiros, 2015, p. 218.

163 RAMOS, Cesar Augusto. O liberalismo político e seus críticos. **Crítica Revista de Filosofia**, Londrina, v. 10, n. 32, p. 229-264, out. 2005, p. 232-233.

164 RAMOS, Cesar Augusto. O modelo liberal e republicano de liberdade: uma escolha disjuntiva? **Transformação**, v. 34, n 1, p. 43-66, 2011, p. 44.

Nesse mesmo sentido, cita-se a liberdade negativa como aquela que consiste na ausência de interferências externas nas atividades do indivíduo, sendo a esfera em que o homem pode agir sem sofrer quaisquer obstruções de outrem.[165] Assim, na medida em que a pessoa é impedida de agir, deixa de ser livre nesse aspecto.

O cerne da liberdade é a vontade humana do indivíduo, o qual é uma pessoa dotada de livre-arbítrio e, então, por meio da sua liberdade individual exterioriza a sua vontade interna, dando sentido e forma para ela no mundo fenomênico. Dessa forma, a pessoa é livre à medida que pode exteriorizar as suas vontades individuais e tê-las respeitadas.

A liberdade, portanto, se contrapõe à ideia de dominação, não sendo possível afirmar que um ser humano é livre quando este estiver, integralmente, sujeito à vontade de outrem. Assim, "a liberdade pressupõe o poder de autodeterminação, não a singela possibilidade de obrar em harmonia com os desígnios de outrem".[166] Trata-se da ideia Republicana de liberdade, a qual alinha a ausência de intervenção com a necessidade de garantia da não dominação.

Para os liberais, então, quanto menor a intervenção do Poder Público, maior a esfera de liberdade, uma vez que qualquer interferência em prol de um posicionamento, além de afetar a autonomia dos sujeitos, afeta a imparcialidade do Ente Público.[167] Em linhas gerais, ser negativamente livre ou livre no sentido moderno, consiste em estar liberto de qualquer ingerência externa sobre o exercício das suas atividades.[168] Nesse sentido, a liberdade coincide com a ideia da ausência de proibições, ou seja, com a ideia de licitude.

[165] BERLIN, Isaiah. Dois conceitos de liberdade. *In*. BERLIN, Isaiah. **Estudos sobre a humanidade**: uma antologia de ensaios. Tradução Rosaura Eichenberg. São Paulo: Companhia das Letras, 2002, p. 136.

[166] GARCIA, Emerson. A liberdade e o seu fundamento existencial. *In*. CONTANT, Benjamin. **A Liberdade dos antigos comparada à dos modernos**. Tradução: Emerson Garcia. São Paulo: Atlas, 2015, s.p., l. 16. *E-book*.

[167] RAMOS, Cesar Augusto. O liberalismo político e seus críticos. **Crítica Revista de Filosofia**, Londrina, v. 10, n. 32, p. 229-264, out. 2005, p. 237.

[168] PETTIT, Philip. Liberalismo y republicanismo. *In*. OVEJERO, Félix; MARTÍ, José Luis; GARGARELLA, Roberto (compiladores). **Nuevas ideas republicanas:** autogobierno y libertad. Barcelona: Paidós, 2004, p. 117-118.

Em uma sociedade pluralista a liberdade negativa ganha foco, uma vez que ampara as mais diversas concepções acerca da ideia sobre as escolhas de vida, bem como abarca diferentes tipos de comportamentos. Nesse sentido, o Estado somente deveria atuar de forma a atender e assegurar a autodeterminação de escolhas do indivíduo.[169]

Frisa-se, entretanto, que a noção de liberdade negativa é complementada pela liberdade positiva, uma vez que o exercício da liberdade individual, do poder de se autodeterminar, exige uma proteção jurídica efetiva e que reconheça os efeitos de seu exercício.[170] Dessa forma, a garantia de poder se autodeterminar e suas consequências devem ser protegidas pelo ordenamento pátrio, traçando uma correlação entre a liberdade negativa e a liberdade positiva.

O conceito de liberdade não é unânime e nem atemporal, uma vez que está sujeito às mudanças sociais. Ainda, destaca-se o conceito plural de liberdade, uma vez que uma compreensão uníssona é insuficiente para abarcar a complexidade que tal conceituação apresenta.[171] Assim, não se objetiva esgotar as diferentes concepções de liberdade, mas destacar a sua importância para a garantia do exercício da autonomia individual, principalmente em aspectos existenciais.

Desta feita, "A proteção da liberdade vivida como autodeterminação, como decisão da própria pessoa sobre os rumos do seu agir e do trajeto de sua história pessoal é corolário do reconhecimento da pessoa em sua dignidade".[172]

Há, portanto, uma esfera do indivíduo, da existência humana sobre a qual não deve incidir o controle estatal, uma vez que a ausência dessa preservação da individualidade pode degradar a natureza humana.[173] Consiste

[169] RAMOS, Cesar Augusto. O liberalismo político e seus críticos. **Crítica Revista de Filosofia**, Londrina, v. 10, n. 32, p. 229-264, out. 2005, p. 236-237.

[170] RUZYK, Carlos Eduardo Pianovski. **Liberdade(s) e função**: Contribuição crítica para uma nova fundamentação da dimensão funcional do Direito Civil brasileiro. 2009. 402f. Tese (Doutorado em Direito) – Universidade Federal do Paraná, Curitiba, 2009, p. 29-30.

[171] Ibidem, p. 29.

[172] Ibidem, p. 27.

[173] BERLIN, Isaiah. Dois conceitos de liberdade. *In*. BERLIN, Isaiah. **Estudos sobre a humanidade**: uma antologia de ensaios. Tradução Rosaura Eichenberg. São Paulo: Companhia das Letras, 2002, p. 139.

em um arcabouço intocável com o intuito de proteger a própria dignidade do indivíduo, ante as suas escolhas, as quais devem ser respeitadas.

A atividade do ente público, nesse contexto, se apresenta como relevante, uma vez que seu objetivo é assegurar os direitos subjetivos e a felicidade individual.[174] Assim, destaca-se a ação do Estado como garantidor das liberdades individuais, por exemplo. Aponta-se para uma dupla função do Poder Público: a de não interferir na autodeterminação individual e o dever de garantir a liberdade do indivíduo de se autodeterminar.

Tem-se, portanto, uma concepção mais ampla de liberdade, uma vez que o exercício da autonomia do indivíduo é possível somente com a garantia de não dominação. A liberdade, dessa forma, além de configurar uma ausência de impedimentos, inclui uma ação positiva que é legítima e se exterioriza no fato do homem ser senhor do seu próprio destino.[175] Não basta, assim, proteger formalmente a liberdade individual sem que existam ações que a concretizem.

Cita-se, nesse contexto, as liberdades protegidas, que consistem em direitos protegidos por normas objetivas, as quais garantem aos indivíduos o direito de realizarem ou deixarem de realizarem algo, e as liberdades negativas que, por sua vez, derivam das permissões e consistem como uma "[...] conjugação de uma permissão jurídica de se fazer algo e uma permissão jurídica de não o fazer".[176]

É preciso, dessa forma, preservar a liberdade de forma ampla, sem abandonar a concepção liberal de liberdade ou o conceito de liberdade negativa, mas preservá-las a fim de que se resguarde o direito subjetivo dos indivíduos e o exercício da sua própria autonomia. Tanto assim o é, que a Constituição Federal Brasileira[177], de 1988, em seus artigos 5º e 6º, abarcou os direitos fundamentais da pessoa e, entre eles, dispôs acerca da liberdade.

[174] RAMOS, Cesar Augusto. O liberalismo político e seus críticos. **Crítica Revista de Filosofia**, Londrina, v. 10, n. 32, p. 229-264, out. 2005, p. 239.

[175] RAMOS, Cesar Augusto. O modelo liberal e republicano de liberdade: uma escolha disjuntiva? **Transformação**, v. 34, n 1, p. 43-66, 2011, p. 56-57.

[176] ALEXY, Robert. **Teoria dos Direitos Fundamentais**. Tradução: Virgílio Afonso da Silva. 2. ed. São Paulo: Malheiros, 2015, p. 227/233.

[177] BRASIL. [Constituição (1988)]. **Constituição da República Federativa do Brasil de 1988**. Brasília, DF: Presidência da República, [2016]. Disponível em: http://www.planalto.gov.br/ccivil_03/Constituicao/Constituicao.htm. Acesso em: 21 dez. 2022.

A liberdade encontra-se disposta, também, na Declaração Universal dos Direitos Humanos, em seu artigo I, o qual assegura que todos nascem livres e iguais em dignidade e direitos. Bem como detalha tal liberdade em seu artigo II trazendo o direito da pessoa em usufruir dessa liberdade sem qualquer espécie de preconceito.[178]

É assegurado ao indivíduo, assim, o exercício amplo da sua liberdade, em diversas esferas, sendo que somente se admite intervenções externas na esfera individual com o objetivo de resguardar direitos de terceiros ou impedir danos a outrem.[179] A liberdade, portanto, representa a possibilidade do ser humano ser plural na sua individualidade e em suas escolhas, ou seja, a liberdade para ser diferente e ser como realmente é.

A proteção da liberdade individual é indissociável da promoção da dignidade da pessoa humana, uma vez que o livre desenvolvimento e manifestação do indivíduo é essencial para a sua vida digna. Ainda, a garantia da liberdade é essencial na contemporaneidade, uma vez que sem ela não é possível falar em efetivação de um Estado democrático de Direito.[180]

Entretanto, a garantia da liberdade nos dias atuais possui diversos desafios e, entre eles, a conciliação das liberdades individuais e o interesse coletivo. Tal desafio se demonstra acentuado, principalmente, em razão das relações terem se tornado mais complexas quando comparadas com os tempos anteriores. Isso porque, a pós-modernidade acolheu a multiplicidade de discursos e manifestações, abarcando o indivíduo nas suas diversas esferas, o que acarreta uma maior atuação do Direito, o qual, nem sempre, se demonstra suficiente.

Os fatos sociais acontecem de forma mais célere do que a transformação do Direito, o que acarreta que o Direito regulamente um fato que já acontece na realidade. Tal situação ocasiona que certos fatos permaneçam, por um determinado período, sem quaisquer regulamentações. Esse

[178] ORGANIZAÇÃO DAS NAÇÕES UNIDAS. **Declaração Universal dos Direitos Humanos, 1948**. Disponível em: https://www.unicef.org/brazil/declaracao-universal-dos-direitos-humanos. Acesso em: 21 dez. 2022.

[179] MILL, John Stuart. **Sobre a Liberdade**. Tradução: Pedro Madeira. Lisboa: Edições 70, 2016, s.p., l. 39-40. *E-book*.

[180] GARCIA, Emerson. A liberdade e o seu fundamento existencial. *In*. CONSTANT, Benjamin. **A Liberdade dos antigos comparada à dos modernos**. Tradução: Emerson Garcia. São Paulo: Atlas, 2015 s.p., l. 19. *E-book*.

contexto se agrava, ainda mais, em razão da alta burocracia para o trâmite de legislações no ordenamento pátrio.

Nesse aspecto, o indivíduo pode restar desamparado pelo Direito por um determinado período. Contudo, não se pode, ou ao menos não deveria deixar a proteção do indivíduo à mercê de uma regulamentação. No âmbito do Direito de Família, percebe-se a rápida mutação familiar, a qual, muitas vezes, não coaduna com o modelo familiar previsto nas legislações.

Ocorre que o comportamento humano sofre modificações que refletem na formação familiar e decorrem da alteração dos costumes sociais, que são mais céleres que a legislação. As famílias, as quais exteriorizavam um padrão rígido e pré-determinado condizente com a realidade social vigente, passam a atender padrões mais complacentes pautados no afeto.

A família precede à igreja e ao Estado e configura uma formação natural do homem, dada de maneira informal.[181] É uma estrutura que remonta a natureza humana, uma vez que o ser humano é um ser social, bem como é fundamental para o desenvolvimento do indivíduo, o qual nasce e se desenvolve dentro de uma estrutura, na maioria das vezes, familiar, independentemente da sua formação.

Contudo, as formas de configuração familiar sofreram modificações. A Revolução Francesa, ao trazer os ideais de igualdade, liberdade e fraternidade, a Revolução Industrial e os movimentos feministas, bem como a colocação da mulher no mercado de trabalho possibilitado pelo surgimento das pílulas anticoncepcionais, ocasionaram mudanças no seio familiar. Frisa-se que tais acontecimentos contribuíram para que a família deixasse de ser uma estrutura autoritária e patriarcal para que se tornasse uma estrutura horizontal e fraterna.[182]

A mulher assumindo postos no mercado de trabalho contribui para que as famílias passem a migrar do campo para a cidade. Tal acontecimento

[181] HIRONAKA, Giselda Maria Fernandes Novaes. A incessante travessia dos tempos e a renovação dos paradigmas: a família, seu status e seu enquadramento na pós-modernidade. **Revista da Faculdade de Direito da Universidade de São Paulo.** V. 101, p. 153-167. Jan/dez, 2006, p. 160.

[182] PADILHA, Elisângela. **Novas estruturas familiares:** por uma intervenção mínima do Estado. Rio de Janeiro: Lumen Juris, 2017, p. 7.

ocasiona o convívio da família em espaços menores, aumentando, portanto, a aproximação dos seus membros, o que acarreta a formação de vínculos afetivos mais estreitos, passando-se a afetividade receber o enfoque no seio familiar.[183]

A família, compreendida como uma estrutura plural, adquire uma nova conotação como local de intercâmbio afetivo e constitutivo do sujeito orientado, acima de tudo, pelo afeto e pelo amor, sendo fundamental para a realização existencial de seus membros. Assim, passa-se a tratar a família como cerne de concretização de projetos de felicidade, asseverando o caráter substancial da afetividade, ou seja, a família passa a se guiar pela finalidade eudaimônica.

A importância da família para o desenvolvimento do indivíduo foi reconhecida pela Constituição Federal de 1988, que passou a prever em seu artigo 227[184] o dever da família de assegurar condições mínimas de desenvolvimento para a criança, adolescente e jovem.[185] Percebe-se, assim, que a família configura o centro de desenvolvimento do indivíduo, sendo seu dever e dever do Estado a garantia de condições mínimas para esse ser em formação.

A família, na contemporaneidade, representa um âmbito de formação do indivíduo, a qual se legitima pelo afeto e amor, independentemente da sua forma de expressão. A família deixa as suas amarras pelo tradicional e passa a se legitimar pelo afeto, pelo amor e pela aceitação da individualidade do outro. É nessa circunstância que a liberdade se demonstra como fundamental, uma vez que para possibilitar a realização do ser humano é necessário a garantia da livre manifestação das suas individualidades.

183 DIAS, Maria Berenice. **Manual de direito das famílias**. 11. ed. rev., atual., e ampl. São Paulo: Editora Revista dos Tribunais, 2016, p. 34.

184 Art. 227. É dever da família, da sociedade e do Estado assegurar à criança, ao adolescente e ao jovem, com absoluta prioridade, o direito à vida, à saúde, à alimentação, à educação, ao lazer, à profissionalização, à cultura, à dignidade, ao respeito, à liberdade e à convivência familiar e comunitária, além de colocá-los a salvo de toda forma de negligência, discriminação, exploração, violência, crueldade e opressão.

185 BRASIL. [Constituição (1988)]. **Constituição da República Federativa do Brasil de 1988**. Brasília, DF: Presidência da República, [2016]. Disponível em: http://www.planalto.gov.br/ccivil_03/Constituicao/Constituicao.htm. Acesso em: 04 jan. 2023.

A centralidade do sentimento afetuoso nas relações familiares ascenderam a ocorrência das contratualizações nesse âmbito. Essa ocorrência exterioriza a ampliação da liberdade no meio familiar, fortalecendo a "[...] autonomia para a constituição de vínculos afetivos, sem padrões predefinidos. Aprofundam-se, desse modo, nas relações familiares, tanto a afetividade quanto a contratualização, como expressão da liberdade".[186]

O afeto, basilar da formação familiar, se exterioriza, também, na aceitação do outro com as suas particularidades. Pode-se compreender o afeto como "afecções do corpo, pelas quais a sua potência de agir é aumentada ou diminuída, estimulada ou refreada, e, ao mesmo tempo, a ideias dessas afecções"[187], sendo o afeto, assim, exteriorizado além do sentimento de amor, mas, também, como a compreensão do íntimo do indivíduo. Nesse sentido, pode-se afirmar que o afeto consiste na "matéria-prima da subjetividade"[188], ou seja, implica que o afeto é que estrutura as relações intersubjetivas.

Dessa forma, o afeto não se resume ao amor, mas configura um sentimento mais amplo que permeia as relações humanas, é com base nele que as relações se firmam ou terminam. Na conjuntura familiar o afeto possui especial destaque, principalmente por os indivíduos manterem, entre si, um vínculo que, na maioria das vezes, é afetivo. É o vínculo afetivo, justamente, que fundamenta a configuração de família atual, a qual é pautada, sobretudo, no amor nutrido pelos membros, tanto assim o é que atualmente vislumbra-se a paternidade/maternidade socioafetiva.

Assim, chega ao modelo de família da contemporaneidade, a qual, em razão das modificações dos costumes e valores, passam a ter a sua gênese "[...] mais fincada no afeto e na valorização da dignidade da pessoa humana, observadas as peculiaridades que envolvem o ser individualmente

[186] TEPEDINO, Gustavo. O valor jurídico do afeto e a contratualização do direito de família. [Editorial]. **Revista Brasileira de Direito Civil – RBDCivil** | Belo Horizonte, v. 31, n. 4, p. 13-15, out./dez. 2022, p. 13.

[187] SPINOZA, Benedictus. **Ética**. Tradução de: Tomaz Tadeu. Belo Horizonte: Autêntica Editora, 2009, s.p., l. 50. *E-book*.

[188] GROENINGA, Giselle Câmara. O Direito à Integridade Psíquica e o Livre Desenvolvimento da Personalidade. *In*: V CONGRESSO BRASILEIRO DO INSTITUTO BRASILEIRO DE DIREITO DE FAMÍLIA – IBDFAM, out. 2005, Belo Horizonte. **Anais.** Belo Horizonte: IBDFAM, out. 2005, p. 439-455, p. 441.

considerado".[189] A ascensão do afeto como central nas relações familiares não implica no abandono das famílias constituídas pelo casamento e nem que as famílias formadas pelo casamento não possuam como basilar o afeto, mas garante que o indivíduo tenha a liberdade de escolher o que mais condiz com a sua realidade, não restringindo a formação familiar aos modelos pré-existentes.

Percebe-se que a realidade, que é fluída e plural, demanda maior flexibilização dos arranjos familiares, isso porque busca-se por meio da constituição familiar a autorrealização e a felicidade. É nesse contexto que a liberdade individual ganha enfoque, uma vez que somente o indivíduo pode escolher a melhor forma de constituir uma família ou a opção de não constituir, sem quaisquer ingerências externas que vão de encontro à autorrealização da pessoa.

Além da possibilidade da formação de laços afetivos da forma mais benéfica para cada pessoa, sem imposições externas, a contratualização das relações familiares configura em uma forma de exteriorização dessa autonomia, uma vez que faculta às partes que disponham por meio de um contrato o que entendem como relevante para o relacionamento que mantem. Em uma realidade e sociedade plural é possível que a pessoa planeje a sua vida de forma autônoma e sem ferir direitos alheios.[190]

A realidade plural acarreta uma série de desafios para a sua regulamentação, uma vez que a tutela das liberdades, respeitando as individualidades é desafiadora, razão pela qual se justifica e se legitima a contratualização no âmbito familiar, com vistas para assegurar a liberdade no seio familiar, propiciando o pleno desenvolvimento de seus integrantes.[191]

[189] MALUF, Adriana Caldas do Rego Freitas Dabus. **Novas modalidades de família na pós-modernidade**, 2010. Tese (Doutorado em Direito) Faculdade de Direito da USP, 2010, p. 36.

[190] MORAES, Maria Celina Bodin de; TEIXEIRA, Ana Carolina Brochado. Contratos no ambiente familiar. *In*. TEIXEIRA, Ana Carolina Brochado; RODRIGUES, Renata de Lima. **Contratos, família e sucessões**: diálogos interdisciplinares. 3. ed. Indaiatuba, SP: Editora Foco, 2023, p. 2.

[191] TEPEDINO, Gustavo. O valor jurídico do afeto e a contratualização do direito de família. [Editorial]. **Revista Brasileira de Direito Civil – RBDCivil** | Belo Horizonte, v. 31, n. 4, p. 13-15, out./dez. 2022, p. 13.

A liberdade, portanto, permeia as relações familiares e sofre transformações com o modelo de Estado vigente, podendo se dar de forma mais ampla ou mais restrita, sendo que, atualmente, é fundamental garantir a liberdade no âmbito familiar para a garantia da efetivação da dignidade humana, princípio fundamental da República Federativa Brasileira.

A contratualização das relações familiares e das questões existenciais que permeiam essa formação, é viável e necessária para que as pessoas possam buscar "[...] uma plena realização familiar [...] sem que isso necessariamente reverbere na transformação de aspectos existenciais em compensações de cunho financeiro".[192]

Os contratos no Direito de Família, portanto, se apresentam como instrumento apto para abarcar as relações afetivas, atendendo às suas particularidades, uma vez que para a realização do ser humano é primordial o resguardo da sua intimidade da forma que melhor lhe aprouver, sob pena de adentrar em espaços existenciais, cuja regulamentação apenas cabe ao próprio indivíduo.

Além do mais, os contratos não são resguardados apenas para aspectos patrimoniais, sendo possível a contratualização de interesses existenciais, desde que os "[...] os contratos não sejam usados para colocar uma das partes em situação de desigualdade ou de dependência, nem para restringir a liberdade e tampouco para violar direitos fundamentais de um parceiro".[193]

Assim, por não ser a família imune os negócios jurídicos, traçar-se-á a liberdade individual no âmbito negocial, uma vez que o presente trabalho possui como objeto um negócio jurídico que impacta no âmbito familiar – na ausência deste –, e no afeto, por meio da realização de um contrato de namoro.

Enfatiza-se que os negócios jurídicos familiares ganharam espaço, justamente, em razão das inseguranças que as mutações sociais cumuladas com a ausência de respaldo legal ocasionam, sendo o negócio jurídico uma forma de garantir o exercício da liberdade e autonomia individual.

[192] MARZAGÃO, Silvia Felipe. **Contrato paraconjugal**: a modulação da conjugalidade por contrato teoria e prática. Indaiatuba, SP: Foco, 2023, p. 45.
[193] Ibidem.

2.1. Autonomia da vontade, autonomia privada e autodeterminação

Justamente por ser o âmbito de realização individual e construção da personalidade da pessoa é que se deve garantir a liberdade nas diversas formas de manifestação, no seio familiar. A partir do pressuposto que o ser humano é dotado de dignidade, bem como que a família é instrumento de realização da felicidade de seus membros, é que se deve cuidar da intervenção externa na autonomia familiar e nos negócios jurídicos que envolvam a família, ou na ausência desta, e o afeto.

A família, portanto, consiste em uma formação com vistas a atender o indivíduo e os aspectos existenciais deste, passando a servir à pessoa, a ser espaço de acolhimento e desenvolvimento pessoal. Assim sendo, a interferência externa em questões existenciais deve ser evitada, uma vez que é a própria pessoa que opera a sua existência.[194] Dessa forma, por ter a família o objetivo de realização do ser humano, de ser meio do ser alcançar a sua própria felicidade é que se deve evitar imposições externas, uma vez que o entendimento de felicidade e realização é próprio de cada pessoa de acordo com a sua vontade, sua vivência e suas expectativas.

É nesse contexto que se insere a liberdade no âmbito familiar e nos negócios jurídicos familiares. Pode-se traçar como liberdade a possibilidade de agir de acordo com a sua própria vontade e a esfera de liberdade que o agente possui no âmbito do direito privado denomina-se autonomia, ou seja, o direito de se reger por suas próprias leis.[195]

A autonomia sofreu constantes modificações a depender da realidade vigente, tendo se manifestado de diferentes formas em períodos históricos distintos. Ou seja, a liberdade, manifestada por meio da autonomia, não se deu sempre da mesma forma, podendo ser mais ou menos restrita a depender do momento vigente. Dessa forma, buscar-se-á traçar a contextualização da autonomia, suas mudanças e manifestações, a fim de compreender a situação atual da manifestação da liberdade nas relações familiares e seus limites.

[194] LÊDO, Ana Paula Ruiz Silveira; SABO, Isabela Cristina; AMARAL, Ana Claudia Corrêa Zuin Mattos do. Existencialidade humana: o negócio jurídico na visão pós-moderna. **Civilistica.com**, v. 6, n. 1, p. 1-22, 6 ago. 2017. Disponível em: https://civilistica.emnuvens.com.br/redc/article/view/285. Acesso em: 5 abr. 2022, p. 13.

[195] AMARAL, Francisco. **Direito civil**: introdução. 8. ed. rev., mod., e ampl. Rio de Janeiro: Renovar, 2014, p. 408-409.

É natural que ocorra a releitura de certos institutos jurídicos à medida em que a realidade sofre transformações, afinal o Direito regulamenta e atende as necessidades vigentes, enquanto regulador social. Nessa conjuntura, destaca-se as modificações sociais que culminaram na adoção de distintas terminologias em realidades diferentes.

A noção de autonomia evoluiu a partir do pensamento grego. A autonomia se relacionava com a possibilidade de cada cidade-estado se autogovernar. Na cultura helênica dizia respeito à possibilidade dos cidadãos de determinarem como procederem. Se tratava, portanto, do pleno direito à liberdade política e econômica.[196]

No que tange a sua origem, "etimologicamente, autonomia procede de *autos* – próprio e *nomos* – lei, o que quer dizer dar-se alguém regras a si próprio".[197] Ainda, a autonomia pode ser conceituada como "faculdade de alguém de reger-se por si mesmo", ou seja, traz a ideia de independência, liberdade e autorregulamentação da conduta.[198] Tanto o sentido conotativo, quanto o denotativo da palavra autonomia perpassa os significados de "[...] independência, liberdade, autorregulamentação de condutas, autogoverno".[199]

A possibilidade de se autodeterminar se exterioriza em todas as esferas da vivência da pessoa, seja no âmbito pessoal ou social. Assim, a vontade pessoal expressa, muitas vezes, por meio dos negócios jurídicos podem, a depender do momento, se dar com maior ou menor liberdade de disposição, isso porque a regulação pelo Estado e a sua interferência na vida privada se deu de diferentes formas com o passar do tempo.

[196] AMARAL, Ana Cláudia Corrêa Zuin Mattos do; PONA, Éverton Willian. Fragmentos da autonomia e respeito à pessoa: um referencial de múltiplas fontes. *In*. ARAÚJO JUNIOR, Miguel Etinger; AMARAL, Ana Cláudia Corrêa Zuin Mattos do. (oorg.). **Estudos em direito negocial:** relações privadas e direitos humanos. Birigui, São Paulo: Boreal Editora, 2015, p. 58.

[197] MIRANDA, Custódio da Piedade Ubaldino. **Interpretação e integração dos Negócios Jurídicos**. São Paulo: Editora Revista dos Tribunais LTDA, 1989, p. 60.

[198] GUIMARÃES, Deocleciano Torrieri. **Dicionário técnico jurídico**. Atualização de Ana Cláudia Schwenck dos Santos. 18. ed. São Paulo: Rideel, 2015, p. 137.

[199] RODRIGUES JUNIOR, Otavio Luiz. Autonomia da vontade, autonomia privada e autodeterminação: notas sobre a evolução de um conceito da Modernidade e na Pós-modernidade. **Revista de Informação Legislativa**, Brasília a. 41 n. 163 jul./set. 2004, p, 113.

Na Idade Moderna, com a ascensão da burguesia ao poder, classe que demandou a produção de uma nova realidade cultural, científica e política, e após a decadência dos regimes autoritários que vigoraram após a queda do feudalismo, ganha espaço o pensamento liberal, voltado para a garantia de direitos individuais e limitação do poder do Estado.[200]

O desenvolvimento do sistema capitalista e o progresso da civilização passaram a exigir novos paradigmas, uma vez que culminaram na passagem da institucionalização para a contratualização, sendo necessário, sob essa ótica, conciliar liberdade com segurança, características que passariam a ser entendidas como os alicerces das relações privadas.[201]

O Estado Liberal, em uma perspectiva histórico-sociológica, sucedeu o Estado absolutista, no qual o poder absoluto era centralizado em uma única pessoa, que era isento da aplicação de quaisquer leis, uma vez que se tratava da sua função a confecção e a aplicação das leis. Tal poder concedido para uma única pessoa era justificado em razão da vontade divina.[202] Nesse contexto, a liberdade ou autonomia do indivíduo era concedido ou retirado de acordo com a vontade do monarca.

Frisa-se que o liberalismo foi marcado pela premissa de que todos são iguais e livres, pregando por uma mínima intervenção estatal na esfera privada. Há, portanto, a garantia da liberdade individual e a imposição de limitação do poder do Estado, bem como a legitimação do poder passa a se dar de acordo com ideais contratuais, fundamentado no consentimento dos cidadãos e não mais no direito divino.[203]

Dessa forma, o Estado liberal, surgido no século XVIII, teve como premissa o reconhecimento dos direitos inalienáveis pertencentes aos

[200] AMARAL, Ana Cláudia Corrêa Zuin Mattos do; PONA, Éverton Willian. Fragmentos da autonomia e respeito à pessoa: um referencial de múltiplas fontes. *In*. ARAÚJO JUNIOR, Miguel Etinger; AMARAL, Ana Cláudia Corrêa Zuin Mattos do. (oorg.). **Estudos em direito negocial:** relações privadas e direitos humanos. Birigui, São Paulo: Boreal Editora, 2015, p. 59.

[201] RODRIGUES JUNIOR, Otavio Luiz. Autonomia da vontade, autonomia privada e autodeterminação: notas sobre a evolução de um conceito da Modernidade e na Pós-modernidade. **Revista de Informação Legislativa**, Brasília a. 41 n. 163 jul./set. 2004, p, 116.

[202] ARANHA, Maria Lúcia de Arruda; MARTINS, Maria Helena Pires. **Filosofando**: introdução à Filosofa. 4. ed. São Paulo: Moderna, 2009, p. 302.

[203] Ibidem, p. 303.

indivíduos, vindo em contraposição ao Estado Totalitário vigente anteriormente e trouxe uma divisão clara entre público e privado, uma vez que se valorizava o individualismo.[204] Isso ocorre uma vez que predomina no Estado liberal um conteúdo negativo, ou seja, o bem-estar coletivo se funda no resultado das atividades particulares, pois se assegura as melhores condições para a expansão dos interesses privados.[205]

Ressalta-se que a aproximação da autonomia com a vontade individual foi uma grande mudança para o indivíduo, que era submetido aos desejos de um monarca e tinha a sua vontade individual suprimida.[206] Tal submissão se justificava pelo poder concedido por uma autoridade divina ao monarca, que se tratava do representante terrestre da divindade. Esse contexto se transforma com ascensão do liberalismo e o reconhecimento da autonomia.

Percebe-se que a liberdade individual se dá, então, de forma ampla, podendo o indivíduo se autorregrar e praticar, livremente, os seus negócios jurídicos. Aplicado ao âmbito familiar, implica em afirmar que qualquer ingerência do Poder Público no âmbito privado é rechaçada. Assim, vige a ampla liberdade para os indivíduos tomarem as suas decisões, bem como para firmarem negócios jurídicos.

É nesse contexto que se destaca a autonomia da vontade como base de toda relação negocial. Aplica-se de forma ampla e irrestrita, uma vez que o Estado, nesse contexto, não possui qualquer ingerência na vida privada dos indivíduos, ou seja, há um amplo respeito da liberdade contratual e individual. Dessa forma, os princípios ideológicos vigentes no liberalismo convergem para a ampla liberdade de contratar.[207]

A perspectiva liberal decorreu da intenção da burguesia de fazer prevalecer o direito ao livre desenvolvimento econômico. O individualismo

[204] AMARAL, Ana Claudia Corrêa Zuin Mattos do; HATOUM, Nida Saleh; HORITA, Marcos Massashi. O Paradigma Pós-Moderno Do Negócio Jurídico e a Necessidade de Uma Nova Concepção Na Contemporaneidade. **Scientia Iuris**, Londrina, v. 21, n. 2, p. 261-297, jul. 2017. DOI: 10.5433/2178-8189.2017v21n1p262. ISSN: 2178-8189, p. 265-266.

[205] PRATA, Ana. **A tutela constitucional da autonomia privada**. Coimbra: Almedina, 2017, p. 29-30.

[206] RODRIGUES JUNIOR, Otavio Luiz. Autonomia da vontade, autonomia privada e autodeterminação: notas sobre a evolução de um conceito da Modernidade e na Pós-modernidade. **Revista de Informação Legislativa**, Brasília a. 41 n. 163 jul./set. 2004, p. 114.

[207] ROPPO, Enzo. **O contrato**. Trad. Ana Coimbra e M. Januário C. Gomes. Coimbra: Almedina, 2009, p. 32.

presente no liberalismo coloca a vontade individual como central nas relações jurídicas. Nessa toada, "institui-se, em suma, como pedra angular do Direito Privado o dogma da autonomia da vontade",[208] tendo se tornado fonte de relações jurídicas.

Tal aspecto demandava uma atuação negativa do Estado, ou seja, a ausência de sua atuação nos interesses privados dos agentes. Os negócios jurídicos celebrados, então, convergem para a manutenção e realização dos interesses privados, sem quaisquer ingerências externas. Dessa forma, o contrato, como instrumento de concretização do negócio jurídico, era meio de um intercâmbio, com ênfase no econômico, cuja vontade prevalecia amplamente.

A autonomia da vontade pode ser compreendida como "[...] o princípio de direito privado pelo qual o agente tem a possibilidade de praticar um ato jurídico, determinando-lhe o conteúdo, a forma e os efeitos"[209] ou o "[...] poder de auto-regramento das relações jurídicas negociais".[210] A autonomia da vontade surge de forma que a sua compreensão se dá de forma livre e ilimitada, uma vez que o indivíduo poderiam atuar como bem entendesse.[211] Na concepção kantiana, a autonomia da vontade consiste na prerrogativa que a vontade humana assume de ser lei para si mesmo, assim as escolhas do indivíduo se tornam leis universais.[212]

Nesse modelo de Estado vige o *pacta sunt servanda*, ou seja, predomina a obrigatoriedade do negócio firmado entre as partes, já que esses eram considerados iguais, e o contrato consiste na exteriorização da vontade dos negociantes, sendo que a decisão do particular deve prevalecer sobre

[208] GOMES, Orlando. **Transformações gerais do direito das obrigações**. 2. ed. aum. São Paulo: Ed revista dos Tribunais, 1980, p. 9.

[209] AMARAL, Francisco. **Direito civil**: introdução. 8. ed. rev., mod., e ampl. Rio de Janeiro: Renovar, 2014, p. 409.

[210] MELLO, Marcos Bernardes de. **Teoria do fato jurídico**: plano da existência. 15. ed. rev. São Paulo: Saraiva, 2008, p. 187.

[211] LÊDO, Ana Paula Ruiz; SABO, Isabela Cristina; AMARAL, Ana Cláudia Corrêa Zuin Mattos do. Existencialidade humana: o negócio jurídico na visão pós-moderna. **Civilistica.com**. Rio de Janeiro, a. 6, n. 1, 2017, p. 13-14.

[212] AMARAL, Ana Cláudia Corrêa Zuin Mattos do; PONA, Éverton Willian. Fragmentos da autonomia e respeito à pessoa: um referencial de múltiplas fontes. *In*. ARAÚJO JUNIOR, Miguel Etinger; AMARAL, Ana Cláudia Corrêa Zuin Mattos do. (oorg.). **Estudos em direito negocial:** relações privadas e direitos humanos. Birigui, São Paulo: Boreal Editora, 2015, p. 59-60.

qualquer ingerência. Assim, o indivíduo determina e dá forma para a sua vontade livremente, seja em aspectos patrimoniais ou pessoais, com especial atenção, nesse modelo, nos negócios jurídicos patrimoniais.

A valoração dos interesses patrimoniais dos contratantes, se sobrepunha, inclusive, aos próprios indivíduos. Isso ocorria, principalmente, em razão da compreensão da igualdade formal entre os indivíduos, entendendo que todos eram iguais perante a lei e, por assim ser, poderiam dispor livremente sobre os seus interesses e tais pactos, contratações, fariam lei entre as partes.[213]

Entretanto, o modelo de Estado Liberal entrou em decadência ante sua insuficiência para abarcar as mazelas sociais. Ou seja, as mudanças sociais retiraram a autonomia da vontade como o centro das relações negociais, ante a sua insuficiência para a fundamentação dos negócios jurídicos, bem como em face das diversas adversidades que o poder exacerbado concedido à vontade humana acarretou.[214]

A autonomia, dita da vontade, se dava de forma irrestrita como produto da vontade individual revelou-se "[...] uma derivação reducionista do individualismo, esquecendo o substrato humanismo"[215], o que gerou o estabelecimento de diversas críticas ante a sua ilimitação, a qual foi a precursora de acontecimentos inadmissíveis.

Até então, a autonomia da vontade havia se consagrado como protagonista da realidade vigente. Se dava como expressão da vontade de uma classe dominante, a burguesia, que era possuidora de propriedades

[213] LIMA, Caroline Melchiades Salvadego Guimarães de Souza; SANTOS, Pedro Henrique Amaducci Fernandes dos; MARQUESI, Roberto Wagner. Negócios jurídicos contemporâneos: a efetivação da dignidade da pessoa humana com alicerce nos contratos existenciais. **Civilistica.com**. Rio de Janeiro, v. 7, n. 3, 2018. Disponível em: http://civilistica.com/negocios-juridicos-contemporaneos/. Data de acesso: 11 jan. 2023, p. 4-5.

[214] AMARAL, Ana Cláudia Corrêa Zuin Mattos do; PONA, Éverton Willian. Fragmentos da autonomia e respeito à pessoa: um referencial de múltiplas fontes. *In*. ARAÚJO JUNIOR, Miguel Etinger; AMARAL, Ana Cláudia Corrêa Zuin Mattos do. (oorg.). **Estudos em direito negocial:** relações privadas e direitos humanos. Birigui, São Paulo: Boreal Editora, 2015, p. 60.

[215] RODRIGUES JUNIOR, Otavio Luiz. Autonomia da vontade, autonomia privada e autodeterminação: notas sobre a evolução de um conceito da Modernidade e na Pós-modernidade. **Revista de Informação Legislativa**, Brasília a. 41 n. 163 jul./set. 2004, p. 120.

e bens[216], servindo os negócios jurídicos, portanto para a manutenção de um modelo privatista de Estado.

Aliado às mudanças sociais, bem como em face da insuficiência do modelo liberal de Estado para abarcar as mazelas sociais e, ainda, em razão da autonomia da vontade exteriorizar um certo individualismo exacerbado é que passou a se vislumbrar a necessidade de um modelo de Estado mais intervencionista. É nesse contexto que ascende um Estado voltado para as necessidades sociais, o Estado Social ou *Welfare State*.

O Estado Social tem como objetivo a atenuação das desigualdades sociais, ou seja, difere do Estado Liberal, uma vez que passa a atuar e intervir na esfera particular do indivíduo com vistas a promoção de igualdade entre os desiguais. Dessa forma, esse modelo não coaduna mais com a liberdade contratual irrestrita, característica do liberalismo.[217]

Além da inadequação da autonomia da vontade para reger os negócios jurídicos, a liberdade exacerbada concedida ao indivíduo gerou diversas ocorrências que vão de encontro à própria existência humana. Cita-se a Segunda Guerra Mundial como exemplo, a qual ocasionou diversas atrocidades contra o ser humano e levou à necessidade de releitura de aspectos fundamentais como o contrato e a propriedade.[218]

As ocorrências na Segunda Guerra Mundial trouxeram a percepção de que a liberdade exacerbada concedida ao indivíduo pode ocasionar eventos desastrosos, motivo pelo qual a autonomia deixa de ser irrestrita, dita autonomia da vontade, passa a sofrer interferências externas do Poder Público, a fim de garantir certos preceitos fundamentais.

O modelo adotado no Estado Liberal, voltado para a liberdade formal, aferição de lucros e circulação de bens, decorrentes da ascensão da classe burguesa, deixava o sujeito e os seus interesses em segundo plano, pois

[216] AMORIN, Ana Mônica Anselmo de. A (des)necessária intervenção do Estado na autonomia familiar. **Civilistica.com**. Rio de Janeiro, a. 10, n. 2, 2021. Disponível em: http://civilistica.com/a-desnecessaria/. Data de acesso: 13 jan. 2023, p. 3.

[217] FARIAS, Cristiano Chaves de; ROSENVALD, Nelson. **Curso de direito civil:** contratos. 7. ed. rev., e atual. Salvador: JusPodivm, 2017, p. 47.

[218] AMARAL, Ana Cláudia Corrêa Zuin Mattos do; PONA, Éverton Willian. Fragmentos da autonomia e respeito à pessoa: um referencial de múltiplas fontes. *In*. ARAÚJO JUNIOR, Miguel Etinger; AMARAL, Ana Cláudia Corrêa Zuin Mattos do. (oorg.). **Estudos em direito negocial:** relações privadas e direitos humanos. Birigui, São Paulo: Boreal Editora, 2015, p. 61.

não considerava aspectos como o equilíbrio econômico das partes e das tratativas, bem como não observava a existência de eventuais vícios na manifestação da vontade dos agentes, coisas que acarretam a inexistência ou invalidade dos contratos atualmente.[219]

A ideologia do Estado Social se distancia da presente no Estado Liberal, mas sem, entretanto, abandonar as conquistas da liberdade e da igualdade. Passa, na verdade, a funcionalizar tais conquistas voltadas para o humanismo ao invés do patrimônio, o qual era foco central no Estado Liberal, adotando um posicionamento que busca o *ser* e não, o *ter*.[220] A autonomia da vontade, ampla e irrestrita, não coaduna mais com a realidade vigente, passando-se a adotar a autonomia privada.

Antes de adentrar no atual conceito de autonomia privada, salienta-se que o seu surgimento e a sua concepção atual estão intrinsecamente correlatos às condições históricas vigentes, sendo uma consequência da transformação econômica e social que se operou com o passar do tempo.[221]

A autonomia privada se refere "[...] ao poder que o particular tem de estabelecer regras jurídicas de seu próprio comportamento".[222] Dessa forma, enquanto a autonomia da vontade é a manifestação da liberdade individual, a autonomia privada é o poder de criar, dentro dos limites legais, regras jurídicas que serão aplicados a si. Ou seja, se refere a uma esfera de atuação no âmbito do direito privado. No mesmo sentido, dispõe Emílio Betti que a autonomia privada é a atividade reconhecida que cria, modifica ou extingue negócios jurídicos entre particulares, os quais são, antecipadamente, disciplinados por nomas jurídicas preexistentes.[223]

[219] AMARAL, Ana Claudia Corrêa Zuin Mattos do; HATOUM, Nida Saleh; HORITA, Marcos Massashi. O Paradigma Pós-Moderno Do Negócio Jurídico E A Necessidade De Uma Nova Concepção Na Contemporaneidade. **Scientia Iuris**, Londrina, v. 21, n. 2, p. 261-297, jul. 2017. DOI: 10.5433/2178-8189.2017v21n1p262. ISSN: 2178-8189, p. 268.

[220] NALIN, Paulo. **Do contrato**: conceito pós-moderno em busca de sai formulação na perspectiva civil-constitucional. 2. ed. Curitiba: Juruá, 2008, p. 42.

[221] PRATA, Ana. **A tutela constitucional da autonomia privada**. Coimbra: Almedina, 2017, p. 12.

[222] AMARAL, Francisco. **Direito civil**: introdução. 8. ed. rev., mod., e ampl. Rio de Janeiro: Renovar, 2014, p. 409.

[223] BETTI, Emílio. **Teoria geral do negócio jurídico**. Tradução: Servanda Editora, Campinas, SP: Servanda Editora, 2008, p. 82.

Ainda, dispõe Pietro Perlingieri, que a autonomia privada consiste no "[...] poder reconhecido ou concedido pelo ordenamento estatal a um indivíduo ou a um grupo, de determinar vicissitudes jurídicas como consequência de comportamentos – em qualquer medida – livremente assumidos".[224] O conceito de autonomia privada é consequência da transformação social e econômica que se operou.[225]

Percebe-se, portanto, que a liberdade individual, disposta por meio da autonomia, deixa de ser irrestrita. Apesar de consistir em um autorregramento da vontade individual, passa a se limitar pela legalidade e pelos direitos de terceiros, os quais devem ser respeitados. Assim, a realização dos negócios jurídicos deixa de se dar de forma livre, pautado, tão somente, na vontade dos contraentes, e passa a sofrer certas limitações.

A limitação dos negócios jurídicos passa a ocorrer em razão da necessidade de observância de certos preceitos fundamentais, a fim da efetivação da solidariedade social. Os negócios jurídicos deixam de ser considerados lei entre as partes e passam a ser compreendidos como a exteriorização a vontade individual respeitando os princípios postos pelo ordenamento.

Nota-se a necessidade de intervenção externa nos negócios privados ante a igualdade apenas formal entre os pactuantes. Ascende a necessidade da leitura do Direito Civil à luz do Direito Constitucional, o qual traz novos fundamentos e novos contornos à liberdade contratual.[226] Assim, os princípios constitucionais devem ser observados por toda a legislação infraconstitucional, não só por em seu bojo abarcar preceitos fundamentais, mas também em razão da unicidade do ordenamento.

A família, que antes se constituía a fim de assegurar o patrimônio privado e a manutenção da propriedade nas famílias, uma vez que os bens eram passados para os sucessores por meio da herança, passa a ser moralizada, sofrendo influências do cristianismo[227] e, atualmente, é meio

[224] PERLINGIERI, Pietro. **Perfis do direito civil**. Tradução de: Maria Cristina de Cicco. 2. ed. Rio de Janeiro: Renovar, 2002, p. 17.

[225] PRATA, Ana. **A tutela constitucional da autonomia privada**. Coimbra: Almedina, 2017, p. 12.

[226] NEGREIROS, Teresa. **Teoria do contrato**: novos paradigmas. 2. ed. Rio de Janeiro: Renovar, 2006, p. 106.

[227] MULTEDO, Renata Vilela. **Liberdade e família**: limites para a intervenção do Estado nas relações conjugais e parentais. Rio de Janeiro: Processo, 2017, p. 16-17.

de desenvolvimento e de realização do ser humano, sendo que o seu papel se transformou com o passar do tempo.

Percebe-se que com a ascensão do Estado Social ocorre a despatrimonialização do Direito Civil, que passa a ser regido pelo constitucionalismo que, por sua vez, apresenta diversos princípios essenciais voltados para o ser humano e para a sua realização, cita-se o princípio da dignidade da pessoa humana, previsto no artigo 1º, inciso III da Constituição Federal de 1988.[228]

A pessoa atinge o ápice da valoração a partir da Constituição Federal, sendo que a sua dignidade deve ser observada em quaisquer negócios jurídicos e, por assim ser, prevalece condições existenciais sobre as patrimoniais. Abandona-se, portanto, a exclusividade da igualdade formal, que era presumida, e passa-se a buscar, também, a igualdade material, com vistas a igualar as partes no negócio jurídico celebrado, bem como a garantia de que o pacto celebrado respeite e promova o disposto na Constituição Federal.

É nesse contexto que o Estado passa a ser um ente mais interventor, deixando de ser passivo para passar a atuar na vida privada das pessoas com o objetivo de tutelar as garantias fundamentais e assegurar os princípios previstos na Constituição Federal. Os "[...] princípios constitucionais possuem uma dignidade hierárquica superior aos princípios gerais do Direito [...]"[229], não sendo plausível a priorização dos preceitos infraconstitucionais em face dos constitucionais.

A autonomia privada, assim, consiste na limitação imposta pelo Poder Público, deixando espaços para que o indivíduo possa agir como melhor lhe aprouver, ou seja, dispõe a liberdade da pessoa de se autogerir, podendo esta exercer um poder ou autoridade.[230] Contudo, o poder de se auto regulamentar não é mais ilimitado.

Destaca-se um Direito voltado para um viés solidarista, uma vez que busca a valorização do ser humano, face a necessidade de garantir

[228] BRASIL. [Constituição (1988)]. **Constituição da República Federativa do Brasil de 1988.** Disponível em: http://www.planalto.gov.br/ccivil_03/Constituicao/Constituiçao.htm. Acesso em: 23 jan. 2023.

[229] NALIN, Paulo. **Do contrato**: conceito pós-moderno em busca de sai formulação na perspectiva civil-constitucional. 2. ed. Curitiba: Juruá, 2008, p. 46.

[230] FERRI, Luigi. **La autonomia privada.** Traduccíon y notas de derecho español: Luis Sancho Mendizábal. Granada: Editorial Comares, 2001, p. 36 – 37.

os direitos fundamentais, deixando, dessa forma, o viés enfaticamente patrimonial, para assumir uma conjuntura humanista com vistas a atender as necessidades humanas e a garantia da sua dignidade. Cita-se, como exteriorização de um viés social para os negócios jurídicos tipicamente privados, o artigo 421 do Código Civil, o qual reza que "A liberdade contratual será exercida nos limites da função social do contrato".[231]

O princípio exteriorizado no artigo 421 do Código Civil aponta que o pactuado no contrato não é livre de ingerências externas. Assim, traz a necessidade de uma finalidade coletiva, relativizando os efeitos, tão somente, entre as partes, "[...] na linha de se considerar possível a intervenção do Estado nos contratos, especialmente nos casos de abuso ou de excessos de uma parte perante outra".[232] Ocorre, então, uma mitigação do *pacta sunt servanda* e, portanto, da autonomia da vontade.

Entretanto, ao assumir a autonomia privada em clara sucessão da autonomia da vontade, ante aos abusos do individualismo, conforme mencionado alhures, opera-se uma mudança radical e passa-se a atuar sob a opressão do estatismo.[233] Nesse contexto, vislumbra-se uma certa preocupação quanto a adoção de ambas as figuras, em razão da possibilidade de ocorrência de excessos, seja pelo particular, seja pelo órgão público.

Observa-se que a autonomia privada resguarda em si um conteúdo positivo, que se refere à possibilidade de disporem acerca do patrimônio por meio do negócio jurídico e um aspecto negativo, o qual consiste que somente haverá deslocamento ou disposição patrimonial mediante a vontade do próprio agente.[234] A possibilidade de realizar negócios jurídicos funda-se na utilidade que as transações possuem, socialmente e individualmente.

Os negócios jurídicos e a liberdade contratual não foram abandonadas, mas ressignificadas, com vistas a atender uma demanda para além

[231] BRASIL. **Lei nº 10.406, de 10 de janeiro de 2002**. Institui o Código Civil. Disponível em: https://www.planalto.gov.br/ccivil_03/leis/2002/l10406compilada.htm. Acesso em: 26 jan. 2023.

[232] TARTUCE, Flávio. **Manual de Direito Civil**: volume único. 12. ed. Rio de Janeiro, Forense: Método, 2022, s.p., l. 582.

[233] RODRIGUES JUNIOR, Otavio Luiz. Autonomia da vontade, autonomia privada e autodeterminação: notas sobre a evolução de um conceito da Modernidade e na Pós-modernidade. **Revista de Informação Legislativa**, Brasília a. 41 n. 163 jul./set. 2004, p. 122.

[234] Ibidem, p. 125.

do negócio firmado. Os negócios jurídicos firmados a partir do modelo social de Estado, no qual vige a autonomia privada, volta-se, também, para a realização do ser humano, havendo, portanto, uma adequação qualitativa no conteúdo dos pactos instituídos.[235]

A mudança de paradigma impactou não apenas os negócios jurídicos, mas a formação familiar. A concepção moderna de família deve atender às necessidades da sociedade contemporânea, que passa a ser operada pela Constituição.[236] Essa nova configuração implica na rejeição do modelo anterior que se pautava em um viés patrimonialista típico do modelo liberal de Estado, e cuja única formação plausível se dava pelo casamento.

Aplicando-se a Constituição às formações familiares, percebe-se que que a família passa a ser núcleo de companheirismo e de realização do ser humano, bem como se torna meio para a efetivação da sua dignidade.[237] Além da formação família plural, amplia-se a proteção àqueles que desejam não formar uma família. Nessa toada, a expansão da autonomia, a fim de abarcar os fundamentos constitucionais e com vistas a efetivação de valores como a solidariedade e a boa-fé, refletem no âmbito familiar e na ausência deste, havendo expansão nas formações de família, bem como na autonomia nas relações conjugais.

A expansão do estudo da autonomia e da sua aplicabilidade permitiu que se abarcasse mais que o conteúdo patrimonial, ampliou-se para reger questões extrapatrimoniais, as quais são pautadas na realização de cada indivíduo. Assim, a garantia da autonomia passa a ser basilar para a realização da pessoa em busca da sua própria felicidade e de seus aspectos existenciais.[238]

[235] LIMA, Caroline Melchiades Salvadego Guimarães de Souza; SANTOS, Pedro Henrique Amaducci Fernandes dos; MARQUESI, Roberto Wagner. Negócios jurídicos contemporâneos: a efetivação da dignidade da pessoa humana com alicerce nos contratos existenciais. **Civilistica.com**. Rio de Janeiro, v. 7, n. 3, 2018. Disponível em: http://civilistica.com/negocios-juridicos-contemporaneos/. Data de acesso: 27 jan. 2023, p. 13.

[236] MULTEDO, Renata Vilela. **Liberdade e família**: limites para a intervenção do Estado nas relações conjugais e parentais. Rio de Janeiro: Processo, 2017, p. 19.

[237] Ibidem, p. 19-20.

[238] LÊDO, Ana Paula Ruiz Silveira; SABO, Isabela Cristina; AMARAL, Ana Claudia Corrêa Zuin Mattos do. Existencialidade humana: o negócio jurídico na visão pós-moderna. **Civilistica.com**, v. 6, n. 1, p. 1-22, 6 ago. 2017. Disponível em: https://civilistica.emnuvens.com.br/redc/article/view/285. Acesso em: 10 jan. 2023, p. 13.

O sistema valorativo do ordenamento pátrio brasileiro, então, coloca o homem como centro das instituições, devendo essas servirem ao ser humano, bem como a sua realização se torna um dos objetivos da ordem constitucional. Contudo, não se busca a extinção dos negócios patrimoniais ou da propriedade, mas sim de atribuir a ela "[...] uma justificativa institucional de suporte ao livre desenvolvimento da pessoa".[239] Há uma mudança de paradigma que visa, agora, atender a valores sociais com ênfase nas questões extrapatrimoniais e na realização da pessoa.

Passa-se a adotar a autodeterminação nas relações privadas interpessoais. A autodeterminação, "[...] seria um poder juridicamente reconhecido e socialmente útil, de caráter ontológico, baseado em uma abertura do homem para o mundo e suas experiências e solicitações sensíveis ou não"[240]. Em outras palavras, consiste no poder do indivíduo de autogerir a sua esfera de interesses.

A autonomia privada teve como intuito regular os negócios patrimoniais, trazendo-lhes aspectos sociais, sem os quais os pactos não atenderiam os valores constitucionais vigentes e indispensáveis para a garantia da dignidade humana. Entretanto, surgem negócios que dispõem para além da propriedade e dizem respeito a aspectos existenciais do indivíduo. Dessa forma,

> Para essas relações, cujo objeto é a própria existência do indivíduo, a autonomia privada não é suficiente, pois, a existência do indivíduo não pode encontrar limitações pelo Estado, nem por terceiros. Retoma-se a preocupação com a autonomia, batizada para as questões existenciais como autodeterminação do próprio indivíduo, operador de sua existência.[241]

A autodeterminação consiste, então, no "[...] reflexo de uma autonomia privada voltada ao poder decisório do homem quanto às condições de sua

[239] PERLINGIERI, Pietro. **Perfis do direito civil**. Tradução de: Maria Cristina de Cicco. 2. ed. Rio de Janeiro: Renovar, 2002, p. 33.

[240] RODRIGUES JUNIOR, Otavio Luiz. Autonomia da vontade, autonomia privada e autodeterminação: notas sobre a evolução de um conceito da Modernidade e na Pós-modernidade. **Revista de Informação Legislativa**, Brasília a. 41 n. 163 jul./set. 2004, p. 126.

[241] LÊDO, Ana Paula Ruiz Silveira; SABO, Isabela Cristina; AMARAL, Ana Claudia Corrêa Zuin Mattos do. Existencialidade humana: o negócio jurídico na visão pós-moderna. **Civilistica.com**, v. 6, n. 1, p. 1-22, 6 ago. 2017. Disponível em: https://civilistica.emnuvens.com.br/redc/article/view/285. Acesso em: 10 jan. 2023, p. 13-14.

própria existência".[242] Representa uma regulamentação da esfera íntima do indivíduo, na qual não se deve cogitar a ingerência externa estatal, uma vez que se trata de aspectos íntimos e cuja decisão é própria do indivíduo de acordo com a sua vontade e, mesmo que não se adote a total liberdade do indivíduo, deve-se reconhecer a observância das suas escolhas.

Fundamenta a autodeterminação, para qualificar a forma de regência humana das suas condutas na esfera individual, o artigo 1º, inciso III da Constituição Federal[243]/[244], uma vez que "[...] realiza a dignidade da pessoa humana, sob a óptica do personalismo ético-social e adstrita ao reconhecimento do valor absoluto da pessoa humana".[245]

O pluralismo típico da sociedade pós-moderna exige que o ordenamento se modifique a fim de atender as demandas sociais e individuais. A autonomia privada, então, veio a fim de substituir a manifestação da vontade irrestrita, a qual ocasionou prejuízo ao ser humano. Além do mais, ao vigorar uma ordem social, voltada para o ser humano, viu-se a necessidade de garantias de valores mínimos para a realização da pessoa.

Nesse contexto, apesar da ascensão de um viés social, a liberdade individual continuava a existir e se manifestava por meio dos negócios jurídicos, o qual se exterioriza, também por meio dos contratos. Contudo, tal manifestação passou a observar, de forma obrigatória, os preceitos constitucionais previstos na Constituição Federal, cujo objetivo é a proteção da pessoa e a promoção da sua dignidade. Entretanto, ainda não era possível vislumbrar o aspecto existencial nos negócios jurídicos, os quais permaneciam voltados para o patrimônio e a circulação de riquezas.

[242] LÊDO, Ana Paula Ruiz Silveira; SABO, Isabela Cristina; AMARAL, Ana Claudia Corrêa Zuin Mattos do. Existencialidade humana: o negócio jurídico na visão pós-moderna. **Civilistica.com**, v. 6, n. 1, p. 1-22, 6 ago. 2017. Disponível em: https://civilistica.emnuvens.com.br/redc/article/view/285. Acesso em: 10 jan. 2023, p. 17.

[243] BRASIL. [Constituição (1988)]. **Constituição da República Federativa do Brasil de 1988**. Brasília, DF: Presidência da República, [2016]. Disponível em: http://www.planalto.gov.br/ccivil_03/Constituicao/Constituicao.htm. Acesso em: 21 dez. 2022.

[244] Art. 1º A República Federativa do Brasil, formada pela união indissolúvel dos Estados e Municípios e do Distrito Federal, constitui-se em Estado Democrático de Direito e tem como fundamentos: III – a dignidade da pessoa humana.

[245] RODRIGUES JUNIOR, Otavio Luiz. Autonomia da vontade, autonomia privada e autodeterminação: notas sobre a evolução de um conceito da Modernidade e na Pós-modernidade. **Revista de Informação Legislativa**, Brasília a. 41 n. 163 jul./set. 2004, p. 127.

Todavia, a pós-modernidade e as suas múltiplas facetas exigiram uma nova forma de reconhecimento da manifestação da vontade humana, ou seja, de negócios que não tratam acerca do patrimônio ou de bens, mas de aspectos existenciais, da personalidade humana. Passa-se a falar em negócios jurídicos existenciais, os quais não se enquadram nos paradigmas clássicos – Estado Liberal – ou moderno – Estado Social-, necessitando, assim, de uma "[...] estrutura normativa, um paradigma contemporâneo, que atenda o respeito à individualidade, à identidade e à alteridade da pessoa humana, dentro do exercício de autonomia privada existencial ou autodeterminação".[246]

A família, por ser âmbito de realização do ser humano e meio de promoção da felicidade individual, prioriza a realização do ser humano de acordo com a sua própria vontade, rechaçando a ingerência externa do Poder Público, uma vez que o conceito de felicidade e de realização depende da vivência e das expectativas individuais de cada pessoa. Assim, a formação de família e a sua não formação, a depender da vontade do indivíduo, deve ser livre.

Os negócios jurídicos familiares, então, são regidos tanto pela autonomia privada, quando dizem respeito aos aspectos patrimoniais, quanto pela autodeterminação, quando se referem aos aspectos existenciais. Ao contrato de namoro, portanto, serão aplicadas ambas as figuras, uma vez que tem como objeto a pactuação acerca da vontade de não constituir família, podendo tratar sobre aspectos patrimoniais que regem o namoro ou aspectos existenciais.

A autonomia abarca o indivíduo nas suas múltiplas facetas, regendo-o nas suas relações interpessoais, mesmo naquelas que não possuem como objetivo a configuração familiar. Isso porque, cada pessoa deve ser livre para determinar aquilo que melhor entende como uma vida digna e feliz, sendo que o entendimento é individual, não cabendo, portanto, uma determinação externa. Assim sendo, a autonomia vai se exteriorizar no contrato de namoro, tanto pelo seu aspecto negativo – o que visa afastar-, quanto pelo aspecto positivo – o que desejam determinar para o relacionamento.

[246] AMARAL, Ana Claudia Corrêa Zuin Mattos do; HATOUM, Nida Saleh; HORITA, Marcos Massashi. O Paradigma Pós-Moderno Do Negócio Jurídico E A Necessidade De Uma Nova Concepção Na Contemporaneidade. **Scientia Iuris**, Londrina, v. 21, n. 2, p. 261-297, jul. 2017. DOI: 10.5433/2178-8189.2017v21n1p262. ISSN: 2178-8189, p. 280.

Por a dignidade humana se entrelaçar com a realização do ser humano e com o alcance da sua felicidade é que se protege a predominância da vontade individual nos aspectos existenciais, uma vez que cada pessoa possui a sua convicção própria daquilo que entende como melhor para si. Cabe ao Estado, nesse viés, garantir condições mínimas para a promoção da dignidade humana e resguardar o respeito da vontade individual.

2.2. Princípio do direito de família mínimo

Vislumbra-se que a liberdade e seus contornos permeiam a existência humana, tendo sofrido com a realidade vigente maior ou menor limitação. A liberdade se relaciona com a vontade individual e se exterioriza por meio da autonomia que é exercida por cada pessoa. A autonomia diz respeito ao exercício da vontade, a qual pode se sobrepor ou não a determinados desígnios.

A autonomia é exercida no âmbito pessoal e no meio patrimonial, isso porque o indivíduo tem a liberdade de determinar a sua vida e tomar decisões nas esferas que dizem e não dizem respeito ao patrimônio, bem como podem exteriorizar a sua vontade e, dessa forma, a sua autonomia nos negócios jurídicos, sejam eles patrimoniais – autonomia privada – ou existenciais – autodeterminação.

O conceito e o entendimento de família se transmutaram com o passar do tempo, deixando de ser pautado na transmissão de patrimônio e pela instituição do casamento para se tornar meio de realização pessoal e firmar em laços de afeto e de amor. Entretanto, apesar das relações extrapatrimoniais terem ganho enfoque, não houve o abandono das questões patrimoniais, mas passou-se a implicar que as situações jurídicas patrimoniais se atentassem para valores não patrimoniais.[247]

Dessa forma, os negócios jurídicos, apesar de versarem sobre aspectos patrimoniais, passam a servir à existência da pessoa, de forma que corresponde à realização da sua vontade individual. Ainda, passa a ser possível a realização de negócios que não versem sobre aspectos patrimoniais, ou mistos – que dizem respeito a questões patrimoniais e extrapatrimoniais –, tudo isso com o objetivo de assegurar à pessoa o exercício das suas faculdades livremente.

[247] FACHIN, Luiz Edson. **Estatuto jurídico do patrimônio mínimo**. 2. ed. revista e atualizada. Rio de Janeiro: Renovar, 2006, p. 171.

É nesse contexto que se insere o contrato de namoro, objeto de estudo do presente, uma vez que tal negócio jurídico tem por objetivo versar sobre questões pessoais e pode abarcar aspectos patrimoniais e extrapatrimoniais dos enamorados, com o intuito de garantir a manifestação da liberdade no relacionamento que decidiram manter.

A liberdade nas relações familiares ou nas relações amorosas ainda não se dá de forma ampla, ante a herança da intervenção pública nas relações familiares, já que eram tratadas como questão de ordem pública. Um dos exemplos passíveis de ser citado é a indissolubilidade do casamento, uma vez que a permanência de um indivíduo em uma instituição, mesmo que contra a sua vontade, era determinação de ordem pública. Dessa forma a felicidade da pessoa e as suas escolhas eram sobrepostas pela vontade do ente público.[248]

Contudo, com a promulgação da Constituição Federal de 1988 houve a repersonalização do Direito Civil. Se o Código Civil de 1916 era, essencialmente, patrimonialista e com vistas a salvaguardar o patrimônio, a Constituição possui um viés humanista com objetivo de resguardar a dignidade humana. Dessa forma, as relações privadas, regidas pela legislação infraconstitucional, passaram a, obrigatoriamente, observar a Constituição.

Nesse aspecto, as questões patrimoniais deixaram de ser o foco e passaram a servir a realização individual de cada pessoa. A Constituição Federal de 1988 adotou em seu bojo o pluralismo jurídico com o intuito de abarcar diversas formações familiares e as suas inúmeras manifestações, ressalvados os direitos de terceiros. "Assim, no âmbito das famílias, as manifestações do Poder Público devem ser no sentido de elucidar e proteger a autonomia privada, uma vez que essas exteriorizações de vontade potencializam a realização do ser humano".[249]

O Estado, com a Constituição Federal de 1988, deixou de ser um Estado "[...]protetor-repressor para assumir a postura de Estado protetor-provedor

[248] MORAES, Maria Celina Bodin de; TEIXEIRA, Ana Carolina Brochado. Contratos no ambiente familiar. *In*. TEIXEIRA, Ana Carolina Brochado; RODRIGUES, Renata Lima (Org.). **Contratos, família e sucessões**: diálogos interdisciplinares. Indaiatuba: Foco, 2023, p. 2.

[249] SANTOS, Franciele Barbosa; PAIANO, Daniela Braga. Autonomia privada nas relações familiares: é possível namorar atualmente?. **Revista Meritum**, Belo Horizonte, vol. 16, n. 3, p. 10-27, 2021. DOI: https://doi.org/10.46560/meritum.v16i3.8735, p. 16.

– assistencialista".[250] Dessa forma, deixa de ser um ente que impõe determinações às famílias, passando a ser um órgão que cuida, protege e provê o necessário para a realização destes.

A incidência de normas cogentes era tamanha no âmbito do Direito de Família que eram poucas as situações em que podia se exercer a autonomia. Sendo que as hipóteses de liberdade se davam, primordialmente, nos aspectos patrimoniais, como por exemplo, a possibilidade de escolha de regime de bens.[251] No mais, quaisquer outros aspectos eram pré-determinados e a família somente poderia ser formada da forma que o Poder Público impunha e reconhecia, sendo que quaisquer outras formações eram marginalizadas.

Além de reconhecer a família como local de afeto e de desenvolvimento da personalidade, a Constituição Federal de 1988 a compreendeu como base da sociedade e estabeleceu proteção especial do Estado (art. 226)[252], bem como, trouxe a liberdade individual para o planejamento familiar, ou seja, a autonomia para que as pessoas possam gerir as suas relações familiares.

Reconhecido o afeto como propulsor da formação familiar, necessário que cada pessoa tenha "[...] liberdade para realizar a sua própria dignidade como melhor lhe aprouver, sob pena de frustação do seu projeto pessoal de felicidade".[253] Para que seja possível a realização da felicidade pessoal, portanto, é imprescindível que o Estado se abstenha de ingerências na vida pessoal, seja quanto ao formato família, seja no que se refere a não configuração familiar.

O reconhecimento do afeto pelo Poder Público, principalmente, no que diz respeito à configuração familiar, implica na autorização pelo Estado para que os indivíduos possam exercer a sua liberdade no âmbito privado. Trata-se, assim, de uma autorização ao indivíduo para determinar

[250] PEREIRA, Rodrigo da Cunha; FACHIN, Edson. **Direito das Famílias**. 3. ed. Rio de Janeiro: Forense, 2022, s.p., l. 95. *E-book*.

[251] ALVES, Leonardo Moreira. **Direito de família mínimo**: a possibilidade de aplicação e o campo de incidência da autonomia privada no direito de família. Rio de Janeiro: Lumen Juris, 2010, s.p., l. 144. *E-book*.

[252] BRASIL. [Constituição (1988)]. **Constituição da República Federativa do Brasil de 1988**. Brasília, DF: Presidência da República, [2016]. Disponível em: http://www.planalto.gov.br/ccivil_03/Constituicao/Constituicao.htm. Acesso em: 21 dez. 2022.

[253] ALVES, op. cit., s.p., l. 148.

a formação, manutenção ou extinção da sua família, bem como para a sua não configuração, na busca da efetivação da sua dignidade.

Somado ao reconhecimento do afeto como propulsor das relações familiares, a liberdade no Direito de Família encontra respaldo, também, no artigo 5º, *caput*, da Constituição Federal, o qual protege o exercício da liberdade. Nesse mesmo sentido, afirma o artigo 1.513 do Código Civil, que "é defeso a qualquer pessoa, de direito público ou privado, interferir na comunhão de vida instituída pela família"[254], reforçando a liberdade individual e o objetivo de realização do ser humano no seio familiar.

Tal artigo vem corroborar o entendimento que no seio familiar, as regras que o regerão deverão ser escolhidas e ditadas pelos seus próprios integrantes e não pela vontade de terceiro, nesse caso o Estado. A legislação privada, assim, reforça o assegurado constitucionalmente, ou seja, o direito da pessoa em determinar a sua vida privada e a garantia de que a sua determinação será respeitada.

Entende-se que as normas do Direito de Família são normas de Direito Privado, uma vez que predomina os interesses do organismo familiar sobre os ditames públicos.[255] Dessa forma, apesar de existir certo interesse coletivo nas relações familiares, tal interesse não se confunde e nem predomina quando comparado com os interesses particulares daqueles que formam a família, não devendo sofrer intervenção ostensiva do ente cujo dever é de tutelar tais interesses.

É incabível, portanto, a confusão de tal tutela pelo Poder Público com o poder de fiscalização e controle, de forma que restrinja a liberdade individual e a autonomia dos indivíduos no seio familiar. A delimitação do público e privado é fundamental para garantir a liberdade no seio familiar.[256] A família moderna já não admite mais ingerências externas que vão de encontro à sua vontade.

[254] BRASIL. **Lei nº 10.406, de 10 de janeiro de 2002**. Institui o Código Civil. Disponível em: https://www.planalto.gov.br/ccivil_03/leis/2002/l10406compilada.htm. Acesso em: 26 jan. 2023.

[255] PEREIRA, Caio Mário da Silva. **Instituições de Direito Civil**: Direito de Família. Vol. V. Atual. Tânia da Silva Pereira. 25. ed. ver., atual., e ampl. Rio de Janeiro: Forense, 2019, s.p., l. 15. *E-book*.

[256] PEREIRA, Rodrigo da Cunha. **Princípios fundamentais e norteadores para a organização jurídica da família**. 2004. 157 f. Tese (Doutorado): Universidade Federal do Paraná, Programa de pós-graduação em Direito, Curitiba, 2004, p. 109.

Salienta-se que a ampla manifestação da vontade no seio familiar e a garantia pelo Estado de condições precípuas para a manutenção do núcleo afetivo tem como inspiração a Declaração Universal dos Direitos dos Homens, aprovada na ONU em 10/12/1948.[257]

Além do mais, nas relações de Direito de Família ou qualquer relação de cunho predominantemente extrapatrimonial, considerando a família como aquela pautada no afeto com o *animus* de constituí-la, qualquer ordem de cunho coercitivo é inaplicável, prevalecendo a responsabilidade de cada cidadão.[258] Verifica-se, ainda, que imposições no âmbito do Direito de Família, na maioria das vezes, é inócua, uma vez é imprescindível que os indivíduos atuem e apliquem determinadas normas, sob pena de esta restar em desuso.

Tem-se como exemplo, normas que entraram em desuso em razão de não coincidirem mais com a realidade vigente, bem como em face da inobservância pelos seus destinatários, o crime de adultério, o qual era previsto no artigo 240 do Código Penal brasileiro[259], que foi revogado em 2005, pela Lei nº 11.106.[260] Vislumbra-se que qualquer situação que envolva aspectos não patrimoniais, qualquer espécie de coerção não oferece quaisquer respostas satisfatórias.

O ambiente familiar se apresenta, então, como um "[...] espaço para promover o amor, a solidariedade e a realização pessoal"[261] e, por assim

[257] PEREIRA, Rodrigo da Cunha; FACHIN, Edson. **Direito das Famílias**. 3. ed. Rio de Janeiro: Forense, 2022, s.p., l. 95. *E-book.*

[258] ALVES, Leonardo Moreira. **Direito de família mínimo**: a possibilidade de aplicação e o campo de incidência da autonomia privada no direito de família. Rio de Janeiro: Lumen Juris, 2010, s.p., l. 148. *E-book.*

[259] BRASIL. **Decreto-Lei nº 2.848, de 7 de dezembro de 1940**. Código Penal. Disponível em: https://www.planalto.gov.br/ccivil_03/decreto-lei/del2848compilado.htm. Acesso em: 7 fev. 2023.

[260] BRASIL. **Lei nº 11.106, de 28 de março de 2005**. Altera os arts. 148, 215, 216, 226, 227, 231 e acrescenta o art. 231-A ao Decreto-Lei nº 2.848, de 7 de dezembro de 1940 – Código Penal e dá outras providências. Disponível em: https://www.planalto.gov.br/ccivil_03/_ato2004-2006/2005/lei/l11106.htm#:~:text=Promover%2C%20intermediar%20ou%20facilitar%20a,oito)%20anos%2C%20e%20multa.&text=Pena%20%E2%80%93%20reclus%C3%A3o%2C%20de%204%20(,dez)%20anos%2C%20e%20multa. Acesso em: 29 mar. 2023.

[261] MULTEDO, Renata Vilela. **Liberdade e família**: limites para a intervenção do Estado nas relações conjugais e parentais. Rio de Janeiro: Processo, 2017, p. 24.

ser, é que consiste em um centro de realização da dignidade humana, sendo que tal princípio apenas se realiza quando presentes a igualdade e a liberdade. E, justamente respeitando a liberdade e a igualdade é que se propõe a intervenção do Estado no âmbito do Direito de Família.

Por se justificar pelo afeto mantido um pelo outro, o Direito de Família deixa de servir aos interesses do Estado e passa a ser instrumento de realização da pessoa, surgindo anseios, na prática, sobre como conciliar interesses legítimos patrimoniais e existenciais dos indivíduos com uma legislação cogente e obsoleta.[262]

Em razão da insuficiência da legislação, a contratualização das relações familiares se insere como uma alternativa para que as famílias possam determinar o seu próprio regramento, de acordo com as suas singularidades, conquistas e particularidades.[263] Ocorre, assim, o aumento da liberdade individual, em detrimento da diminuição da intervenção estatal.

Isso porque, "o Direito de Família, contemporaneamente, deve ser visto como manifestação máxima da liberdade jurídica. Vivemos na época da subjetivação da família e do próprio Direito de Família".[264] Há, nesse contexto, uma diminuição do espaço de intervenção estatal, principalmente em razão da possibilidade de cada pessoa poder escolher o que é importante para a sua própria vida.

A contratualização do Direito de Família enuncia, assim, um atributo para que as pessoas possam se realizar e estabelecer o que entendem como pertinentes para o relacionamento que mantêm, justamente em razão do conservadorismo estatal referente às entidades familiares que não coaduna com a realidade vigente.

É nesse contexto que se enuncia o princípio do Direito de Família mínimo, o qual estabelece a mínima intervenção do Estado no ambiente privado, ou seja, a intervenção do Poder Público no âmbito familiar deve ser evitada e se dar em última hipótese. Tal princípio é inspirado no

262 XAVIER, Marília Pedroso. Apresentação. *In*: MARZAGÃO, Silvia Felipe. **Contrato paraconjugal: a modulação da conjugalidade por contrato teoria e prática**. Indaiatuba, SP: Foco, 2023, p. XV.

263 CARVALHO, Dimitre Braga Soares de. Contratos familiares: cada família pode criar seu próprio direito de família. *In:* TEIXEIRA, Ana Carolina Brochado; RODRIGUES, Renata de Lima. **Contratos, família e sucessões**: diálogos interdisciplinares. 3. ed. Indaiatuba, SP: Editora Foco, 2023, p. 21-22.

264 Ibidem, p. 22.

princípio do Direito Penal, o Direito Penal Mínimo, que traz que o Direito Penal apenas resguarda os bens jurídicos essenciais e vitais ao convívio da sociedade, os quais, em razão da sua importância, necessitam de uma proteção mais rigorosa, tal como é feita pelo Direito Penal.[265]

Tal princípio é adotado pelo ordenamento pátrio, inclusive está presente em diversos julgados no qual o Direito foi chamado a intervir e, então, restou decidido que não cabe ao ordenamento pátrio intervir em aspectos já decididos no âmbito privado ou que tal intervenção deve ser mínima.[266]/[267] Da mesma forma, no direito norte americano a liberdade no âmbito familiar restou observado e se tornou referência a partir da decisão tomada no caso Griswold *versus* Connectivut em 1963, que garantiu a proteção da privacidade do casal contra intervenções estatais.[268]/[269]

[265] PRADO, Rodrigo Murad do. **Fundamentos do direito penal mínimo**: uma abordagem criminológica. 3. ed. Rio de Janeiro: Lumen Juris, 2018, p. 43.

[266] [...] OBRIGAÇÕES. INTERESSE DO MENOR. ATENDIDO. PLANEJAMENTO FAMILIAR. PRINCÍPIO DA INTERVENÇÃO MÍNIMA. BOA-FÉ. CONFIANÇA. SOLIDARIEDADE SOCIAL. [...] **6. O princípio da intervenção mínima do Estado** (art. 100, parágrafo único, VII, do ECA) **impõe o respeito a autonomia privada e restringe a atuação estatal nos casos em que for observada a ausência de razoabilidade e justa causa. 7. Dentro das relações familiares, o princípio da boa-fé deve ser analisado sobre o viés da solidariedade social, que se cristaliza por meio da confiança depositada na conduta desses indivíduos.** 8. O conjunto probatório amealhado aos autos revela que as partes confiam no cumprimento da transação, dada a boa-fé dos envolvidos em torno do objetivo comum, o que torna desnecessária a intervenção do Estado. 9. Recurso conhecido e desprovido. (BRASIL. Tribunal de Justiça do Distrito Federal e Territórios. **20150610133882 – Segredo de Justiça 0013172-97.2015.8.07.0006**, Relator: MARIA DE LOURDES ABREU, Data de Julgamento: 22/06/2016, 3ª TURMA CÍVEL, Data de Publicação: Publicado no DJE : 06/07/2016).

[267] EMENTA: [...] 2. **Não se verificando prejuízo à menor, deve ser respeitada a livre e irrestrita manifestação das partes, quando em acordo convencionaram a respeito da dívida alimentícia e da revisão dos alimentos, atendendo ao princípio da intervenção mínima do Estado, privilegiando o princípio da liberdade e o respeito à autonomia da vontade, notadamente no âmbito de ações de família.** 3. Recurso provido. (BRASIL. Tribunal de Justiça do Distrito Federal e Territórios. **20150610133882 – Segredo de Justiça 0013172-97.2015.8.07.0006**, Relator: MARIA DE LOURDES ABREU, Data de Julgamento: 22/06/2016, 3ª TURMA CÍVEL, Data de Publicação: Publicado no DJE : 06/07/2016).

[268] ESTADOS UNIDOS. **Griswold v. Connecticut**. Disponível em: https://www.oyez.org/cases/1964/496. Acesso em: 8 fev. 2023.

[269] In a 7-2 decision authored by Justice Douglas, the Court ruled that the Constitution did in fact protect the right of marital privacy against state restrictions on contraception. While the

Dessa forma, não cabe ao Poder Público intervir na vida privada do indivíduo, seja nos seus aspectos econômicos, culturais, psicológicos, religiosos ou amorosos, como anteriormente o fazia, uma vez que tais legislações não coadunam mais com o ordenamento pátrio vigente. Cabe ao Direito, assim, a constante reflexão e inovação das categorias jurídicas de acordo com as exigências e necessidades sociais, não podendo o Direito ser alheio à história ou à realidade social.[270]

A intervenção estatal será somente admitida com o objetivo de proteger o hipossuficiente ou o vulnerável, ou seja, quando a situação exigir. Nesse sentido, será considerado indevida e excessiva a participação estatal nas relações familiares quando esta ingerir sobre aspectos personalíssimos da vida privada, uma vez que dizem respeito à liberdade e autodeterminação do próprio indivíduo, sendo expressão da sua dignidade.[271]

Nesse sentido, a fim de garantir a liberdade, a autonomia e a autodeterminação dos indivíduos, principalmente pelo caráter instrumental *eudaimonista* da família, é que não se pode mais conceber determinações valorativas e engessadas, na qual não haja o reconhecimento da liberdade de escolha quanto a constituição familiar desejada.[272]

Court explained that the Constitution does not explicitly protect a general right to privacy, the various guarantees within the Bill of Rights create penumbras, or zones, that establish a right to privacy. Together, the First, Third, Fourth, and Ninth Amendments create the right to privacy in marital relations. The Connecticut statute conflicted with the exercise of this right and was therefore held null and void.
Tradução livre: Em uma decisão de 7 votos a 2 de autoria do juiz Douglas, a Corte determinou que a Constituição de fato protege o direito à privacidade conjugal contra as restrições estatais à contracepção. Embora a Corte tenha explicado que a Constituição não protege explicitamente o direito geral à privacidade, as várias garantias contidas na Declaração de Direitos criam penumbras, ou zonas, que estabelecem o direito à privacidade. Juntas, a Primeira, Terceira, Quarta e Nona Emendas criam o direito à privacidade nas relações conjugais. O estatuto de Connecticut conflitava com o exercício desse direito e, portanto, era considerado nulo e sem efeito.

270 FACHIN, Luiz Edson. **Estatuto jurídico do patrimônio mínimo.** 2. ed. revista e atualizada. Rio de Janeiro: Renovar, 2006, p. 267-268.

271 FARIAS, Cristiano Chaves de; ROSENVALD, Nelson. **Curso de Direito Civil**: Direito das Famílias. Volume 6. 4. ed. revista, ampliada e atualizada. Salvador: Editora Judpodivm, 2012, p. 157.

272 AMORIM, Ana Mônica Anselmo de. A (des)necessária intervenção do Estado na autonomia familiar. **Civilistica.com**. Rio de Janeiro, a. 10, n. 2, 2021. Disponível em: http://civilistica.com/a-desnecessaria/. Acesso em: 8 fev. 2023, p. 8.

O princípio do Direito de Família mínimo tem como objetivo, portanto, garantir o livre exercício da autonomia e da autodeterminação das famílias, uma vez que "[...] o Estado não deve ingerir no âmago familiar, devendo ser reservado espaço íntimo para que seus próprios componentes, por meio do afeto, busquem a felicidade própria [...]".[273] Isso porque a família atual deixou de ser entidade de monopólio do Estado, passando a ser local de afeto.

A interferência estatal é indesejada, tendo em vista que pode violar a autonomia dos indivíduos. Assim, "[...] permitir o livre exercício do afeto a entidade familiar significa privilegiar os mais diversos direitos fundamentais dos cidadãos, verdadeiro objetivo não só da própria família, mas, em última instância, do estado Democrático de Direito".[274]

A aplicação desse princípio não se restringe às relações que são reconhecidas como entidade familiar, mas também àquelas que envolvem uma possível formação familiar ou a ausência desta. Assim, tal princípio irá se aplicar nos relacionamentos de namoro ou de noivado, por exemplo, pois tais relacionamentos, assim como a família, também são espaços de livre desenvolvimento do indivíduo e de construção da sua felicidade.

Da mesma forma que a ingerência do Poder Público nas entidades familiares é indesejada por não corresponder, na maioria das vezes, a vontade querida entre as partes, nos relacionamentos amorosos que não consistem em uma formação familiar, também não se vislumbra uma imposição adequada. Assim como o indivíduo pode formar uma família a fim de buscar a sua felicidade, a felicidade de outros podem corresponder, justamente, à ausência de tal formação.

Percebe-se que os relacionamentos interpessoais consistem em um espaço que deve se abster de ingerências externas, uma vez que consistem em espaços de livre manifestação do indivíduo. Não há um modelo de felicidade, determinado, mas formas de felicidade que concerne a cada pessoa, cabendo somente a ela optar e direcionar esse aspecto.

Entretanto, o exercício da liberdade individual no âmbito familiar não é irrestrito, de forma que o órgão público poderá intervir a fim de assegurar

[273] ALVES, Leonardo Moreira. **Direito de família mínimo**: a possibilidade de aplicação e o campo de incidência da autonomia privada no direito de família. Rio de Janeiro: Lumen Juris, 2010, s.p., l. 150-151. *E-book*.

[274] Ibidem, s.p., l. 153.

direitos de terceiros e de hipossuficientes, bem como pode atuar como ente fiscalizador. Assim, haverá interferência do Estado a fim de garantir a promoção dos direitos fundamentais e o exercício da autonomia dos indivíduos, com o objetivo de garantir subsídios para que alcancem a felicidade individual.[275]

Nesse aspecto, destaca-se que alguns interesses não são passíveis de contratualização pelas partes ou casos que exijam que a liberdade seja manifestada e exercida com certo cuidado para que as relações possam se dar de forma igual. Cita-se a contratualização quando uma das partes é hipossuficiente em detrimento da outra, nesse caso ocorre a redução de aspectos hábeis à contratualização, uma vez que se espera um comportamento positivo com o objetivo de resguardar o vulnerável e reequilibrar a relação jurídica.[276]

Havendo a presença de crianças, adolescentes, idosos ou pessoas vulneráveis em um geral ocorre uma certa mitigação da liberdade individual com vistas à proteção da pessoa hipossuficiente frente ao outro. Assim, quando há o envolvimento do melhor interesse da criança, direitos de idosos ou de pessoas deficientes, bem como quando envolver pessoas em estado de vulnerabilidade a liberdade de contratualização é diminuída, podendo o Poder Público intervir para reequilibrar essas relações.[277]

Entretanto, resguardado tais interesses, a regra é pela autonomia do indivíduo em questões existenciais. A mitigação da negociação envolvendo partes hipossuficientes não significa que essas pessoas não possam manifestar e contratualizar aspectos que entendam como relevantes para a sua subsistência, mas que, para tanto, é necessário um maior cuidado quando da sua realização.

Se o intuito das instituições é servir ao ser humano, o qual é dotado de dignidade e a sua realização é um dos princípios fundantes da república brasileira, é que se deve respeitar a autodeterminação em aspectos

[275] ALVES, Leonardo Moreira. **Direito de família mínimo**: a possibilidade de aplicação e o campo de incidência da autonomia privada no direito de família. Rio de Janeiro: Lumen Juris, 2010, s.p., l. 154. *E-book*.

[276] MORAES, Maria Celina Bodin de; TEIXEIRA, Ana Carolina Brochado. Contratos no ambiente familiar. *In*. TEIXEIRA, Ana Carolina Brochado; RODRIGUES, Renata Lima (Org.). **Contratos, família e sucessões**: diálogos interdisciplinares. Indaiatuba: Foco, 2023, p. 2.

[277] Ibidem, p. 10-13

existenciais, por se tratarem, justamente, de meios para a autorrealização da pessoa e para a concretização da sua felicidade.

Além de indesejada, vislumbra-se que a intervenção estatal na vida privada pode se tornar demasiadamente danosa, uma vez que pode constranger os indivíduos a tomarem determinadas decisões, as quais não foram fruto da sua vontade, prejudicando, consequentemente, o desenvolvimento de suas personalidades. Sabe-se que os litígios no âmbito familiar, além de morosos, desgastam os seus componentes emocionalmente e nada contribuem para o relacionamento interpessoal.[278]

Dessa forma, deve-se garantir a mínima interferência nas relações privadas de afeto, uma vez que o exercício da autonomia nessa esfera é fundamental para a efetivação da dignidade humana e para o alcance da felicidade individual. Assim, o princípio do Direito de Família mínimo tem como objetivo garantir a mínima ingerência da esfera pública nas relações pessoais, uma vez que se trata de livre escolha individual a forma que irá se relacionar e se formará ou não uma família, sem quaisquer discriminações ou determinações sociais.

2.3. Direito fundamental ao livre planejamento familiar

A liberdade no âmbito do Direito de Família é tamanha que restou consignado pela Constituição Federal brasileira de 1988 o direito ao livre planejamento familiar. Tal direito fundamental está previsto no artigo 226, § 7º que apregoa que é de livre decisão do casal o planejamento familiar e fundamenta o dispositivo no princípio da dignidade humana.[279]

Da mesma forma, corroborando o disposto na Constituição Federal, prevê o parágrafo segundo do artigo 1.565 do Código Civil que o planejamento familiar é de livre decisão do casal, vedando quaisquer tipos de coerção por parte do Estado. Ainda, determina a competência do Estado para oferecer recursos para que o indivíduo possa exercer tal direito.[280]

[278] XAVIER, Marília Pedroso. **Contrato de namoro**: amor líquido e direito de família mínimo. 2. ed. Belo Horizonte: Fórum, 2020, p. 79.

[279] BRASIL. [Constituição (1988)]. **Constituição da República Federativa do Brasil de 1988**. Brasília, DF: Presidência da República, [2016]. Disponível em: http://www.planalto.gov.br/ccivil_03/Constituicao/Constituicao.htm. Acesso em: 8 fev. 2023.

[280] BRASIL. **Lei nº 10.406, de 10 de janeiro de 2002**. Institui o Código Civil. Disponível em: https://www.planalto.gov.br/ccivil_03/leis/2002/l10406compilada.htm. Acesso em: 26 jan. 2023.

Vislumbra-se que tanto o direito constitucional, quanto o direito infraconstitucional reforçam o direito individual ao livre planejamento familiar. Frisa-se que o livre planejamento familiar engloba tanto os planos que dizem respeito à forma de constituição familiar, quanto aos mecanismos que impeçam a sua configuração. É nesse sentido que dispõe o artigo 2º da Lei n. 9.263, de 12 de janeiro de 1996, o qual dispõe que se entende por planejamento familiar "[...] o conjunto de ações de regulação da fecundidade que garanta direitos iguais de constituição, limitação ou aumento da prole pela mulher, pelo homem ou pelo casal".[281]

O livre planejamento familiar engloba, portanto, tanto aspectos que evitem a formação familiar, quanto meios que garantam a sua formação e limitação, sendo dever do Estado assegurar mecanismos que possibilitem o livre exercício pelos indivíduos da sua autonomia no âmbito familiar.

Assim, por ser o contrato de namoro um mecanismo de exteriorização da vontade individual que visa dispor acerca da ausência de *animus* para a configuração familiar, pode-se afirmar, analogicamente, que se trata de instrumento que possui como intenção limitar a formação familiar, ou seja, de evitar que esta se configure, em razão da ausência de vontade para tanto.

Consiste tal instrumento em um negócio jurídico que tem o mesmo objetivo que dispõe a Lei acima citada ao dispor de meios para regular o planejamento familiar no que diz respeito à fecundidade. Ainda, tal lei se aplica mesmo na ausência cônjuge ou de companheiro, sendo permitido para a pessoa fazer uso de tais mecanismos, os quais devem ser fornecidos pelo Poder Público, para impedir a formação familiar.

Nesse sentido, o contrato de namoro se apresenta como instrumento de efetivação de tais ditames, os quais são constitucionais e infraconstitucionais, que visam salvaguardar a pessoa de intromissões em aspectos existenciais. Atualmente, considera-se família aquela pautada no afeto, mas não qualquer afeto. Trata-se de afeto voltado para a configuração familiar e, se assim o é, deve ser do interesse público proteger a genuína manifestação desse sentimento, sob pena de trazer consequências que

[281] BRASIL. **Lei nº 9.263, de 12 de janeiro de 1996**. Regula §7º do art. 226 da Constituição Federal, que trata do planejamento familiar, estabelece penalidades e dá outras providências. Disponível em: https://www.planalto.gov.br/ccivil_03/leis/l9263.htm. Acesso em: 8 fev. 2023.

dizem respeito às formações familiares, em relacionamentos que não possuem tal configuração.

Por ser um direito fundamental, em razão da hierarquia normativa da constituição, as legislações infraconstitucionais e os demais diplomas normativos devem-lhe obediência, sob pena de serem considerados inconstitucionais e, consequentemente, o seu "[...] expurgo do sistema jurídico".[282] Fato é que a Constituição Federal subordina todo o sistema normativo e a sua observância é obrigatória e, quando ausente, acarreta prejuízos.

A observância da Constituição é característica de um Estado constitucional de direito que se desenvolveu a partir do fim da Segunda Guerra Mundial, o qual tem por atributo a subordinação da legalidade, ou seja, deve observar a legislação atinente e possui uma constituição rígida. Assim, além do cumprimento do processo para que as leis possam ser válidas, é necessário a compatibilidade de seu conteúdo com a Carta Constitucional.[283]

Percebe-se que além da determinação constitucional para assegurar o direito ao livre planejamento familiar, a legislação infraconstitucional repetiu tal previsão com vistas a reafirmar a necessidade de observância. Ainda, além da imprescindibilidade do cumprimento dos ditames constitucionais, há o dever de fomento de mecanismos que possibilitem o acatamento do disposto na Constituição Federal.

Dessa forma, imprescinde uma ação negativa do Estado, qual seja de se abster de realizar interferências em direitos individuais e, também, há necessidade de ações positivas pelo ente público, uma vez que é indispensável que este garanta meios de acesso e realização dos direitos constitucionalmente previstos, sem excluir os princípios que a regem.

Os direitos fundamentais, que consistem nos direitos humanos que foram incorporados pela Constituição pátria, são essenciais para a

282 FARIAS, Cristiano Chaves de; ROSENVALD, Nelson. **Curso de Direito Civil**: Direito das Famílias. Volume 6. 4. ed. revista, ampliada e atualizada. Salvador: Editora JusPodivm, 2012, p.76

283 BARROSO, Luís Roberto. **Curso de Direito Constitucional Contemporâneo**: os conceitos fundamentais e a construção do novo modelo. 10. ed. São Paulo: SaraivaJur, 2022, s.p., l. 87. *E-book*.

garantia de um mínimo existencial para que o ser humano possa viver dignamente. Os direitos humanos, por sua vez, além de resultarem de inúmeras conquistas históricas, fundam-se na dignidade humana e visam a "[...] proteção da vida, da liberdade, da igualdade e da justiça. [...] também representam a busca da felicidade".[284] Dessa forma, os direitos humanos são provenientes de normas de caráter internacional, enquanto os direitos fundamentais são direitos que foram incorporados nas constituições de cada ordenamento.

Pode-se definir direitos fundamentais como "[...] todas as posições jurídicas concernentes às pessoas [...] que, do ponto de vista do direito constitucional positivo, foram, expressa ou implicitamente, integradas à constituição e retiradas da esfera de disponibilidade dos poderes constituídos [...]".[285] Os direitos fundamentais, dessa forma, podem ser tanto formais – quando expressamente previstos –, quanto materiais – que representam valores fundantes.

Destaca-se que a dignidade humana tem como precursor a filosofia moral, a qual constitui um valor fundamental que, por sua vez, se tornou um princípio jurídico.[286] Justamente por assim se apresentar é que se considera a dignidade humana como direcionamento de todo o ordenamento pátrio, bem como trata-se de valor que deve ser observado mesmo quando ausente a sua menção nas constituições.

Um direito será fundamental não somente em razão da sua importância para o ordenamento que se destina ou em face do bem jurídico tutelado, mas pela relevância que o constituinte atribuiu para ele diante das inúmeras possibilidades. Percebe-se que o direito ao livre planejamento familiar foi inserido e vige no ordenamento brasileiro desde a promulgação da Constituição Federal brasileira em 1988, ante a sua pertinência na década de oitenta e atualmente.

Apesar de a realidade fática ter sofrido diversas transformações, nota-se que a liberdade no âmbito familiar já consistia em um valor digno de

[284] BARROSO, Luís Roberto. **Curso de Direito Constitucional Contemporâneo**: os conceitos fundamentais e a construção do novo modelo. 10. ed. São Paulo: SaraivaJur, 2022, s.p., l. 153. *E-book*.

[285] SARLET, Ingo Wolfgang. Teoria dos direitos fundamentais. *In*. SARLET, Ingo Wolfgang; MARINONI, Luiz Guilherme; MITIDIERO, Daniel. **Curso de direito constitucional**. 6. ed. São Paulo: Saraiva, 2017, s.p., l. 350. *E-book*.

[286] BARROSO, op. cit., s.p., l. 200.

ser tutelado ao constar no bojo da Constituição Federal. Nos dias atuais, é possível notar uma ânsia por maior liberdade para a construção das mais variadas formas de relação afetiva, como exemplo, o poliamor. Dessa forma, se na década de 1980 o direito ao livre planejamento familiar já se demonstrava como fundamental, nos dias atuais tal percepção se reforça.

Justamente por ser o direito fundamental um direito subjetivo, tal direito é passível de ser reivindicado judicialmente. Nesse sentido, destacam-se algumas decisões que versam sobre o direito ao livre planejamento familiar, resguardando os indivíduos da ingerência do Estado na sua esfera personalíssima.[287]/[288]/[289]

Percebe-se que o direito ao livre planejamento familiar é fundamento para o exercício da autodeterminação do indivíduo, visando que seja assegurado a livre manifestação da vontade individual em aspectos existenciais. Aplicado ao contrato de namoro, o direito ao livre planejamento familiar se exterioriza no direito de não constituir

[287] [...] PLANEJAMENTO FAMILIAR – LIBERDADE DE OPÇÃO – [...] **A promoção de condições e recursos informativos, educacionais, técnicos e científicos que assegurem o livre exercício do planejamento familiar é considerada um dever do Estado.** Para o exercício do direito ao planejamento devem ser ofertados métodos e técnicas de concepção e contracepção aceitos pela ciência e que não apresentem risco à vida e à saúde das pessoas, sendo imprescindível a garantia da liberdade de opção.[...]. (BRASIL. Tribunal de Justiça do Paraná. **REEX: 00037748320208160109** Mandaguari 0003774-83.2020.8.16.0109 (Acórdão), Relator: Regina Helena Afonso de Oliveira Portes, Data de Julgamento: 10/08/2021, 4ª Câmara Cível, Data de Publicação: 16/08/2021).

[288] [...] Os arts. 1.514, 1.521, 1.523, 1.535 e 1.565, todos do Código Civil de 2002, não vedam expressamente o casamento entre pessoas do mesmo sexo, e não há como se enxergar uma vedação implícita ao casamento homoafetivo sem afronta a caros **princípios constitucionais, como o da igualdade, o da não discriminação, o da dignidade da pessoa humana e os do pluralismo e livre planejamento familiar** [...]". (BRASIL. Tribunal de Justiça de Santa Catarina. **REsp 1183378/RS**, Rel. Ministro LUIS FELIPE SALOMÃO, QUARTA TURMA, j. 25/10/2011. TJ-SC – AC: 00124615220188240091 Capital 0012461-52.2018.8.24.0091, Relator: Marcus Tulio Sartorato, Data de Julgamento: 17/12/2019).

[289] [...] III – **Segundo as premissas constitucionais da dignidade da pessoa humana, igualdade, liberdade e do livre planejamento familiar**, impõe-se afastar óbices e entraves administrativos que restrinjam o direito do registro da dupla maternidade junto ao cartório de registro civil unicamente ao casal que realizou reprodução heteróloga assistida. [...]. (BRASIL. Tribunal de Justiça de Goiás. **Apelação Cível n. 03345663620178090051**, Relator: LUIZ EDUARDO DE SOUSA, Data de Julgamento: 14/03/2018, 1ª Câmara Cível, Data de Publicação: DJ de 14/03/2018).

família, ou seja, na possibilidade que as pessoas detêm de não firmar uma união estável e de não se casar. Assim, o direito ao livre planejamento familiar se exterioriza no contrato de namoro, uma vez que este tem como objetivo impor uma limitação ao ente público quanto ao reconhecimento de uma entidade familiar em um relacionamento de namoro.

A liberdade de constituir família da forma que melhor se adequa à realidade do casal diz respeito à escolha do cônjuge, à forma dessa formação, ao número de filhos ou pela ausência destes, mas também abarca àqueles que desejam manter um relacionamento, mas que não possuem o *animus* de constituição familiar, tais como os enamorados que optam pela realização do contrato de namoro.

Ressalta-se que não se pode compelir ninguém a casar, tal situação ensejaria, inclusive, a anulabilidade do casamento.[290]/[291] Entretanto, o que se apresenta, na atualidade, é o reconhecimento forçado e imposto da união estável, mesmo que presente uma manifestação de vontade contrária, como o fazem por meio do contrato de namoro.

Vislumbra-se que o namoro não possui a obrigatoriedade de se tornar noivado e nem este de se tornar casamento, sob pena de violar a autodeterminação e a autonomia privada dos indivíduos quanto a sua liberdade de regerem as suas escolhas individuais.

O direito ao livre planejamento familiar visa, também, salvaguardar a integridade moral e imaterial do indivíduo de não ser obrigado a entrar ou permanecer em uma relação indesejada. Qualquer ação oposta a tal previsão implicaria na ofensa à liberdade e à vontade individual.

Sabe-se que para a configuração do casamento é imprescindível a manifestação expressa da vontade dos nubentes, da mesma forma é indispensável o *animus familiae* para o reconhecimento da união estável. Vislumbra-se que a vontade para quaisquer configurações familiares é

[290] Art. 1.550. É anulável o casamento: III – por vício da vontade, nos termos dos arts. 1.556 a 1.558;
Art. 1.558. É anulável o casamento em virtude de coação, quando o consentimento de um ou de ambos os cônjuges houver sido captado mediante fundado temor de mal considerável e iminente para a vida, a saúde e a honra, sua ou de seus familiares.

[291] BRASIL. **Lei nº 10.406, de 10 de janeiro de 2002**. Institui o Código Civil. Disponível em: https://www.planalto.gov.br/ccivil_03/leis/2002/l10406compilada.htm. Acesso em: 22 mar. 2023.

indispensável, consistindo na ampla manifestação da liberdade do indivíduo de orientar a sua vida da forma que desejar.

É nessa toada que o direito ao livre planejamento familiar se correlaciona ao princípio do Direito de Família mínimo à medida que se é garantida a ampla liberdade no planejamento familiar. Consequentemente ocorre a mínima intervenção do Poder Público na tomada de decisão privada.

O princípio do Direito de Família mínimo e o direito ao livre planejamento familiar se relacionam e complementam o princípio da dignidade humana, uma vez que somente é possível a garantia da dignidade da pessoa humana se assegurado o efetivo exercício da autodeterminação e da autonomia privada no âmbito familiar.

Assim, tais princípios possuem como objetivo conferir às pessoas a possibilidade de tomarem decisões que melhor atendam a sua realidade e, por meio dessas escolhas, a oportunidade de se realizar enquanto indivíduo, alcançando a felicidade e garantindo a dignidade humana, estejam as pessoas em uma relação familiar ou àqueles que não desejam ter uma, sendo o contrato de namoro, nesse contexto, adequado para esses últimos.

2.4. Da boa-fé objetiva aplicada às relações familiares e aos negócios jurídicos

A família é uma entidade considerada base da sociedade e, diante da sua importância, foi atribuída proteção especial pelo Estado, uma vez que é no seio familiar que o indivíduo nasce e desenvolve a sua personalidade. Dessa forma, é imprescindível que o relacionamento familiar se efetive de maneira saudável, garantindo um meio ambiente adequado para a realização e efetivação da dignidade humana.

Nesse esteio, é necessário que os indivíduos possuam o desejo de construir uma família, uma vez que sem vontade de formar uma família não há realização pessoal. Ainda, a vontade é imprescindível para a realização dos negócios jurídicos, sendo que a sua manifestação prescinde de forma especial[292]/[293], basta que exista, uma vez que é indispensável para a

[292] Art. 107. A validade da declaração de vontade não dependerá de forma especial, senão quando a lei expressamente a exigir.

[293] BRASIL. **Lei nº 10.406, de 10 de janeiro de 2002**. Institui o Código Civil. Disponível em: https://www.planalto.gov.br/ccivil_03/leis/2002/l10406compilada.htm. Acesso em: 22 mar. 2023.

formação familiar, sob pena do ente público impor o reconhecimento de uma entidade familiar que não é desejada por nenhuma das partes.

Um dos pilares da Constituição Federal é o respeito, a proteção e a promoção da dignidade humana. Dessa forma, tal diploma se voltou para a proteção da pessoa enquanto sujeito de direito e fim de todas as relações. Desse modo, tem como objetivo, preponderante, a promoção da realização da pessoa, a qual é dotada de direitos e garantias devidamente reconhecidos pelo ordenamento.

Por ser a dignidade humana um fundamento e princípio da República Federativa Brasileira previsto na Constituição Federal de 1988, é necessário à sua observância em todas as relações, sejam entre familiares, particulares ou em face do ente público, independentemente da espécie de relacionamento que as partes mantêm.

Busca-se, no presente tópico, demonstrar que a boa-fé objetiva, por se correlacionar diretamente com o princípio da eticidade, o qual decorre do fundamento e princípio da dignidade da pessoa humana, deve incidir em todas as relações interpessoais de cunho patrimonial ou extrapatrimonial e independentemente da origem do relacionamento.

A boa-fé, em que pese bastante citada no âmbito jurídico, é de difícil conceituação. Trata-se de uma noção antiga na cultura ocidental, que foi bastante utilizada na solução de problemas, os quais, muitas vezes não guardavam relação em si.[294] O que se entende como boa-fé, atualmente, teve o seu advento nos tempos romanos, mais especificamente da Lei das Doze Tábuas, segundo a qual *patronus si clienti fraudem fecerit, sacer esto*, ou seja, trazia que o patrão que engana o seu cliente deve ser execrado.[295]

Ainda, atribui-se à boa-fé um surgimento ainda anterior à Lei das Doze Tábuas, "[...] uma vez que a ideia expressa na palavra *fides* estaria ligada, segundo a tradição recolhida por Dionísio de Halicarnasso, à própria fundação de Roma [...]".[296] Nascida na Roma antiga, a noção de boa-fé passou a ser entendida como confiança, lealdade, respeito ao pactuado e auxílio mútuo entre as partes.

[294] TOMASEVICIUS FILHO, Eduardo. **O princípio da boa-fé no direito civil**. São Paulo: Almedina, 2020, p. 75.

[295] MARTINS-COSTA, Judith. **A boa-fé no Direito Privado**: critérios para a sua aplicação. 2. ed. – São Paulo: Saraiva Educação, 2018, s.p., l. 40. *E-book*.

[296] Ibidem.

De um modo geral, a origem da boa-fé apresenta pouca documentação histórica, entretanto sabe-se que se atribui à boa-fé a "natureza ética, jurídica ou social da *fides*, as suas relações com a equidade e a justiça [...] e a sua capacidade criadora de institutos e soluções adequados a problema novos".[297] De um modo geral, a palavra *fides* possuía um sentido polissêmico, para a qual se atribuía diversas conotações.

Pode-se afirmar que a *fides* consistia em uma projeção tanto na vida privada, quanto na vida pública e se desenvolveu como regra de comportamento a ser aplicada ao comportamento humano como forma de assegurar maior previsibilidade e objetividade nas relações humanas. E, por ser um valor fundamental para as relações humanas a boa-fé aparece em "três sistemas de ordenação de convivência humana: a religião, a moral e o direito".[298]

A noção de boa-fé alterou-se do *fides* para a noção de *bona fides*, que determinava que as pessoas adotassem um comportamento de acordo com os costumes do comércio local. Trata-se de uma mudança semântica fundamental, da qual se passa da lealdade à palavra dada (*fides*) em um aspecto do sujeito enquanto leal e possuidor de boa reputação, para a manutenção da palavra dada como garantia de certa segurança aos negócios locais.[299]

Ainda, atualmente, a boa-fé se manifesta como "[...] fidelidade à palavra dada. Essa ideia foi incorporada pelo direito da época para garantir a força obrigatória dos contratos, impedindo-se que qualquer das partes voltassem atrás em sua palavra".[300] Tal comportamento dava sustentáculo para que os negócios firmados fossem cumpridos, conforme o que havia se prometido.

> A gênese da boa-fé é associada ao contexto religioso romano, por meio da deusa Fides. Sabe-se que, no direito romano, o ato de dar as mãos consagrava compromissos e negócios. Com as mãos entrelaçadas, fazia-se o *ius iurandum*

[297] CORDEIRO, Antonio Menezes de. **Da boa-fé no direito civil**. Coimbra: Almedina, 1984, p. 53.

[298] TOMASEVICIUS FILHO, Eduardo. **O princípio da boa-fé no direito civil**. São Paulo: Almedina, 2020, p. 76.

[299] MARTINS-COSTA, Judith. **A boa-fé no Direito Privado**: critérios para a sua aplicação. 2. ed. – São Paulo: Saraiva Educação, 2018, s.p., l. 45. *E-book*.

[300] TOMASEVICIUS FILHO, op. cit., p. 77.

(juramento) do qual resultada o *foedus* (aliança). Esse ato representava a presença da deusa Fides, que impunha aos romanos o dever de agir com lealdade e honestidade.[301]

No âmbito das relações negociais entre os entes privados a *fides* constrangia as partes a terem consciência do interesse concreto do outro e ajustar, claramente, o conteúdo do acordo, a fim de vinculá-los. Nesse contexto, a boa-fé atuava como "a força que produz ao mesmo tempo a definição da estrutural negocial e a configuração da responsabilidade dos contraentes".[302]

O credor, por meio da confiança depositada no devedor, passava a permitir a criação de novos negócios, justamente por confiar na palavra dada, submetendo o negócio à confiança. Percebe-se que a boa-fé se manifestava, predominantemente, nos negócios comerciais, mas passou a ser adotada como padrão de comportamento também nas relações interpessoais.

Além das boas práticas comerciais, a boa-fé passa a ser vinculada à moral para ser definida, buscando sustentáculo no apelo emocional, com os atributos de honestidade e consciência dos aspectos sociais que vigem nas relações. Assim, a boa-fé torna-se um atributo da pessoa honesta, a qual não deseja lesar outrem e age de tal forma.[303]

Diferentemente do Direito Romano, a cultura germânica trouxe a boa-fé nos ideais de lealdade e crença, ligados, entretanto, aos valores e costumes cavalheiresco, os quais se exteriorizavam nas tradições de juramentos de honra medievais, correlacionados ao sentimento e desejo do heroísmo. Assim, "para além das manifestações amorosas, políticas e militares, os ideais cavalheirescos englobados no juramento de honra prendem-se, no Direito, a uma questão ética: a garantia da manutenção do cumprimento da palavra dada".[304]

[301] STROZZI, Arthur Lustosa. **Da reconstrução da boa-fé**: por uma boa-fé intersubjetiva com base na teoria de Axel Honneth. Londrina/PR: Thoth, 2022, p. 74.

[302] MARTINS-COSTA, Judith. **A boa-fé no Direito Privado**: critérios para a sua aplicação. 2. ed. – São Paulo: Saraiva Educação, 2018, s.p., l. 47. *E-book*.

[303] TOMASEVICIUS FILHO, Eduardo. **O princípio da boa-fé no direito civil**. São Paulo: Almedina, 2020, p. 78.

[304] MARTINS-COSTA, op. cit., s.p., l. 57-58.

O princípio da boa-fé também foi adotado pela igreja, sendo compreendida a partir do pecado. Trata-se da presença do pensamento jurídico da Igreja, sendo traduzida a boa-fé na ausência de pecado, a partir da linha de valores da própria igreja.[305] Assim, ao contrário do Direito Romano que aplicava a boa-fé no direito das obrigações, o direito canônico estende a boa-fé para uma dimensão ética e axiológica.[306]

A boa-fé no direito canônico vai se ligar a dois setores, quais sejam a "prescrição aquisitiva e a legitimação dos *nuda pacta*", recebendo projeção totalmente distinto do direito romano.[307] A boa-fé do Direito Canônico se projeta para a moral cristã, se direcionando para aquilo que é em oposição ao pecado. Dessa forma, se os ensinamentos cristãos têm como essência o amor ao próximo e o tratamento do outro como gostaria de ser tratado, a boa-fé se relaciona à ausência de má-fé, com a misericórdia e ausência de pecado. Obriga as partes a atuarem da forma que gostariam que o outro atuasse consigo.

A origem da boa-fé é remota e não se sabe ao certo quando houve o seu surgimento, entretanto, por ser a pessoa um ser social, que convive e vive socialmente, há certos preceitos cujo cumprimento ocorre e sempre ocorreu de forma obrigatória, mesmo que inominado, em prol do bem comum.

Dessa forma, é natural que aspectos individualistas fossem postos em detrimento da coletividade, haja vista a necessidade de manutenção de uma convivência harmônica, a fim de realizar negócios jurídicos – necessários para a subsistência da pessoa e da sociedade –, bem como necessários ao uso de espaço comum. Nesse contexto, importante destacar que "a ideia do bem comum concerne à existência humana e à vida do homem em sociedade".[308]

O agir humano dentro de uma coletividade, o processo de identificação dos comportamentos humanos queridos por uma sociedade de forma racional, bem como interesses comuns que ligam os seres humanos e que

[305] CORDEIRO, Antonio Menezes de. **Da boa-fé no direito civil**. Coimbra: Almedina, 1984, p. 153-154.

[306] ROSENVALD, Nelson. **Dignidade humana e boa-fé no código civil**. São Paulo: Saraiva, 2005, p. 77.

[307] MARTINS-COSTA, Judith. **A boa-fé no Direito Privado**: critérios para a sua aplicação. 2. ed. – São Paulo: Saraiva Educação, 2018, s.p., l. 59. *E-book*.

[308] ROSENVALD, op. cit., p. 63.

são capazes de mantê-los juntos é denominado por Hannah Arendt de "teia" de relações humanas.[309] Apesar da individualidade de cada pessoa, ela se insere em um contexto, ou seja, em uma sociedade, que exige um padrão de conduta.

A origem da boa-fé é atribuída ao Direito Romano, ao dever de cooperação e comportamento honesto entre as partes nas negociações comerciais, bem como aos casos em que não havia texto de lei expresso, nos quais os juízes decidiam de acordo com as situações concretas.[310] Atualmente, nota-se que o uso da boa-fé para interpretação dos negócios jurídicos é referência para os intérpretes do Direito e está previsto no artigo 113 do Código Civil.[311]/[312]

Apesar da origem remota da boa-fé e da sua diferenciação entre o Direito Romano e o Direito Germânico, a boa-fé vai ser retomada, depois do Digesto em 532, no Código de Napoleão em 1804.[313] No artigo 1.134 do referido código concebia-se a boa-fé como a obrigação das partes de realizarem as suas negociações conforme os preceitos éticos.[314]/[315]

O conceito de boa-fé não teve maiores desenvolvimentos no Direito Francês, apensar da previsão em seu artigo 1.134 conforme citado alhures. A ascensão da Revolução Francesa com os ideais de liberdade, igualdade e

[309] ARENDT, Hannah. **A condição humana**. 13ª. ed. Tradução de Roberto Raposo. Rio de Janeiro: Forense Universitária, 2020, s.p., l. 290. *E-book*

[310] ROSENVALD, Nelson. **Dignidade humana e boa-fé no código civil**. São Paulo: Saraiva, 2005, p. 75.

[311] BRASIL. **Lei nº 10.406, de 10 de janeiro de 2002**. Institui o Código Civil. Disponível em: https://www.planalto.gov.br/ccivil_03/leis/2002/l10406compilada.htm. Acesso em: 22 mar. 2023.

[312] Art. 113. Os negócios jurídicos devem ser interpretados conforme a boa-fé e os usos do lugar de sua celebração.

[313] ROSENVALD, op. cit.

[314] FRANÇA. **Code civil**. Version en vigueur au 29 mars 1804. Disponível em: https://www.legifrance.gouv.fr/codes/section_lc/LEGITEXT000006070721/LEGISCTA000006136342/1804-03-29/#LEGISCTA000006136342. Acesso em: 1 mar. 2023.

[315] *Les conventions légalement formées tiennent lieu de loi à ceux qui les ont faites. Elles ne peuvent être révoquées que de leur consentement mutuel, ou pour les causes que la loi autorise. Elles doivent être exécutées de bonne foi.*

Tradução livre: Acordos legalmente formados assumem o lugar de lei para aqueles que os fizeram. Eles só podem ser revogados por consentimento mútuo ou por causas autorizadas por lei. Devem ser realizadas de boa-fé.

fraternidade dá espaço à autonomia da vontade, restando a boa-fé absorvida por esta, uma vez que as convenções firmadas pelas partes passam a valer como lei entre elas.[316]

De outro vértice a boa-fé ganha espaço no Direito Alemão, passando por distintas fases. A primeira, diz respeito a fase até a Primeira Guerra Mundial, na qual se desenvolveu a fase concepcional. Após, deu-se início ao preenchimento quantitativo do conceito da boa-fé que sucedeu até o final dos anos 30 e, por fim, a terceira fase na qual sucedeu-se a codificação e sistematização do conteúdo da boa-fé.[317]

Na Europa, em geral, a boa-fé objetiva ligava-se ao comportamento de um "bom pai de família". O Código Civil italiano de 1942 possuía diversas disposições que a concretizavam, tornando-se referência para a aplicação nos demais ordenamentos. Nesse sentido apregoa o artigo 1.175 do Código Civil italiano que "o devedor e o credor devem se comportar de acordo com as regras de correção, em relação aos princípios da solidariedade empresarial".[318]/[319]

Ainda no que se refere ao dever de observância da boa-fé objetiva o mesmo diploma legal prevê, em seu artigo 1.176, que no cumprimento da obrigação o devedor deve observar a diligência de um "bom pai de família".[320]/[321]

316 ROSENVALD, Nelson. **Dignidade humana e boa-fé no código civil**. São Paulo: Saraiva, 2005, p. 77.

317 CORDEIRO, Antonio Menezes de. **Da boa-fé no direito civil**. Coimbra: Almedina, 1984, p. 332.

318 ITÁLIA. **Codice civile**. Regio Decreto 16 marzo 1942, n.262. Disponível em: https://www.gazzettaufficiale.it/atto/serie_generale/caricaDettaglioAtto/originario?atto.dataPubblicazioneGazzetta=1942-04-04&atto.codiceRedazionale=042U0262. Acesso em: 22 mar. 2023.

319 *Il debitore e il creditore devono comportarsi secondo le regole della correttezza, in relazione ai principi della solidarieta' corporativa.*

320 Ibidem.

321 *Nell'adempiere l'obbligazione il debitore deve usare la diligenza del buon padre di famiglia. Nell'adempimento delle obbligazioni inerenti all'esercizio di un'attivita' professionale, la diligenza deve valutarsi con riguardo alla natura dell'attivita' esercitata.*
Tradução livre: No cumprimento da obrigação, o devedor deve usar de diligência do bom pai de família. No cumprimento das obrigações inerentes ao exercício da uma atividade profissional, a diligência deve ser avaliada em relação a natureza da atividade exercida.

Tal preceito se expandiu por toda a Europa se tornando uma projeção de um comportamento esperado por todos.

O Código Civil italiano, inclusive, já previa a obrigatoriedade da observância da boa-fé na fase pré-contratual (art. 1.337 CCI).[322] O Código Civil brasileiro adota o mesmo preceito ao dispor, em seu artigo 422, ao trazer que as partes devem guardar com a boa-fé.[323] Da mesma forma prevê a jurisprudência que as partes devem observar a boa-fé objetiva em seus negócios jurídicos.[324]

O Código Civil argentino, de 2015, evidencia a boa-fé nas suas funções interpretativa e integrativa, principalmente em seu artigo 961[325]/[326]. O Código Civil chileno, apresenta a boa-fé como requisito fundamental

322 *Le parti, nello svolgimento delle trattative e nella formazione del contratto, devono comportarsi secondo buona fede.*
Tradução livre: As partes, na condução das negociações e na formação do contrato, devem se comportar de boa fé.

323 BRASIL. **Lei nº 10.406, de 10 de janeiro de 2002**. Institui o Código Civil. Disponível em: https://www.planalto.gov.br/ccivil_03/leis/2002/l10406compilada.htm. Acesso em: 22 mar. 2023.

324 RECURSO ESPECIAL. DIREITO CIVIL. AÇÃO DE RESOLUÇÃO CONTRATUAL. COMPRA E VENDA. PACTO ADJETO. MANEJO FLORESTAL. BOA-FÉ OBJETIVA. ART. 422 DO CC/02. DEVERES ANEXOS. COOPERAÇÃO E LEALDADE. COMPORTAMENTO CONTRADITÓRIO. DESCUMPRIMENTO CONFIGURADO. PROCEDÊNCIA DO PEDIDO DE RESOLUÇÃO. FACULDADE DO CONTRATANTE. JULGAMENTO. CORRELAÇÃO COM O PEDIDO. AUSÊNCIA. DECISÃO EXTRA PETITA. DANOS MATERIAIS DEVIDOS. [...] 3. A boa-fé objetiva, prevista de forma expressa no art. 422 do Código Civil, impõe às partes da relação jurídica o dever de comportar-se de acordo com padrões éticos de confiança e de lealdade, de modo a permitir a concretização das legítimas expectativas que justificaram a celebração do contrato. 4. O ordenamento jurídico, nesse contexto, repele a prática de condutas contraditórias, impregnadas ou não de malícia ou torpeza, que importem em quebra da confiança legitimamente depositada na outra parte da relação contratual. 5. O descumprimento de deveres laterais, decorrentes da incidência do princípio da boa-fé, pode ensejar a resolução do contrato, se for capaz de comprometer o interesse do credor na utilidade da prestação. Doutrina. [...] . RECURSO ESPECIAL PROVIDO. (STJ - REsp: 1944616 MT 2021/0186469-6, Relator: Ministra NANCY ANDRIGHI, Data de Julgamento: 08/03/2022, T3 - TERCEIRA TURMA, Data de Publicação: DJe 11/03/2022).

325 ARGENTINA. **Código Civil y Comercial de la Nácion.** Ciudad Autónoma de Buenos Aires: Infojus, 2014.

326 Buena fe: Los contratos deben celebrarse, interpretarse y ejecutarse de buena fe. Obligan no sólo a lo que está formalmente expresado, sino a todas las consecuencias que puedan

para o cumprimento dos contratos (art. 1.545).[327]/[328] Vislumbra-se que o ordenamento pátrio também resguarda tais valores e funções.

Percebe-se que a compreensão da boa-fé se deu de diversas formas e se transformou com o passar do tempo. Contudo, nota-se aspectos comuns aos inúmeros ordenamentos e épocas, quais sejam, a boa-fé liga-se a um padrão de comportamento e de conduta, bem como possui um viés moral na sua essência.

No âmbito do Direito, em um primeiro momento, a definição de boa-fé era tida como manifesta proibição de dolo. Relacionava-se o dolo com má-fé, sendo que agir de boa-fé significava agir sem dolo, sem má-fé, ou seja, sem a intenção de causar danos a outrem.[329] Por ser um importante valor social "[...] é possível encontrá-la em três sistemas de ordenação da convivência humana: (i) a religião; (ii) a ética; e (iii) o direito"[330], entretanto a sua conceituação ainda demonstra imprecisões.

Atualmente, o conceito de dolo se diferencia do conceito de má-fé, uma vez que ganhou conotação própria. Uma outra tentativa de conceituar boa-fé se deu por Robert Summers, em 1968, o qual afirmava que o estudo da boa-fé era negligenciado. Para ele a boa-fé consistia

considerarse comprendidas en ellos, con los alcances en que razonablemente se habría obligado un contratante cuidadoso y previsor.
Tradução livre: Boa-fé: Os contratos devem ser celebrados, interpretados e executados de boa fé. Eles vinculam não apenas o que está formalmente expresso, mas todas as consequências que podem ser consideradas incluídas neles, na medida em que um contratante cuidadoso e perspicaz teria razoavelmente se vinculado.

[327] CHILE. **Decreto con Fuerza de Ley 1**. FIJA TEXTO REFUNDIDO, COORDINADO Y SISTEMATIZADO DEL CODIGO CIVIL; DE LA LEY Nº4.808, SOBRE REGISTRO CIVIL, DE LA LEY Nº17.344, QUE AUTORIZA CAMBIO DE NOMBRES Y APELLIDOS, DE LA LEY Nº 16.618, LEY DE MENORES, DE LA LEY Nº 14.908, SOBRE ABANDONO DE FAMILIA Y PAGO DE PENSIONES ALIMENTICIAS, Y DE LA LEY Nº16.271, DE IMPUESTO A LAS HERENCIAS, ASIGNACIONES Y DONACIONES. Disponível em: https://www.bcn.cl/leychile/navegar?idNorma=172986. Acesso em: 23 mar. 2023.

[328] Art. 1545. Todo contrato legalmente celebrado es una ley para los contratantes, y no puede ser invalidado sino por su consentimiento mutuo o por causas legales.
Tradução livre: Todo contrato legalmente celebrado é uma lei para as partes contratantes, e não pode ser invalidado, exceto por consentimento mútuo ou por razões legais.

[329] TOMASEVICIUS FILHO, Eduardo. **O princípio da boa-fé no direito civil**. São Paulo: Almedina, 2020, p. 83.

[330] STROZZI, Arthur Lustosa. **Da reconstrução da boa-fé**: por uma boa-fé intersubjetiva com base na teoria de Axel Honneth. Londrina/PR: Thoth, 2022, p. 74.

em um termo vago que, na verdade, atuaria excluindo determinados comportamentos.[331]

Referido autor recebeu diversas críticas em razão da sua conceituação, uma vez que apresentava, tão somente, os problemas e os seus reflexos. Após, a boa-fé passou a ser definida como a proteção da confiança e da segurança das relações jurídicas.[332]

A partir da década de 1990, a boa-fé passou a ser definida segundo o conceito de dignidade humana, com o ideal de que cada pessoa deveria respeitar a personalidade do outro como se fosse a sua própria, consistindo em um uma verdadeira exigência de respeito mútuo entre os indivíduos por serem dotados de dignidade.[333]

O princípio da boa-fé se justifica no interesse coletivo das pessoas, a fim de que essas pautem as suas ações em prol do bem-estar geral, com vistas a promoção dos valores constitucionais vigentes, como o solidarismo e o sentimento de justiça social "[...] com repressão a todas as condutas que importem em desvio de parâmetros sedimentados de honestidade e lisura".[334]

Nas palavras de Eduardo Tomasevicius Filho "[...] boa-fé significa agir corretamente, o que implica dizer: agir da melhor maneira".[335] Nesse sentido, a boa-fé remonta à necessidade de cada pessoa agir conforme a palavra dada, cujo aspecto valorativo se transmuta com o passar do tempo e a depender do local. Visa, tal princípio, a segurança dos negócios jurídicos, para que as partes possam confiar na palavra dada pela outra.

A incorporação da boa-fé nos ordenamentos jurídicos teve como resultado o nascimento de relações negociais saudáveis, que visavam o equilíbrio entre os pactuantes, evitando quaisquer negócios abusivos, demasiadamente onerosos para uma parte ou contra a lei que pudessem vir ocorrer. Sabe-se que o princípio da boa-fé não colocou fim aos negócios

331 SUMMERS, Robert S. Good faith in general contract law and the sales provision of the Uniform Commercial Code. **Virginia Law Review**, v. 54, n. 2, p. 195-267, Mar. 1968, p. 196-197.

332 TOMASEVICIUS FILHO, Eduardo. **O princípio da boa-fé no direito civil**. São Paulo: Almedina, 2020, p. 84-85.

333 Ibidem, p. 85-86.

334 ROSENVALD, Nelson. **Dignidade humana e boa-fé no código civil**. São Paulo: Saraiva, 2005, p. 81.

335 TOMASEVICIUS FILHO, op. cit., p. 86.

jurídicos fraudulentos ou de má-fé, mas representa uma maneira de concretizar a lealdade, confiança e segurança nos negócios jurídicos.

Apesar da boa-fé se dividir, atualmente, em boa-fé objetiva e subjetiva, o presente estudo debruçar-se-á no conceito e efeitos da boa-fé objetiva. Em que pese a diferenciação entre a boa-fé objetiva e subjetiva, esta última tem como objeto a proteção da primeira, uma vez não é lícito violar a legitima confiança depositada no outro. Assim sendo, a boa-fé subjetiva "[...] é a crença legítima; a boa-fé objetiva é norma que protege a boa-fé subjetiva de outrem".[336]

A boa-fé objetiva consiste em uma norma jurídica a qual aponta, concomitantemente, um instituto ou um modelo jurídico, um modelo comportamental e um princípio jurídico.[337] Percebe-se as inúmeras funções da boa-fé objetiva, que refletem nos diversos negócios firmados e regidos pelo ordenamento pátrio.

Trata-se de "[...] um princípio de direito privado fundado na ideia da eticidade, porque representa um ideal de conduta a ser praticado nas relações interpessoais, notadamente nos negócios jurídicos".[338] Apesar de sofrer críticas quanto ao seu conceito, face a ligação a um aspecto valorativo de difícil definição, uma vez que o conceito não se torna mais claro ao correlacionar com o que se entende por lealdade, a aplicação da boa-fé objetiva não é livre de valoração, uma vez que o aplicador de tal conceito irá revisitar os seus próprios valores.[339]

Entretanto, ao se traçar um paralelo "[...]entre confiança e boa-fé pode-se afirmar que, enquanto aquela tem por escopo imediato assegurar expectativas, a função primeira da boa-fé como *standart* jurídico é propiciar o *direcionamento de comportamentos* no tráfico negocial".[340] O elementar da boa-fé é indicar um padrão de conduta a ser seguido, a fim de possibilitar

[336] TOMASEVICIUS FILHO, Eduardo. **O princípio da boa-fé no direito civil**. São Paulo: Almedina, 2020, p. 89.

[337] MARTINS-COSTA, Judith. **A boa-fé no Direito Privado**: critérios para a sua aplicação. 2. ed. – São Paulo: Saraiva Educação, 2018, s.p., l. 181. *E-book*.

[338] LÊDO, Ana Paula Silveira; MARQUESI, Roberto Wagner. O princípio da boa-fé objetiva como densificador da dignidade humana nas relações negociais. *In*: **Scientia Iuris**. v. 21, n. 3, p. 248-286, nov. 2017, p. 251.

[339] NALIN, Paulo. **Do contrato**: conceito pós-moderno em busca de sua formulação na perspectiva civil-constitucional. 2. ed. Curitiba: Juruá, 2008, p. 136.

[340] MARTINS-COSTA, op. cit.

a ocorrência dos negócios jurídicos, uma vez que a presunção da má-fé ou da insegurança na palavra dada inviabilizaria quaisquer atos negociais ou a formação de quaisquer negócios.

Para o exercício dos negócios jurídicos e, consequente exercício da boa-fé objetiva, é necessário

> (i) de uma relação jurídica que ligue duas ou mais pessoas, impondo-lhes deveres especiais mútuos de conduta, que (ii) adote padrões de comportamento desejáveis e exigíveis, no intuito de (iii) despertar o estado de confiança das partes no negócio jurídico celebrado.[341]

Nesse sentido, a partir de tal preceito ajusta-se a conduta individual para uma conduta com lealdade, honestidade e probidade. Sendo a boa-fé, assim, um princípio que direciona o comportamento aos valores citados, com o objetivo de resguardar a confiança depositada de uma parte à outra.[342] Percebe-se que a boa-fé possui múltiplas funções no direito, já que por ter um conceito e conteúdo amplo, inúmeras situações são solucionadas utilizando-se da boa-fé.

Trata-se que de um entendimento natural e ético que dita preceitos para a atuação em um ordenamento, pois cabe a cada pessoa guardar respeito com a palavra dada, com fidelidade e sem abusar da confiança alheia, envolvendo mais do que valores obrigacionais, mas, também, qualquer espécie de vinculação jurídica e não jurídica.[343]

Em suma, no Direito, a boa-fé atua como um vetor direcional para as relações jurídicas, sendo utilizada para corrigir quaisquer discrepâncias ou injustiças decorrentes das relações firmadas. O ordenamento pátrio, mais especificamente por meio do Código Civil, menciona a boa-fé objetiva em diversos momentos e com diferentes funções.

[341] STROZZI, Arthur Lustosa. **Da reconstrução da boa-fé**: por uma boa-fé intersubjetiva com base na teoria de Axel Honneth. Londrina/PR: Thoth, 2022, p. 90.

[342] MARTINS-COSTA, Judith. **A boa-fé no Direito Privado**: critérios para a sua aplicação. 2. ed. – São Paulo: Saraiva Educação, 2018, s.p., l. 182. *E-book*.

[343] ROSENVALD, Nelson. **Dignidade humana e boa-fé no código civil**. São Paulo: Saraiva, 2005, p. 81.

Fixou-se uma aplicação aberta para a boa-fé objetiva e de acordo com o caso concreto. Pode-se verificar a ocorrência da boa-fé objetiva nos artigos 113, 187 e 422 do Código Civil brasileiro[344]/[345]. A partir da leitura, percebe-se que a boa-fé objetiva é aplicada aos negócios jurídicos, com ênfase nos contratos celebrados, bem como que consiste em um método de interpretação e possui força normativa, uma vez que cria deveres e é imposta a sua observância.

No que se refere aos efeitos da boa-fé, pode-se indicar funções típicas e atípicas. As funções típicas dizem respeito a proteção da confiança e da crença, além de disciplinar a correta formação dos negócios jurídicos, disciplinando os deveres de observância de valores essenciais para a formação dos negócios em apreço.[346]

Nesse contexto, abarca-se, também, a boa-fé objetiva como parâmetro de interpretação, uma vez que o intérprete, utilizando-se desse preceito, buscará o real sentido da vontade das partes, protegendo a crença e confiança legítima no negócio firmado.

Assim, o intérprete irá averiguar as condições em que o negócio foi firmado, o entendimento das partes e eventual condição de hipossuficiência entre elas, e buscará preservar a finalidade do negócio firmado, bem como, por meio da sua interpretação, buscará a proteção da efetividade da norma jurídica, levando em consideração a boa-fé da pessoa, uma vez que em alguns casos a estrita aplicação da norma pode acarretar injustiças.[347]/[348]

[344] BRASIL. **Lei nº 10.406, de 10 de janeiro de 2002**. Institui o Código Civil. Disponível em: https://www.planalto.gov.br/ccivil_03/leis/2002/l10406compilada.htm. Acesso em: 24 mar. 2023.

[345] Art. 113. Os negócios jurídicos devem ser interpretados conforme a boa-fé e os usos do lugar de sua celebração.

Art. 187. Também comete ato ilícito o titular de um direito que, ao exercê-lo, excede manifestamente os limites impostos pelo seu fim econômico ou social, pela boa-fé ou pelos bons costumes.

Art. 422. Os contratantes são obrigados a guardar, assim na conclusão do contrato, como em sua execução, os princípios de probidade e boa-fé.

[346] TOMASEVICIUS FILHO, Eduardo. **O princípio da boa-fé no direito civil**. São Paulo: Almedina, 2020, p. 95.

[347] Ibidem.

[348] ROSENVALD, Nelson. **Dignidade humana e boa-fé no código civil**. São Paulo: Saraiva, 2005, p. 90.

Nesse mesmo sentido, destaca-se a função tríplice da boa-fé objetiva "[...] (i) a função de cânone interpretativo dos negócios jurídicos; (ii) a função criadora de deveres anexos ou acessórios à prestação principal; e (iii) a função restritiva do exercício de direitos".[349] No que se refere à terceira função veda-se comportamentos que vão de encontro à boa-fé, mesmo que permitidos legalmente ou aqueles previstos contratualmente.

No que se refere às funções atípicas pode-se citar a imposição de deveres às partes, deveres de conduta que são destinados a resguardar que a obrigação assumida seja cumprida na sua integralidade, a vedação de abuso de direito, bem como o reequilíbrio das prestações contratuais.[350]

Ainda, em razão da obrigatoriedade de observação da boa-fé objetiva, tem-se que o contrato celebrado sem a sua observância será considerado inexistente, já que configura um requisito da existência da vontade contratual. Além de limite interpretativo é um requisito essencial para a formação dos negócios jurídicos.[351]

Destaca-se que, por tal princípio estar correlacionado aos deveres anexos de conduta, bem como por ser densificador da dignidade da pessoa humana, não há sequer a necessidade da sua previsão para que a sua observância seja obrigatória.[352] Nesse sentido, tal princípio é presumido e a sua observância consiste em um dever das partes e, por assim ser, o seu descumprimento poderá gerar responsabilização dos transgressores.

Assim sendo, por derivar da proteção da confiança e lealdade depositada de uma parte à outra, bem como das partes em relação ao negócio firmado,

[349] SCHREIBER, Anderson. **A proibição de comportamento contraditório**: tutela da confiança e *venire contra factum* proprium. 4. ed. revista e atualizada. São Paulo: Atlas, 2016, p. 58

[350] TOMASEVICIUS FILHO, Eduardo. **O princípio da boa-fé no direito civil**. São Paulo: Almedina, 2020, p 97.

[351] NALIN, Paulo. **Do contrato**: conceito pós-moderno em busca de sua formulação na perspectiva civil-constitucional. 2. ed. Curitiba: Juruá, 2008, p. 141.

[352] TARTUCE, Flávio. **O princípio da boa-fé objetiva no direito de família**, 2005. Disponível em: https://www.ibdfam.org.br/assets/upload/anais/48.pdf#:~:text=No%20presente%20trabalho%2C%20abordaremos%20especificamente,com%20o%20Direito%20de%20Fam%C3%ADlia.&text=Sendo%20a%20boa%2Df%C3%A9%20um,operabilidade%20%C3%A9%20percebida%20de%20imediato. Acesso em: 9 abr. 2023.

pode-se afirmar, portanto, que se funda na ideia de eticidade, pois é um ideal de conduta a ser observado em todas as relações interpessoais.[353]

Vislumbra-se, portanto, que a boa-fé é um dever geral de conduta que impõe deveres entre as partes, bem como é norteador na interpretação dos negócios jurídicos, independentemente do negócio firmado. Dessa forma, garante, na prática, a equidade entre as partes, a observância da vontade real e evita eventuais abusos de uma parte contra a outra.

Em última instância, a boa-fé tem como objetivo garantir a observância do princípio da dignidade da pessoa humana, uma vez que os negócios jurídicos consistem em uma forma, legítima, de manifestação da vontade da pessoa, e ao proteger essa manifestação de vontade, para que ocorra da forma que desejaram, observando as particularidades de cada pessoa, protege-se a dignidade de cada parte negociante.

Salienta-se que os valores constitucionais devem ser observados no âmbito do Direito Privado, conforme já se demonstrou no presente. A dignidade humana, além de ser um valor e princípio constitucional é fundamento precípuo da Constituição Federal, cujo dever de observância e de sua efetivação deve ser contínuo.

Nessa conjuntura, "o sujeito, detentor de valor intrínseco, negocia com outro sujeito, de igual valor, exercendo sua liberdade contratual de modo solidário"[354], devendo observar a boa-fé negocial, a fim de que o negócio jurídico se concretize de forma íntegra, honesta e segura. A boa-fé atua, então, para assegurar que os valores e vontades pessoais sejam manifestados conforme a lei e conforme o ideal de conduta esperado, trazendo a segurança necessária para a realização de qualquer ato da vida civil.

Não seria possível, a exemplo, a convivência social e interpessoal em uma sociedade na qual as pessoas desconfiam uma da outra a todo momento ou na qual a regra seja de ações dotadas de má-fé. A convivência se daria de forma insustentável e desafiadora, já que não se poderia confiar em quaisquer palavras de quaisquer pessoas ou em quaisquer instituições.

[353] LÊDO, Ana Paula Silveira; MARQUESI, Roberto Wagner. O princípio da boa-fé objetiva como densificador da dignidade humana nas relações negociais. *In*: **Scientia Iuris.** v. 21, n. 3, p. 248-286, nov. 2017, p. 251.

[354] Ibidem, p. 283.

Entretanto, o Direito vem para regulamentar os ideais de condutas esperados em prol de uma convivência saudável, bem como traça sanções para ações que vão de encontro ao ordenamento. Tem como intuito a proteção do ser humano nas suas inúmeras esferas e a proteção da sua realização e, a proteção da boa-fé, nada mais é que a sua exteriorização.

Por ser um modelo de conduta, aplica-se às inúmeras esferas da vida civil e em todos os atos da vida negocial. Não seria diferente a sua aplicação no Direito de Família, aliás, a sua observância nesse âmbito se demonstra ainda mais relevante, ante ao laço de afeto ou de consanguinidade que ligam as partes. Inúmeras são as situações familiares em que se aplica a boa-fé objetiva, cita-se como exemplo: adoção à brasileira" na qual não se admite ação negatória de paternidade, uma vez que a paternidade teria sido assumida por liberalidade da parte e mediante a sua autêntica vontade.[355]

Cita-se, ainda, como exemplo da aplicação da boa-fé objetiva no âmbito familiar os deveres atinentes ao casamento, previstos nos incisos do artigo 1.566 do Código Civil, como dever de fidelidade (inciso I), dever de mútua assistência (Inciso III) e, principalmente, o que mais se relaciona com o dever de lealdade, é o dever de respeito e consideração mútuos (Inciso V).[356] Ainda, cita-se a exteriorização da boa-fé o dever de cooperação quanto ao direcionamento da sociedade conjugal.[357]

Tanto é obrigatória o seu cumprimento que diversas decisões, do âmbito do Direito de Família, utilizam da boa-fé como fator determinante. Aponta-se para exemplificar o REsp nº 1725736 CE 2018/0039765-0[358],

[355] DIAS, Maria Berenice. **Manual de direito das famílias**. 11. ed. rev., atual. e ampl. – São Paulo: Editora Revista dos Tribunais, 2016, p. 63.

[356] BRASIL. **Lei nº 10.406, de 10 de janeiro de 2002**. Institui o Código Civil. Disponível em: https://www.planalto.gov.br/ccivil_03/leis/2002/l10406compilada.htm. Acesso em: 24 mar. 2023.

[357] TARTUCE, Flávio. **O princípio da boa-fé objetiva no direito de família**, 2005. Disponível em: https://www.ibdfam.org.br/assets/upload/anais/48.pdf#:~:text=No%20presente%20trabalho%2C%20abordaremos%20especificamente,com%20o%20Direito%20de%20Fam%C3%ADlia.&text=Sendo%20a%20boa%2Df%C3%A9%20um,operabilidade%20%C3%A9%20percebida%20de%20imediato. Acesso em: 24 mar. 2023.

[358] [...] 1. O cerne da controvérsia situa-se em torno do pedido de restituição dos gastos suportados para o cumprimento da decisão interlocutória concessiva da tutela provisória à parte autora, tendo em vista a posterior revogação da medida quando da prolação da respectiva sentença. [...] 3. Entretanto, a repetibilidade da verba recebida, com base em antecipação

REsp 1909470 PR 2021/0170109-6[359] e REsp nº 1668243 PR 2017/0088073-1.[360]

A boa-fé objetiva por ser um instrumento de coesão social, cujo objetivo é de uma convivência pacífica. A sua aplicabilidade é e deve ser observada nas inúmeras espécies de relacionamentos e relações mantidas, sejam elas de cunho negocial, patrimonial ou existencial. Implica em afirmar que em qualquer ato, negócio ou relação que envolvam qualquer número de pessoas, deve-se observar a boa-fé.

de tutela, deve ser examinada sob o prisma da boa-fé objetiva. 4. Consoante destacado pelo acórdão recorrido, na hipótese dos autos, não há evidência de conduta contrária à boa-fé na postura da paciente falecida ou de sua família. [...] 6. RECURSO ESPECIAL CONHECIDO E DESPROVIDO. (BRASIL. Superior Tribunal de Justiça (STJ). **REsp. n. 1725736 CE 2018/0039765-0**. Min. Relator: Paulo de Tarso Sanseverino. Data de julgamento: 27/04/2021. Data de publicação: 21/05/2021. Disponível em: https://www.jusbrasil.com.br/jurisprudencia/stj/1213618996. Acesso em: 24 mar. 2023).

[359] AGRAVO INTERNO. AGRAVO EM RECURSO ESPECIAL. ALIENAÇÃO FIDUCIÁRIA. IMÓVEL OFERECIDO EM GARANTIA. BEM DE FAMÍLIA. PROTEÇÃO À ÉTICA E À BOA-FÉ. IMPENHORABILIDADE AFASTADA. PRECEDENTES. SÚMULA 83/STJ. [...] (b) a utilização abusiva de tal direito, com evidente violação do princípio da boa-fé objetiva, não deve ser tolerada, afastando-se o benefício conferido ao titular que exerce o direito em desconformidade com o ordenamento jurídico" (Segunda Seção, AgInt nos EREsp 1.560.562/SC, Rel. Ministro Luís Felipe Salomão, unânime, DJe de 30.6.2020). [...] 4. Agravo interno a que se nega provimento.). (BRASIL. Superior Tribunal de Justiça (STJ). **REsp. n. 1909470 PR 2021/0170109-6**. Min. Relator: Min. Luís Felipe Salomão. Quarta Turma. Data de Julgamento: 30/06/2020. Data de Publicação: 16/12/2022. Disponível em: https://www.jusbrasil.com.br/jurisprudencia/stj/1726744349. Acesso em: 24 mar. 2023).

[360] AGRAVO INTERNO NO RECURSO ESPECIAL. CIVIL E PROCESSUAL CIVIL. FRAUDE À EXECUÇÃO. PENHORABILIDADE DO BEM DE FAMÍLIA. AGRAVO INTERNO DESPROVIDO. 1. "A regra de impenhorabilidade do bem de família trazida pela Lei 8.009/90 deve ser examinada à luz do princípio da boa-fé objetiva, que, além de incidir em todas as relações jurídicas, constitui diretriz interpretativa para as normas do sistema jurídico pátrio. Nesse contexto, caracterizada fraude à execução na alienação do único imóvel dos executados, em evidente abuso de direito e má-fé, afasta-se a norma protetiva do bem de família, que não pode conviver, tolerar e premiar a atuação dos devedores em desconformidade com o cânone da boa-fé objetiva. Precedentes". [...]3. Agravo interno a que se nega provimento. (BRASIL. Superior Tribunal de Justiça (STJ). **REsp. n. 1668243 PR 2017/0088073-1**. Min. Relator: Min. Raul Araújo. Quarta Turma. Data de Julgamento: 12/09/2022. Data de Publicação: 29/09/2022. Disponível em: https://www.jusbrasil.com.br/jurisprudencia/stj/1660008456. Acesso em: 24 mar. 2023).

Portanto, a boa-fé objetiva aplicar-se-á ao contrato de namoro, objeto do presente. Frisa-se que por manterem as partes um relacionamento amoroso a confiança depositada no outro é acentuada, motivo pelo qual valoriza-se, ainda mais, a ação conforme preceitua a boa-fé objetiva. Desta feita, quaisquer negócios perpetrados entre as partes, além de serem valorados pelo liame afetuoso que as partes mantêm, deverá ser observada a boa-fé como padrão de comportamento.

3.
DO CONTRATO DE NAMORO

Conforme já demonstrado, as relações interpessoais sofreram transformações com o passar do tempo. A função da família e o seu objetivo já não são mais os mesmos que os da década de 1940, 1950 e 1960, por exemplo. Além do mais, o papel social da mulher se modificou, bem como o surgimento da pílula anticoncepcional possibilitou que passasse a ocupar espaço no meio ambiente de trabalho.

Nessa circunstância, a dinâmica familiar deixa de servir a determinados preceitos institucionais e se torna um relacionamento interpessoal que serve à pessoa e não o oposto. Dessa forma, se antes o casamento possuía um objetivo social pré-determinado, tais amarras sociais se afrouxam e as uniões se tornam mais livres e a obrigatoriedade de observância de determinados costumes e anseios sociais deixam de serem impostos, trazendo uma maior gama de liberdade para as pessoas.

Enfatiza-se que o reconhecimento da união estável, da forma que ela se apresenta nos dias atuais, já foi de grande valia para a proteção, principalmente, das mulheres, as quais, em décadas anteriores, eram submissas ao marido e não possuíam qualquer autonomia ou fonte de renda, uma vez que o seu papel social era de ser esposa e mãe.

Entretanto, com o reconhecimento de direitos às mulheres e com a mudança em seu papel social, elas passaram a assumir postos de trabalho. Segundo dados do Instituto de Pesquisa Econômica Aplicada (IPEA) e Instituto Brasileiro de Geografia e Estatística (IBGE), desde 1950 as mulheres têm cada vez mais deixado de atuar exclusivamente no ambiente doméstico e ingressado no mercado de trabalho, tendo a taxa das mulheres ativas no mercado de trabalho mais do que triplicado, sendo 9,6%[361] em 1950 para 54,7%[362] em 2010. Tal índice em 2021, após o período pandêmico, foi para 51,56%.[363]

Apesar da participação da mulher ser inferior à do homem no mercado de trabalho, ainda nos dias atuais, bem como apesar de ainda ser alvo de preconceitos de gênero na vida pessoal e no mercado de trabalho, elas cada vez mais conquistam o seu espaço. Apesar das dificuldades, as mulheres têm assumido protagonismo no mercado de trabalho[364], não ficando mais à mercê do marido para o seu sustento.

Dessa forma, apesar do reconhecimento da união estável ter em seu bojo o intuito da proteção da parte hipossuficiente da outra que detém o poder econômico, podendo deixar à mercê e sem quaisquer amparos financeiros, mesmo quando o outro contribuiu para o patrimônio conquistado, tem-se que essa já não é mais a realidade atual, uma vez que cada vez mais caminha-se para a igualdade entre os gêneros.

A igualdade entre os gêneros, entretanto, ainda não foi alcançada, mas o reconhecimento de um vínculo familiar forçado não configura mais uma forma de proteção à parte hipossuficiente, uma vez que todo indivíduo possui o direito de disciplinar as suas relações amorosas. Além do mais,

[361] COSTA, Manoel Augusto. **Aspectos demográficos da população economicamente ativa**, 1968. Disponível em: http://repositorio.ipea.gov.br/handle/11058/7666. Acesso em: 22 jul.2021

[362] IBGE. **Estatísticas de gênero**: uma análise dos resultados do censo demográfico 2010. Disponível em: https://biblioteca.ibge.gov.br/visualizacao/livros/liv88941.pdf. Acesso em: 22 jul. 2021.

[363] CNN BRASIL. **Participação de mulheres no mercado de trabalho é 20% inferior à dos homens**, 2022. Disponível em: https://www.cnnbrasil.com.br/economia/participacao-de--mulheres-no-mercado-de-trabalho-e-20-inferior-a-dos-homens/. Acesso em: 25 abr. 2023.

[364] Cita-se como exemplo do protagonismo da mulher: Ciência revolucionária: no Paraná, mulheres são maioria no sistema de ensino superior. Disponível em: https://www.aen.pr.gov.br/Noticia/Ciencia-revolucionaria-no-Parana-mulheres-sao-maioria-no-sistema-de-ensino-superior. Acesso em: 25 abr. 2023.

IBGE: Mulheres têm mais acesso ao ensino superior, mas ainda são minoria em áreas como engenharia e TI. Disponível em: https://valor.globo.com/brasil/noticia/2021/03/04/ibge-mulheres-tem-mais-acesso-ao-ensino-superior-mas-ainda-sao-minoria-em--areas-como-engenharia-e-ti.ghtml. Acesso em: 25 abr. 2023.

a proteção ao hipossuficiente, quando vislumbrada dentro de um relacionamento, poderá se dar de outras formas – pelo próprio Direito Civil e/ou por políticas públicas – que não a imposição de um 'casamento forçado'.

Assim, em razão do Direito já não se demonstrar suficiente para abarcar e assegurar as pessoas quanto ao modelo de relacionamento que desejam manter, justamente em face da configuração do relacionamento se transmutou, é que muitos casais de namorados passaram a buscar advogados ou outros profissionais para elaborarem e firmarem um contrato de namoro.

O contrato de namoro consiste em um negócio jurídico que tem como objetivo exteriorizar a vontade das partes envolvidas em um relacionamento de namoro de assim permanecerem. Ou seja, consiste em um acordo de vontades por meio de um documento que repele a ingerência estatal de um possível reconhecimento de entidade familiar quando esta é inexistente.

Consiste, portanto, em uma declaração de vontade pelas partes que mantêm um relacionamento de namoro de que estão envolvidas em um relacionamento de amoroso e que tal relacionamento se esgota nisso, não havendo qualquer pretensão de constituição familiar ou de comunhão de vida.[365] Ou seja, é um documento escrito no qual as partes declaram que possuem um relacionamento de namoro e sem objetivo de constituição de família, afastando quaisquer efeitos de seu reconhecimento.[366]

Buscar-se-á, então, delinear aspectos que levaram à necessidade da adoção desse instrumento contratual, o seu cabimento e delimitação de conteúdo, bem como os requisitos necessários para a sua plena eficácia, principalmente em razão da sua crescente procura nos dias atuais como forma de proteger os relacionamentos interpessoais.

3.1. Da atualidade e utilidade do contrato de namoro

A partir do momento em que os requisitos para a configuração da união estável não são mais claros, as inseguranças quanto ao seu reconhecimento começam a surgir, deixando muitos enamorados com receio sobre como manter o namoro que possuem, haja vista a iminente incidência de um

365 VELOSO, Zeno. É namoro ou união estável?. **Ibdfam,** 2016. Disponível em: https://ibdfam.org.br/noticias/6060. Acesso em: 10 abr. 2023.

366 XAVIER, Marília Pedroso. **Contrato de namoro**: amor líquido e direito de família mínimo. 2. ed. Belo Horizonte: Fórum, 2020, p. 102-103.

casamento forçado, tal como é o reconhecimento da união estável em muitos casos.

Acentua-se que o previsto pela Constituição Federal de 1988 se destinava a atender os relacionamentos tidos até então, uma vez que o Direito consiste em regulador social, o qual é impulsionado pela realidade latente. Assim, não há como o Direito regular situações inexistentes. Isso implica em afirmar que o Direito sempre estará "atrasado" quando comparado com a realidade vigente.

Além do mais, há demasiada burocratização para a aprovação das legislações em solo pátrio, o que acarreta, ainda mais, na dificuldade do Direito de acompanhar os acontecimentos fáticos. O próprio Código Civil de 2002, o qual trouxe o conceito e requisitos para a configuração da união estável, segundo os civilistas brasileiros, nasceu velho, uma vez que a formação da comissão para a sua redação se deu em 1969 até 1975, tendo entrado em vigor, entretanto somente em janeiro de 2003, ou seja, mais de vinte anos após a redação original.[367]

Percebe-se que além da sua redação demorar para ser aprovada, o texto em seu bojo dizia respeito às décadas de 1950, 1960 e anteriores, não atendendo, assim, as mudanças ocasionadas a partir de então. O texto elaborado pela comissão, finalizado em 1975, sofreu poucas alterações para a sua promulgação em 2002, ou seja, o texto não foi revisto.[368]

As poucas alterações no Código no que tange à união estável, quando da promulgação, foram relativas a aspectos de conversão da união estável em casamento, sobre a possibilidade de adoção por casais em união estável e acerca de eventuais vícios presentes nessa entidade familiar. Tais alterações, em sua maioria, foram realizadas por meio do Projeto de Lei 634-C/1975[369], o qual não modificou a redação do artigo 1.723 do Código Civil que conceitua a união estável.

Vislumbra-se que o conceito de união estável previsto na Constituição Federal e repetido no Código Civil de 2002 não correspondia às relações mantidas quando da sua entrada em vigor e não é suficiente para resguardar

[367] PEREIRA, Rodrigo da Cunha. Estatuto das Famílias. **IBDFAM, 2007**. Disponível em: https://www.migalhas.com.br/depeso/49755/estatuto-das-familias. Acesso em: 11 abr. 2023.

[368] PASSOS, Edilenice. **Memória Legislativa do Código Civil**. Brasília: Senado Federal, 2012, p. 661-695.

[369] Ibidem, p. 498-583.

os relacionamentos atuais, ante as transformações sofridas no modo em que os casais se relacionam, principalmente em face do afrouxamento dos ditames sociais quanto ao namoro.

Conforme já exposto, o namoro deixou de ser considerado, tão somente, como uma fase anterior ao casamento, o qual era obrigatório, e passou a ter um fim em si mesmo. Mais além, o namoro passou a se dar de forma mais autônoma entre as partes, sem imposições de obrigações pelos pais, parentes ou terceiros sobre como o relacionamento deveria prosseguir.

Tal mudança, além de natural, é saudável para os enamorados, os quais possuem a possibilidade de se aprofundarem no relacionamento que mantêm, proporcionando um maior conhecimento do outro em razão da proximidade entre as partes. Essa circunstância tende a levar um maior amadurecimento dos relacionamentos, os quais podem se tornar mais duradouros e acabam por evitar divórcios, uma vez que se decidem se casar, ambos já possuem amplo conhecimento um do outro.

Além do mais, a possibilidade de morar juntos, conviver, mas sem que seja configurado uma entidade familiar, se dá, principalmente, em situações em que as partes passam a viver juntas após passarem por um divórcio formal[370]. Tais casais, por já terem passado por um casamento, divórcio e partilha, não desejam mais formar uma entidade familiar, mas vivenciar o seu namoro de forma plena.

Salienta-se que a democracia no seio familiar engloba a liberdade individual de escolhas quanto ao curso da própria vida, segundo às próprias concepções individuais e ideológicas, sendo cada pessoa a própria protagonista da sua história.[371] Assim, não cabe ingerências externas acerca de qual relacionamento manter e a sua forma, pois é de autonomia individual a sua escolha.

Percebe-se, portanto, que o conceito de namoro, o qual era essencial para a sua diferenciação da união estável, se transmutou demasiadamente, tornando tais relacionamentos excessivamente próximos, o que gerou as incongruências e inseguranças previstas atualmente, as quais têm levado

[370] COLE, Charles D. Common-law marriage in the contemporary united states. **Revista do Curso de Mestrado em Direito da UFC**, Fortaleza, v. 27, p. 357-365, jul./dez. 2007, p. 360.

[371] PADILHA, Elisângela. **Novas estruturas familiares**: por uma intervenção mínima do estado. Rio de Janeiro: Lumen Juris, 2017, p. 133.

os enamorados à contratualização das suas relações, ou seja, à realização de um contrato de namoro.

A união estável, prevista como aquela formação "[...] configurada na convivência pública, contínua e duradoura e estabelecida com o objetivo de constituição de família"[372], continua a vigorar nos dias atuais e é considerada uma entidade familiar pelo ordenamento pátrio, bem como possui efeitos que lhe são atinentes.

Diferentemente, tem-se o namoro, o qual consiste em um relacionamento pautado no afeto, mas que não configura, entretanto, uma configuração familiar. Há, nesse relacionamento, afeto, compromisso, lealdade, mas não há qualquer intenção de serem vistos como se família fossem, diferentemente da união estável, que já configura uma entidade familiar.

Nota-se a difícil diferenciação entre ambos os relacionamentos, os quais ocasionam uma série de consequências fáticas, uma vez que a realidade pode gerar certa confusão e nebulosidade acerca do relacionamento tido entre as partes. A diferenciação, atualmente, do namoro para a união estável reside, tão somente, no objetivo de constituir família, o qual está presente da união estável e ausente no namoro. Contudo, vislumbra-se que tal requisito é de difícil aferição, uma vez que diz respeito à intenção das partes, ou seja, é um aspecto subjetivo que o julgador, dificilmente, conseguirá aferir.

Muitas vezes, as próprias partes não possuem clareza do relacionamento que mantêm, não tendo, sequer, discutido sobre a natureza do seu relacionamento ou expectativas futuras. Nesse sentido destaca-se o julgado pelo Tribunal de Justiça de São Paulo em 2021, na Apelação Cível nº 1003984-19.2018.8.26.0236 SP, o qual destacou a nebulosidade do conjunto probante.[373]

[372] BRASIL. **Lei nº 10.406, de 10 de janeiro de 2002**. Institui o Código Civil. Disponível em: https://www.planalto.gov.br/ccivil_03/leis/2002/l10406compilada.htm. Acesso em: 13 abr. 2023.

[373] União estável. Reconhecimento e dissolução c.c. partilha de bens. Sentença de improcedência. Irresignação. Desacolhimento. O reconhecimento da união estável depende de comprovação da convivência duradoura, pública e contínua, estabelecida com o objetivo de constituição familiar (art. 1.723 do Cód. Civil). **Conjunto probante que não é seguro sobre a coexistência de vínculo afetivo e duradouro com a finalidade de constituir família**, no período apontado na inicial (de meados de julho de 2006 até julho de 2018).

Tratam-se de requisitos frágeis, motivo pelo qual o direito subjetivo deixou de ser suficiente para tutelar os relacionamentos atuais. Destaca-se que é natural que o Direito se transforme junto com as relações sociais, mas as mudanças não ocorrem na mesma velocidade, uma vez que é necessário que as situações ocorram para o Direito possa tutelar.

Ainda, para que o Direito continue eficaz é necessário que se mantenha atualizado e que seja condizente com a realidade vigente. Dessa forma, o objeto de proteção pelo Direito não é estático e deve acompanhar as necessidades humanas para que a sua função seja cumprida. O Direito, portanto, se transforma e se transmuta a depender do contexto histórico vigente.

Contudo, mesmo que não haja previsão normativa pelo ordenamento pátrio, o ser humano deve ser tutelado nas suas particularidades. Por muito tempo a concessão e o reconhecimento do direito de uma pessoa se pautou na ideia de direito subjetivo, que deveria ser antecedido por um direito objetivo, ou seja, uma norma regulamentadora antecedente que o autorizasse. Nesse contexto, para o reconhecimento de um direito pelo ordenamento era necessária uma norma anterior autorizante daquela situação.

O ideal do direito subjetivo teve como precursor os estudos de Guilherme de Ockham e sua filosofia nominalista, que concebeu o direito subjetivo como o poder sobre as coisas. Assim, o direito subjetivo passa a ser tratado como poder do sujeito, irrevogável[374] e, para que uma determinada situação fosse reconhecida, era necessário à sua correspondência

Ônus de comprovar a existência de união estável que competia ao autor (art. 373, I, do Cód. de Processo Civil). Incidência do brocardo Allegare nihil et allegatum non probare paria sunt. Prova testemunhal que condiz mais com a versão apresentada pela ré, no sentido de que havia apenas um namoro entre as partes. Existência da união estável indemonstrada. Caracterização, no máximo, de simples relacionamento amoroso ou de um namoro qualificado. Ausência de affectio maritalis mútua. Precedentes. Entidade familiar não caracterizada. Pretensão à partilha insubsistente. Fragilidade probatória. Improcedência mantida. Recurso desprovido. (TJ-SP – AC: 10039841920188260236 SP 1003984-19.2018.8.26.0236, Relator: Rômolo Russo, Data de Julgamento: 28/04/2021, 7ª Câmara de Direito Privado, Data de Publicação: 28/04/2021).

[374] PONA, Éverton Willian; AMARAL, Ana Cláudia Corrêa Zuin Mattos do. A Vida numa Casca de Noz? – A Insuficiência do Direito Subjetivo e a Potencialidade das Situações Jurídicas como Categoria Base para a Aplicação do Direito e Realização da Autonomia Privada. *In:* PONA, Éverton Willian; AMARAL, Ana Cláudia Corrêa Zuin Mattos do; MARTINS, Priscila

com um direito subjetivo, o qual, por sua vez, exige a existência de um direito objetivo prévio.

Entretanto, o conceito proposto por Guilherme de Ockham sofre duras críticas por ser considerado demasiadamente individualista. Formam-se três correntes distintas que possuem como objetivo conceituar o direito subjetivo, quais sejam: a teoria voluntarista, teoria do interesse e a teoria eclética. Dentre essas teorias destaca-se o entendimento de Savigny, para o qual o direito subjetivo consistia no interesse juridicamente protegido.[375]

Vislumbra-se que, a partir de ambos os conceitos, seja de Guilherme de Ockham, seja de Savigny, o Direito se apresenta como pressuposto para a prática de atos jurídicos[376], não prevendo ações humanas estranhas ao objeto de proteção ou permissão normativa. Dessa forma, a ação humana, a partir desses entendimentos, se pautaria não em sua liberdade ou autonomia, mas a partir do reconhecimento de agir por uma legislação.

A autonomia individual, ao exigir-se a prévia existência de direito subjetivo, é mitigada e deixa de ser plena, mas não há viabilidade nessa exigência, uma vez que, conforme citado alhures, o Direito se transforma a partir da sociedade e não o oposto, sendo natural que permaneça "atrasado" em relação àquela.

Isso se dá, principalmente, diante da rápida transformação social e incapacidade do Direito de acompanhar e tutelar as novas situações que surgem, com ênfase em situações existenciais. Com as mudanças nos relacionamentos sociais e interpessoais surgem novas situações que merecem o amparo do ordenamento, mas que por não terem quaisquer previsões, acabam sem o devido resguardo, tal como é o namoro nos dias atuais.

O intuito do presente, todavia, não é que o Direito passe a tutelar os relacionamentos de namoro, até porque tais relacionamentos, em regra, não devem – e não deveriam – ter efeitos jurídicos. Visa-se demonstrar a insuficiência do direito subjetivo para abarcar as situações atuais e, em razão disso, a necessidade da contratualização das relações familiares.

Machado (coord.). **Negócio jurídico e liberdades individuais**: autonomia privada e situações jurídicas existenciais. Curitiba: Juruá, 2016, p. 49-51.

375 Ibidem.

376 SOUZA, Eduardo Nunes de. Situações jurídicas subjetivas: aspectos controversos. **Civilistica.com**, Rio de Janeiro, a. 4, n. 1, p. 1-26, 2015, p. 4. Disponível em: http://civilistica.com/situacoes-juridicas-subjetivas-aspectos-controversos/. Acesso em: 13 abr. 2023.

Nesse sentido, submeter a tutela do indivíduo a uma prévia disposição ou liberalidade concedida pelo Direito se torna insuficiente para atender às necessidades humanas, isso porque o Direito deve servir à tutela do ser humano e, nessa toada, o direito subjetivo se torna insuficiente para garantir um direito civil-constitucional pautado na dignidade humana.[377]

Com a repersonalização do Direito Civil e promulgação da Constituição Federal, o homem passa a ser o centro de interesses jurídicos, sendo a sua proteção integral o objetivo do ordenamento e das suas regras. Dessa forma, os interesses individuais passam a ser interesses do Estado, já que seu objetivo precípuo é a garantia da dignidade humana, a qual não pode ser efetivada sem a observância das individualidades.

Nesse contexto, a teoria do direito subjetivo para a proteção de interesses individuais se torna insuficiente para resguardar as necessidades humanas, principalmente quando dizem respeito à aspectos existenciais, tais como os relacionamentos interpessoais. Desta feita, a proteção do indivíduo e dos seus interesses pessoais não devem ser condicionados à existência de um direito subjetivo, mas, ao contrário, deve ser protegido o interesse ante a sua relevância para a realização pessoal.

Apesar das críticas tecidas à teoria do direito subjetivo, não se objetiva abolir tal direito, mas apontar que em determinadas situações este deixa de ser suficiente para resguardar os interesses atuais e, consequentemente, se torna insatisfatório para o amparo devido das pessoas. Assim, o direito subjetivo entendido como "[...] o poder que a ordem jurídica confere a alguém de agir e de exigir de outrem determinado comportamento"[378] ainda permanece adequado para determinadas situações, mas nem para todas, principalmente para a garantia de direitos que não se resguardam pela concepção clássica.

É necessário, portanto, um novo paradigma que seja apto para analisar os negócios jurídicos perpetrados com fulcro nas situações existenciais,

[377] PONA, Éverton Willian; AMARAL, Ana Cláudia Corrêa Zuin Mattos do. A Vida numa Casca de Noz? – A Insuficiência do Direito Subjetivo e a Potencialidade das Situações Jurídicas como Categoria Base para a Aplicação do Direito e Realização da Autonomia Privada. *In*: PONA, Éverton Willian; AMARAL, Ana Cláudia Corrêa Zuin Mattos do; MARTINS, Priscila Machado (coord.). **Negócio jurídico e liberdades individuais**: autonomia privada e situações jurídicas existenciais. Curitiba: Juruá, 2016, p. 22.

[378] AMARAL, Francisco. **Direito civil:** introdução. 8. ed. rev., mod., e ampl. Rio de Janeiro: Renovar, 2014, p. 238.

tal como é o contrato de namoro, a fim de que se resguarde e tutele os interesses juridicamente relevantes que permeiam essas situações jurídicas.[379] Dessa forma, por não serem os direitos existenciais abarcados por uma normativa prévia, bem como que não é possível que o legislador preveja as inúmeras situações que possam vir a existir, principalmente por dizerem respeito à aspectos inerentes da personalidade humana, é que se torna necessário um novo paradigma para o resguardo de tais interesses.

Desse modo, há duas correntes que visam fundamentar a proteção da pessoa nas suas particularidades, mas sem, necessariamente, exigir a prévia existência de um direito subjetivo. A primeira se pauta na proteção de situações juridicamente relevantes, assim, a partir de um fato, surge uma situação a qual se tornará jurídica havendo a sua proteção.[380] Dessa forma, para tal teoria não há a dependência de norma prévia para que determinadas situações mereçam o resguardo pelo ordenamento.

De outro vértice, mas ainda em prol do resguardo efetivo do ser humano, entende-se que a sua proteção não poderia estar atrelada a algo, sequer a situações subjetivas, isso porque a proteção da pessoa humana é cláusula geral, devendo se dar de forma integral, independentemente da existência de normas ou situações prévias.[381] Nesse contexto, o reconhecimento das individualidades e particularidades da pessoa devem ser reconhecidos e não se restringirem à limites impostos estruturalmente.

Apesar de tais posicionamentos acima citados se contraporem entre si, vislumbra-se que possuem um ponto comum, a tutela do ser humano na sua existencialidade e integralidade, independentemente de uma prévia

[379] LIMA, Caroline Melchiades Salvadego Guimarães de Souza; SANTOS, Pedro Henrique Amaducci Fernandes dos; MARQUESI, Roberto Wagner. Negócios jurídicos contemporâneos: a efetivação da dignidade da pessoa humana com alicerce nos contratos existenciais. **Civilistica.com**, v. 7, n. 3, p. 1-24, 16 dez. 2018, p. 11. Disponível em: http://civilistica.emnuvens.com.br/redc/article/view/373/313. Acesso em: 22 out. 2021.

[380] PONA, Éverton Willian; AMARAL, Ana Cláudia Corrêa Zuin Mattos do. A Vida numa Casca de Noz? – A Insuficiência do Direito Subjetivo e a Potencialidade das Situações Jurídicas como Categoria Base para a Aplicação do Direito e Realização da Autonomia Privada. *In*: PONA, Éverton Willian; AMARAL, Ana Cláudia Corrêa Zuin Mattos do; MARTINS, Priscila Machado (coord.). **Negócio jurídico e liberdades individuais**: autonomia privada e situações jurídicas existenciais. Curitiba: Juruá, 2016, p. 60-61.

[381] SOUZA, Eduardo Nunes de. Situações jurídicas subjetivas: aspectos controversos. **Civilistica.com**, Rio de Janeiro, a. 4, n. 1, p. 1-26, 2015, p. 10-11. Disponível em: http://civilistica.com/situacoes-juridicas-subjetivas-aspectos-controversos/. Acesso em: 13 abr. 2023.

previsão normativa, ou seja, coloca-se os interesses humanos que corroboram com a promoção da dignidade humana acima das amarras legislativas.

Dessa forma, apesar de não ser previsto previamente pela legislação, percebe-se que os relacionamentos atuais não condizem mais com a previsão normativa existente, razão pela qual deixaram de ser tutelados pelo ordenamento, mesmo ainda vigente as normas, pois estas se tornaram ineficazes. Quando se analisa a união estável atual, a sua proximidade com o relacionamento de namoro é demasiada, de forma que os casais têm buscado um instrumento para poderem vivenciar o seu relacionamento de forma plena.

Além de ser um instrumento possível a partir da análise sob o viés do negócio jurídico, o contrato de namoro é imprescindível para conferir aos relacionamentos de namoro a segurança almejada pelos enamorados. A possibilidade de realização desse contrato se pauta na liberdade que cada pessoa possui de se relacionar da forma que melhor entendam. Isso porque, os relacionamentos amorosos e a forma com que se dão é particular de cada pessoa.

Dessa forma, a garantia do reconhecimento de seus plenos efeitos, em última instância, assegura às pessoas a autonomia de decidirem o tipo de relacionamento que desejam vivenciar, evitando ingerências externas que em nada acrescem ao relacionamento e à busca da felicidade de cada um. Frisa-se que existem esferas personalíssimas nas quais se deve evitar a ingerência externa, a forma de se relacionar é uma delas.

Apesar das críticas existentes ao contrato de namoro, que afirmam pela sua invalidade, ineficácia e inutilidade, uma vez que não possui o condão de afastar uma união estável existente, tal instrumento tem ganho cada vez mais relevância na atualidade, pois é meio de regulação do relacionamento que visam manter, bem como é por meio dele que os enamorados dispõem sobre assuntos relevantes para o casal.

Esse instrumento, então, consiste na exteriorização da autonomia privada e da autodeterminação de cada pessoa, uma vez que possui o direito de se manifestar e determinar sobre o relacionamento que possui. O contrato de namoro, além de ser um instrumento possível, é um negócio jurídico necessário para conferir segurança jurídica para os enamorados de ingerências que incabíveis no relacionamento mantido.

Apesar da existência de posicionamento contrários, a realidade atual demanda um instrumento para resguardar os enamorados. O contrato de namoro, portanto, consiste nesse instrumento que conjuga a possibilidade negocial com o resguardo da autonomia e autodeterminação individual.

Assim, o contrato de namoro, dessa forma denominado, é o instrumento que os enamorados têm buscado. A sua procura, após o período pandêmico, se intensificou, isso porque inúmeros casais passaram a conviver sob o mesmo teto, mas sem intenção de constituir família.[382] No ano de 2020, por exemplo, no Rio de Janeiro, foram registrados, ao menos, cem acordos – contrato de namoro – versando sobre o relacionamento de namoro.[383]

Referido documento não é novidade, cita-se a escritura pública de contrato de namoro realizada em 1998, na cidade de Curitiba, no Estado do Paraná, a qual versou que apesar de conviverem, possuírem um relacionamento duradouro e público, ambos não possuíam o objetivo de constituir família.[384] Tal demonstração vai ao encontro do exposto alhures, de que o Código Civil de 2002, desde a sua promulgação, não corresponde, ao menos não no que diz ao Direito de Família, com as situações atuais.

A procura por tal instrumento sempre esteve presente, tendo se intensificado com a pandemia de Covid-19 no país, no ano de 2020. No Estado de São Paulo, por exemplo, adesão por tal instrumento foi de vinte e cinco em 2016, vinte e oito em 2017 e vinte em 2018.[385]

Alguns cartórios, inclusive, já oferecem a prestação desse serviço. Tal como o 1º Ofício de Registro de Títulos e Documentos de Belo Horizonte

[382] ANOREG. Associação dos Notários e Registradores do Brasil. **Clipping – Valor Econômico – Busca por contratos de namoro aumenta durante a pandemia.** Disponível em: https://www.anoreg.org.br/site/clipping-valor-economico-busca-por-contratos-de--namoro-aumenta-durante-a-pandemia/. Acesso em: 14 abr. 2023.

[383] BRASIL. Colégio Notarial do Brasil. **Clipping – diário online – 'contrato de namoro' virou moda entre os casais e ajuda a blindar bens; entenda**!, 2020. Disponível em: https://www.notariado.org.br/clipping-diario-online-contrato-de-namoro-virou-moda-entre-os--casais-e-ajuda-a-blindar-bens-entenda/. Acesso em: 14 de abr. 2023.

[384] XAVIER, Marília Pedroso. **Contrato de namoro**: amor líquido e direito de família mínimo. 2. ed. Belo Horizonte: Fórum, 2020, p. 106-107.

[385] SÃO PAULO. Associação dos Notários e Registradores do Estado de São Paulo (ANOREG SP). **Clipping – o povo – contrato de namoro?**, 2020. Disponível em: https://www.anoregsp.org.br/noticias/40048/clipping-o-povo-contrato-de-namoro. Acesso em: 14 abr. 2023.

– Minas Gerais, o qual até disponibiliza o modelo utilizado e aduz que o contrato de namoro consiste em um instrumento legal que antecede a união estável e tem como objetivo exteriorizar que o relacionamento que as partes vivenciam é de um namoro.[386]

No mesmo sentido, anuncia o 26º Tabelionato de Notas do Estado de São Paulo, em seu site, sobre a importância do contrato de namoro e ressalta alguns pontos acerca desse instrumento, tais como não ser obrigatório, depender da vontade dos enamorados, consistir em uma prova de que a relação mantida não é uma união estável, a possibilidade de estabelecimento de cláusulas quanto ao término do namoro, a possibilidade de renovação e a necessidade de correspondência com a realidade fática.[387]

Em pesquisa realizada, via e-mails para os inúmeros cartórios da cidade de Londrina, no Estado do Paraná, foi possível perceber que a procura por esse instrumento ainda é tímida, mas que ocorreu ao menos uma lavratura no ano de 2021. Frisa-se que nem todos os tabelionatos responderam acerca da existência de lavratura de contrato de namoro e alguns afirmaram não ter um banco de dados para a pesquisa. Dessa forma, o número apresentado pode e tende a ser maior.[388]

Quanto à cidade de Curitiba, também no Estado do Paraná, forneceram a informação acerca da lavratura do contrato de namoro o 4º, 5º, 8º, 9º e 12º Tabelionato, sendo que as respostas originaram o gráfico a seguir apresentado.

[386] MINAS GERAIS. 1º Ofício de Registro de Títulos e Documentos de Belo Horizonte – Minas Gerais. **Contrato de namoro**. Disponível em: https://www.1rtdbh.com.br/areas-de-atuacao/contrato-de-namoro/. Acesso em: 14 abr. 2023.

[387] SÃO PAULO. 26º Tabelionato de Notas. **Contrato de namoro**, 2021. Disponível em: https://www.26notas.com.br/noticias/contrato-de-namoro. Acesso em: 14 abr. 2023.

[388] Escrivania de paz de Cachoeira do Bom Jesus. **Informações sobre contrato de namoro**. Destinatário: Franciele Barbosa Santos. Londrina, 14 de abril de 2023. 1 mensagem eletrônica.

Gráfico 1 – Total de contratos de namoro realizados na cidade de Curitiba/PR

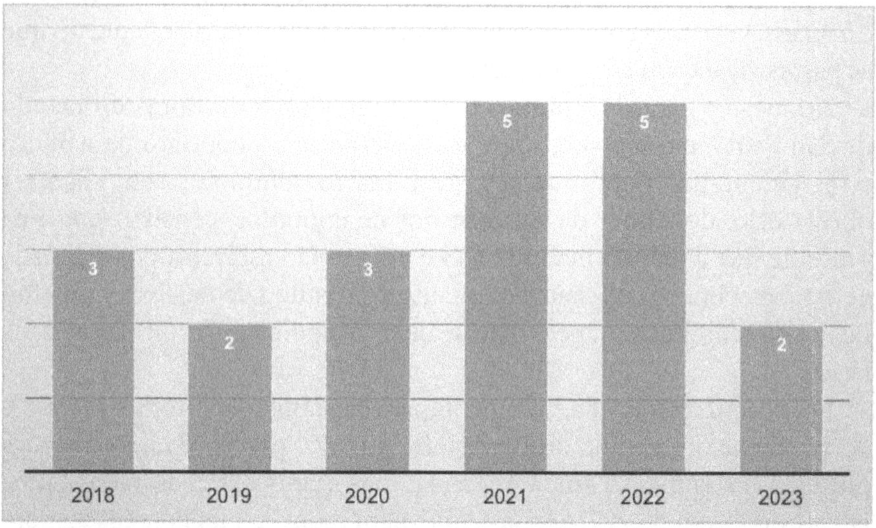

Fonte: A própria autora

Vislumbra-se que houve um aumento na procura a partir do ano de 2020, o ano em que a pandemia da Covid-19 se instalou no país. Ante a necessidade de isolamento e *home office*, muitos enamorados optaram por passarem a coabitar, mas sem que isso configurasse uma entidade familiar. Conforme se denota do gráfico acima, a tendência é que este número continue a crescer, uma vez que até abril de 2023 já foram lavrados dois contratos de namoro.

Na cidade de Porto Alegre, capital do Estado do Rio Grande do Sul, forneceram as informações acerca dos números de contratos de namoro lavrados o 9º e 10º Tabelionato, originando o gráfico a seguir apresentado.

Gráfico 2 – Total de contratos de namoro realizados na cidade de Porto Alegre/RS

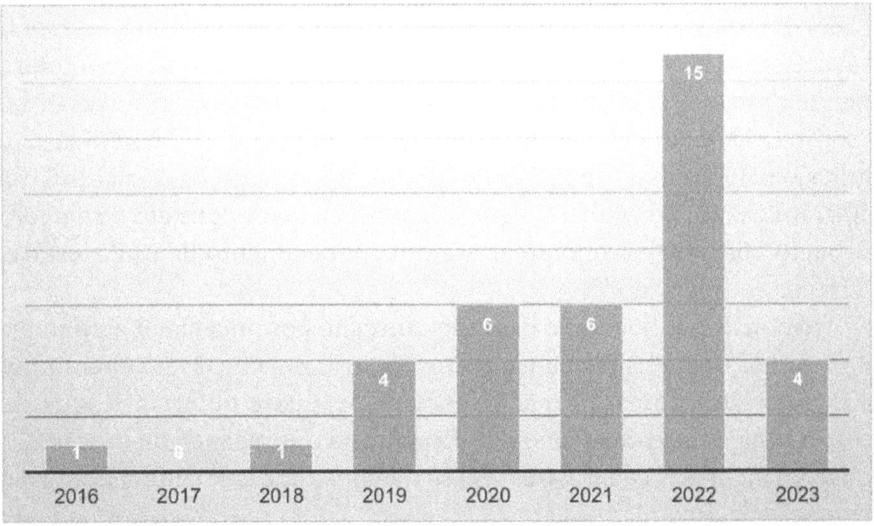

Fonte: A própria autora.

Percebe-se que, na capital do Rio Grande do Sul, a procura por tal instrumento é ainda maior quando comparada com as demais capitais que forneceram as informações requeridas, demonstrando que, cada vez mais, a procura pelo contrato de namoro se intensifica. Isso ocorre em razão da crescente insegurança jurídica que permeia o relacionamento de namoro, fazendo com que os casais busquem se resguardar, a fim de se relacionarem livremente.

Reforça-se que tais números podem ser superiores, uma vez que o contrato de namoro é celebrado, também, por instrumento particular. Ainda, vislumbra-se que muitos cartórios não conseguem especificar a quantidade de lavratura e/ou reconhecimento de contratos de namoro, pois os documentos particulares não ficam armazenados no cartório, bem como por ser lavrado como escritura declaratória, não sendo possível, assim, precisar um número de escrituras referentes ao contrato de namoro.[389]/[390]

[389] Escrivania de paz de Cachoeira do Bom Jesus. **Informações sobre contrato de namoro**. Destinatário: Franciele Barbosa Santos. Londrina, 14 de abril de 2023. 1 mensagem eletrônica.

Apesar de não possuir dados atuais específicos acerca da realização do contrato de namoro, a sua procura tem se intensificado, principalmente em razão da existência do namoro qualificado, o qual se confunde, inúmeras vezes, com a união estável. Nesse sentido, em busca por julgados por todo o país por uma plataforma integralizadora, vislumbrou-se a citação do termo "contrato de namoro" em mais de quatro mil julgados.[391] Enfatiza-se o julgado pelo Tribunal de Justiça do Estado de São Paulo, na Apelação Cível 1007161-38.2019.8.26.0597, o qual reconheceu que o contrato de namoro firmado antes do casamento afasta o reconhecimento da união estável durante esse período.[392]

Demonstra-se que os enamorados anseiam por uma maior autonomia na vivência dos seus relacionamentos, motivo pelo qual têm optado por contratualizar a relação que vivenciam, seja para obterem resguardo patrimonial ou extrapatrimonial. Ressalta-se que a contratualização das relações amorosas e familiares tem se demonstrado como um mecanismo em razão da dinâmica social.

A contratualização, além de constituir em uma exteriorização das liberdades individuais que visa resguardar as escolhas em um ambiente

[390] Cartório Julião – 2º Ofício de Registro Civil e 7º Tabelionato de Notas de Londrina-PR. **Informações sobre contrato de namoro.** Destinatário: Franciele Barbosa Santos. Londrina, 11 de abril de 2023. 1 mensagem eletrônica.

[391] JUSBRASIL. **Contrato de namoro jurisprudência**. Disponível em: https://www.jusbrasil.com.br/jurisprudencia/busca?q=contrato+de+namoro+jurisprud%C3%AAncia&p=2. Acesso em: 14 abr. 2023.

[392] Apelação. Família. Ação de divórcio litigioso, alimentos e partilha de bens. Sentença que decreta o divórcio e partilha, na proporção de 50% para cada um, os valores pagos pelo imóvel durante o casamento. Recurso de ambas as partes. Partes que firmaram contrato de namoro, que exclui a existência de união estável anterior ao casamento. Contrato firmado que não constitui pacto antenupcial. Obrigações lá assumidas que não podem ser discutidas na ação de divórcio. Bens adquiridos antes do casamento que não devem ser partilhados. Prestações do imóvel de propriedade exclusiva do réu pagas durante o casamento que devem ser partilhadas na proporção de 50% para cada um. Alimentos que não são devidos à autora. Requerente pessoa jovem e apta a trabalhar, ainda que momentaneamente desempregada. Sentença mantida. RECURSOS DESPROVIDOS.
(TJ-SP – AC: 10071613820198260597 SP 1007161-38.2019.8.26.0597, Relator: Cristina Medina Mogioni, Data de Julgamento: 02/06/2021, 6ª Câmara de Direito Privado, Data de Publicação: 02/06/2021).

plural e multifacetado[393], consiste em uma forma de atribuir mais segurança para a economia, principalmente em razão da economia brasileira se pautar, muitas vezes, em empresas familiares.

Nesse cenário, a contratualização do Direito de Família, principalmente, em razão de a união estável não possuir delineamento claro da sua concepção, bem como por os seus efeitos, atualmente, serem equiparados aos do casamento, se demonstra como uma opção a fim de trazer maior segurança econômica.[394]

As inseguranças quanto ao reconhecimento da união estável no plano fático afetam a sobrevivência e manutenção das empresas, isso porque "[...] quanto a maior imprevisibilidade da configuração e dos efeitos da união estável, maiores os custos decorrentes de possíveis perdas, em razão das consequências empresariais que a dissolução da união estável"[395] causam.

Tal situação se agrava em razão do entendimento atual dos tribunais de que os efeitos da união estável são os mesmos que o do casamento. A união estável, ao contrário do casamento, não possui um liame claro, uma delimitação temporal de início, assim, na prática, acarreta dificuldades quando do seu reconhecimento. O casamento, de outro vértice, é um ato solene no qual as partes anuem com os seus efeitos.

Dessa forma, percebe-se que a união estável ganhou uma amplitude de reconhecimento pelo ordenamento pátrio, tendo se estendido, muitas vezes, para alcançar relações amorosas que não configuram uma união estável, demonstrando que tal instituto precisa ser, urgentemente, repensado.[396] Em razão da existência, cada vez mais crescente, do

[393] MORAES, Maria Celina Bodin de; TEIXEIRA, Ana Carolina Brochado. Contratos no ambiente familiar. *In*. TEIXEIRA, Ana Carolina Brochado; RODRIGUES, Renata de Lima. **Contratos, família e sucessões: diálogos interdisciplinares**. 3. ed. Indaiatuba, SP: Editora Foco, 2023, p. 17-18.

[394] STRAKE, Ana Raquel Fortunato dos Reis. Instabilidade sistêmica do reconhecimento e dos efeitos da união estável para o desenvolvimento econômico brasileiro: uma razão para a contratualização do direito de família. *In*. TEIXEIRA, Ana Carolina Brochado; RODRIGUES, Renata de Lima. **Contratos, família e sucessões: diálogos interdisciplinares**. 3. ed. Indaiatuba, SP: Editora Foco, 2023, p. 510.

[395] Ibidem, p. 527.

[396] XAVIER, Marília Pedroso. O contrato de namoro como instrumento de planejamento sucessório. *In*. TEIXEIRA, Daniele Chaves. **Arquitetura do Planejamento Sucessório Tomo III**. Belo Horizonte: Editora Fórum, 2022, p. 569.

reconhecimento de um casamento forçado àqueles que não o desejam é que se torna necessário e viável a contratualização das relações familiares.

O reconhecimento da união estável no ordenamento pátrio se dá de tal forma que passou a alcançar mesmo àqueles que possuem uma declaração expressa de que não desejam vivenciar uma união estável, trazendo uma série de desafios para os julgadores na atualidade. Ainda, o reconhecimento da união estável em relacionamento de namoro apenas contribui para a banalização dessa entidade familiar[397] e para dificultação da expressão do afeto.

É nessa conjuntura que se insere o contrato de namoro como instrumento que tem como objetivo exteriorizar a relação que os enamorados vivenciam naquele momento e, consequentemente, trazer maior segurança e previsibilidade ao relacionamento amoroso. Isso ocorre, pois, ao realizar um contrato de namoro as partes discutem sobre o relacionamento que possuem e acerca do que esperam para ambos, trazendo, também, mais diálogo para o casal, o que, por si só, evita inúmeros conflitos decorrentes da falta de diálogo.

Assim, além de não ser proibido pelo ordenamento pátrio, o contrato de namoro se apresenta como um instrumento que visa dar maior sustentabilidade aos relacionamentos *lato sensu*, uma vez que as inseguranças que permeiam o reconhecimento da união estável, atualmente, impactam na economia e na realização pessoal de cada indivíduo, uma vez que a opção de formar ou fazer parte de uma família cabe, somente, à própria pessoa, pois impacta a sua própria personalidade.

Ainda, vislumbra-se que a realização do contrato de namoro, [...] garantiria, em última instância, um relacionamento mais sadio, tendo em vista que possíveis desconfianças restariam afastadas".[398] Desta feita, além de necessário para as situações fáticas atuais, o contrato de namoro traz benefícios aos casais, uma vez que por meio dele é possível estreitar os laços já existentes.

[397] XAVIER, Marília Pedroso. O contrato de namoro como instrumento de planejamento sucessório. In. TEIXEIRA, Daniele Chaves. **Arquitetura do Planejamento Sucessório Tomo III**. Belo Horizonte: Editora Fórum, 2022, p. 569.

[398] XAVIER, Marília Pedroso. **Contrato de namoro**: amor líquido e direito de família mínimo. 2. ed. Belo Horizonte: Fórum, 2020, p. 105.

3.2. Paradigma clássico, moderno e contemporâneo de negócio jurídico

A partir do exposto verifica-se que o contrato de namoro é um instrumento necessário para resguardar as situações de namoro atuais. Antes de adentrar na análise quanto a sua eficácia na escada ponteana, buscará traçar o seu respaldo enquanto negócio jurídico, o qual visa declarar para si e para os outros o produto da manifestação da sua vontade.[399]

Nesse sentido, insta tecer uma breve conceituação dos fatos jurídicos, atos jurídicos e negócios jurídicos, a fim de justificar o enquadramento do contrato e namoro enquanto negócio jurídico e, após, ao seu respaldo no paradigma contemporâneo de negócio jurídico.

Sabe-se que os fatos permeiam a vida humana, tratando-se de acontecimentos. Quando tais acontecimentos causam efeitos jurídicos, causando o nascimento, modificação ou extinção de direitos, produzindo efeitos relevantes para o Direito, atribui-se a eles a qualidade de fatos jurídicos.[400] "Fato jurídico é, pois, o fato ou complexo de fatos sobre o qual incidiu a regra jurídica; portanto, o fato de que dimana, agora, ou mais tarde, talvez condicionalmente, ou talvez não dimane, eficácia jurídica".[401]

Por sua vez, os atos jurídicos dependem de um ato volitivo humano, diferenciando-se dos fatos que consistem em acontecimentos. É necessário que o ato seja munido de vontade e que esse ato se dirija para a produção de um resultado protegido ou, ao menos, não vedado por lei.[402] Ainda, reforça-se que os atos jurídicos que são recepcionados pelo ordenamento pátrio sem a escolha de categoria jurídica e com efeitos preestabelecidos e inalteráveis, são denominados atos jurídicos *stricto sensu*. A vontade manifestada nesses atos se limita à função de compor o suporte fático de certa categoria jurídica, sendo que os efeitos são previamente estabelecidos.[403]

Quanto ao negócio jurídico, esse pode ser compreendido como [...] todo fato jurídico consistente em declaração de vontade, a que o ordenamento

[399] BETTI, Emílio. **Teoria geral do negócio jurídico**. Tradução: Servanda Editora. Campinas, SP: Servanda Editora, 2008, p. 112-114.

[400] AMARAL, Francisco. **Direito civil:** introdução. 8. ed. rev., mod., e ampl. Rio de Janeiro: Renovar, 2014, p. 405.

[401] MELLO, Marcos Bernardes de. **Teoria do fato jurídico**: plano da existência. 15. ed. rev. São Paulo: Saraiva, 2008, p. 113.

[402] Ibidem, p. 145.

[403] Ibidem, p. 155.

jurídico atribui os efeitos designados como queridos, respeitados os pressupostos de existência, validade e eficácia impostos pela norma jurídica que sobre ele incide".[404] Consiste, portanto, em uma manifestação da vontade direcionada para a obtenção de efeitos jurídicos que tanto podem ser predeterminados pelo sistema ou estipulados livremente por cada um.[405]

Em sua gênese, os negócios jurídicos germinam da iniciativa privada e consiste no ato pelo qual os indivíduos procuram satisfazer as suas necessidades, se autorregrarem de se autodeterminarem, bem como de determinar os seus próprios interesses, sendo que o negócio jurídico possui critério vinculante como uma regra de conduta.[406]

Sob a ótica da perspectiva negocial, a possibilidade jurídica da declaração da vontade individual, nesse caso dos enamorados, de que o relacionamento que mantem consiste em um mero namoro e que não há vontade presente de constituição familiar, razão pela qual afirmam a inexistência de uma união estável, encontra respaldo no paradigma contemporâneo do negócio jurídico.

Conforme mencionado anteriormente o Direito acompanha as transformações sociais e assim deve ser para que a sua eficácia continue vigente. Assim, a partir da modificação dos fatos sociais, ocorre, também, um remodelamento dos negócios jurídicos, a fim de atender as novas demandas sociais.

No paradigma clássico, vigente no Estado Liberal, demarcado pela ampla liberdade nos aspectos privados, "o contrato era instrumento de intercâmbio econômico entre os indivíduos, onde a vontade deveria reinar ampla e livremente", assim, "salvo as limitações previstas em normas de ordem pública, caberia à autonomia da vontade presidir o destino e determinar a força da convenção criada pelos contratantes".[407]

[404] AZEVEDO, Antônio Junqueira de. **Negócio jurídico:** existência, validade e eficácia. 4. ed. atual. de acordo com o novo Código Civil. São Paulo: Saraiva, 2002, p. 17

[405] MELLO, Marcos Bernardes de. **Teoria do fato jurídico**: plano da existência. 15. ed. rev. São Paulo: Saraiva, 2008, p. 168.

[406] BETTI, Emílio. **Teoria geral do negócio jurídico**. Tradução: Servanda Editora. Campinas, SP: Servanda Editora, 2008, p. 76.

[407] AMARAL, Ana Claudia Corrêa Zuin Mattos do; HATOUM, Nida Saleh; HORITA, Marcos Massashi. O paradigma pós-moderno do negócio jurídico e a necessidade de uma nova concepção na contemporaneidade. **Scientia Iuris**, Londrina, v. 21, n. 2, p. 261-297, jul. 2017, p. 266. DOI: 10.5433/2178-8189.2017v21n1p262. ISSN: 2178-8189.

Dessa forma, os contratantes, em razão da autonomia da vontade, a qual era ampla e irrestrita, podiam estipular o que melhor atendiam os seus interesses, escolhendo a forma de contratar, o conteúdo desses contratos e as condições em que eles se davam.[408] Esse período foi marcado pelo individualismo pleno, pela ausência de intervenção do Estado na esfera privada sendo os negócios jurídicos e, consequentemente os contratos, exteriorização dessa liberdade.

O paradigma vigente nesse modelo de Estado enalteceu a autonomia da vontade, principalmente em razão de ter sucedido um Estado Absolutista e totalitário no qual as liberdades individuais se davam de acordo com a vontade do monarca. Tais ideias decorreram das convicções pós-revolucionárias francesas que objetivavam excluir a intervenção estatal do âmbito privado.[409]

Os contratos celebrados na vigência do Estado Liberal tinham como objetivo e única finalidade a realização da vontade individual. Dessa forma, não havia limitação para a exteriorização da vontade, consistindo o contrato em uma verdadeira lei entre as partes, as quais pactuavam o que entendiam como pertinente para si, podendo ter excessos e desiquilíbrios entre elas.

Em razão dos excessos ocorridos na vigência do Estado Liberal ocorre a ascensão do Estado Social que tem por objetivo impor limites à exteriorização da vontade individual, ante a necessidade de que o Direito Privado se torne compatível com a nova ordem social, ou seja, que passe a se orientar a partir dos valores trazidos pela Constituição Federal.[410]

No Brasil, inicia-se o processo de superação do paradigma clássico de negócio jurídico, vigente no Estado Liberal, principalmente após a promulgação da Constituição Federal de 1988, uma vez que se passa a interpretar o Direito Privado à luz da Constituição, ocasionando a

[408] AMARAL, Ana Claudia Corrêa Zuin Mattos do; HATOUM, Nida Saleh; HORITA, Marcos Massashi. O paradigma pós-moderno do negócio jurídico e a necessidade de uma nova concepção na contemporaneidade. **Scientia Iuris**, Londrina, v. 21, n. 2, p. 261-297, jul. 2017, p. 267. DOI: 10.5433/2178-8189.2017v21n1p262. ISSN: 2178-8189.

[409] Ibidem, p. 266.

[410] NALIN, Paulo. **Do contrato**: conceito pós-moderno em busca de sua formulação na perspectiva civil-constitucional. Curitiba: Juruá, 2008, p. 40.

constitucionalização do Direito Civil. Ocorreu, portanto, a superação do paradigma clássico pelo paradigma moderno de negócio jurídico.[411]

A ideologia do Estado Social se afasta da vigente no Estado Liberal, uma vez que tem como escopo proteger o ser humano a partir da ideia da dignidade da pessoa humana e, se necessário, impondo limites à autonomia individual. Assim, se torna necessário que o Direito Civil passe a ser harmonizado com o direito constitucional e com a hierarquia de valores, funcionalizando os institutos em prol do ser humano.[412]

Ocorre, portanto, a releitura dos institutos jurídicos, os quais se justificam pelas transformações sociais. Cita-se como exemplo o Código Civil de 1916, de cunho patrimonialista que perdeu a vigência, sendo promulgado o Código Civil de 2002, o qual manifestou a repersonalização do Direito Privado e a funcionalização de seus institutos, colocando a pessoa no centro de interesses.[413]

Assim, abandona-se uma negociação tipicamente privada e sem quaisquer ingerências para negócios que, além de manifestar a vontade individual, correspondam aos princípios sociais e, efetivamente, se exteriorizem como instrumentos de realização individual e, em última instância, da dignidade humana. Para tanto, é necessário que as negociações passem a observar determinados limites e princípios.

Ao abandonar a noção da autonomia da vontade como precursora dos negócios jurídicos e adotar o ideal de autonomia privada, compreendida como "[...] atividade e potestas, criadora, modificadora ou extintora de relações jurídicas entre particulares: relações cuja vida e cujas vicissitudes, são, antecipadamente, disciplinadas por normas jurídicas preexistentes"[414]

[411] SOARES, Marcos Antônio Striquer; PASSI, Renata Capriolli Zocatelli Queiroz. A superação do paradigma clássico do negócio jurídico: liberalismo e republicanismo. **Scientia Iuris**, Londrina, v. 21, n. 1, p. 245-268, mar. 2017, p. 255. DOI: 10.5433/2178-8189.2017v21n1p245. ISSN: 2178-8189.

[412] NALIN, Paulo. **Do contrato**: conceito pós-moderno em busca de sua formulação na perspectiva civil-constitucional. Curitiba: Juruá, 2008, p. 40.

[413] LÊDO, Ana Paula Ruiz; SABO, Isabela Cristina; AMARAL, Ana Cláudia Corrêa Zuin Mattos do. Existencialidade humana: o negócio jurídico na visão pós-moderna. **Civilistica.com**. Rio de Janeiro, a. 6, n. 1, 2017, p. 8. Disponível em: http://civilistica.com/existencialidade-humana-o-negocio-juridico/. Acesso em: 17 abr. 2023.

[414] BETTI, Emílio. **Teoria geral do negócio jurídico**. Tradução: Servanda Editora. Campinas, SP: Servanda Editora, 2008, p. 81.

e como um interesse digno de proteção pelo ordenamento[415], não se exclui a vontade individual dos negócios jurídicos, mas passa a designar "[...] a esfera de poder de que dispõe o particular para atuar no mundo do Direito Privado".[416]

Percebe-se o início de uma intervenção estatal nas relações entre particulares, a fim de garantir uma proteção adequada e equilíbrio entre as partes, buscando uma igualdade material em prol da formal – diferentemente do modelo vigente no Estado Liberal.[417]

A partir do novo paradigma traçado pelo modelo de Estado Social, questões como a boa-fé, o equilíbrio entre as partes e a função social passaram a ser discutidas. Busca-se, nesse modelo, sem desconsiderar as conquistas da liberdade e da igualdade, centralizar a atenção no próprio ser e não no ter, introduzindo o aspecto de solidariedade social.[418]

Dessa forma, em razão da existência da função econômica social do instituto e, nesse caso, pela manifestação da autonomia privada, imperioso se reconhecer que a livre circulação de bens e serviços se condicionam à utilidade social, a qual visa a garantia de uma ordem social mais justa e propícia para o seu desenvolvimento.[419]

Há, portanto, uma comunhão de interesses, o do particular com os interesses públicos, os quais, em última instância, visam a efetivação da dignidade da pessoa humana. Dessa forma, "requer o interesse do

[415] PERLINGIERI, Pietro. **Perfis do direito civil**: introdução ao direito civil constitucional. Tradução: Maria Cristina de Cicco. 2. ed. Rio de Janeiro, Renovar, 2002, p. 279.

[416] MARQUESI, Roberto Wagner; MARTINS, Priscila Machado. Eficácia horizontal dos direitos fundamentais e negócios jurídicos existenciais. *In*. Ana Cláudia Corrêa Zuin Matos do Amaral; Éverton Pona; Priscila Machado Martins. (Org.). **Negócio jurídico e liberdades individuais**. Curitiba: Juruá, 2016, p. 146.

[417] LIMA, Caroline Melchiades Salvadego Guimarães de Souza; SANTOS, Pedro Henrique Amaducci Fernandes dos; MARQUESI, Roberto Wagner. Negócios jurídicos contemporâneos: a efetivação da dignidade da pessoa humana com alicerce nos contratos existenciais. **Civilistica.com**. Rio de Janeiro, a. 7, n. 3, 2018, p. 6. Disponível em: http://civilistica.com/negocios-juridicos-contemporaneos/. Acesso em: 19 abr. 2023.

[418] NALIN, Paulo. **Do contrato**: conceito pós-moderno em busca de sua formulação na perspectiva civil-constitucional. Curitiba: Juruá, 2008, p. 42.

[419] SOARES, Marcos Antônio Striquer; PASSI, Renata Capriolli Zocatelli Queiroz. A superação do paradigma clássico do negócio jurídico: liberalismo e republicanismo. **Scientia Iuris**, Londrina, v. 21, n. 1, p. 245-268, mar. 2017, p. 257. DOI: 10.5433/2178-8189.2017v21n1p245. ISSN: 2178-8189.

particular e da sociedade em ver eficácia nas normas e nos institutos não só no que se referte ao controle ou disciplina social, mas também na direção e organização de uma sociedade".[420]

É necessário que os negócios privados se adequem à realidade vigente, uma vez que a lógica individualista não é capaz de resistir ao confronto com a realidade e com as mazelas sociais.[421] Desta feita, os negócios jurídicos e os contratos não devem ser alheios às realidades sociais, ao contrário, devem corresponder a essas e configurar a verdadeira manifestação da vontade dos indivíduos, os quais sofrem influências da realidade vigente.

Nesse esteio, o contrato deve ser funcionalizado em prol da Constituição Federal de 1988. Funcionalizar significa em permitir que elementos externos ao Direito o influenciem, como a Sociologia, a Filosofia, História, dentre outros com o objetivo de traçar uma ordem social mais justa e equânime. "Funcionalizar, sobretudo, em nosso contexto, é atribuir ao instituto jurídico uma utilidade ou impor-lhe um papel social".[422]

A função social do contrato pode ser notada a partir do artigo 170 da Constituição Federal, o qual prevê que "A ordem econômica, fundada na valorização do trabalho humano e na livre iniciativa, tem por fim assegurar a todos existência digna, conforme os ditames da justiça social [...]".[423] Extrai-se da leitura desse artigo a necessidade de uma ordem social harmônica, de forma que os aspectos econômicos devem se dar em prol do ser humano.

Desta feita, vislumbra-se que toda a ordem constitucional e social se converge para a realização do ser humano e da sua dignidade, sendo que os institutos se voltam para esse objetivo, qual seja, garantir uma existência digna e a realização do ser humano na sua integralidade. Percebe-se,

[420] SOARES, Marcos Antônio Striquer; PASSI, Renata Capriolli Zocatelli Queiroz. **A superação do paradigma clássico do negócio jurídico**: liberalismo e republicanismo. Scientia Iuris, Londrina, v. 21, n. 1, p. 245-268, mar. 2017, p. 257. DOI: 10.5433/2178-8189.2017v21n1p245. ISSN: 2178-8189.

[421] NEGREIROS, Teresa. **Teoria do contrato:** novos paradigmas. 2. ed. Rio de Janeiro: Renovar, 2006, p. 05.

[422] NALIN, Paulo. **Do contrato**: conceito pós-moderno em busca de sua formulação na perspectiva civil-constitucional. Curitiba: Juruá, 2008, p. 215.

[423] BRASIL. [Constituição (1988)]. **Constituição da República Federativa do Brasil de 1988**. Brasília, DF: Presidência da República, [2016]. Disponível em: http://www.planalto.gov.br/ccivil_03/Constituicao/Constituicao.htm. Acesso em: 19 abr. 2023.

portanto, que os negócios jurídicos devem passar a observar a consonância com essa ordem social que objetiva, acima de tudo, uma coesão social em prol do bem-estar comum.

Assim como a propriedade o contrato deve assegurar a sua função social e, apenas assim, é merecedor de tutela pelo ordenamento pátrio. Nesse sentido prevê o artigo 421 do Código Civil que "A liberdade contratual será exercida nos limites da função social do contrato".[424] O contrato deixa de ser apenas uma exteriorização da vontade individual, tal como era no Estado Liberal e na sua concepção clássica, e passa a observar preceitos que vão além das partes contratantes, vigorando a sua concepção moderna.

Entretanto, a tutela oferecida pelo ordenamento se tornou insuficiente para abarcar aspectos existenciais do ser humano e para a sua tutela integral. Caminhou-se para a superação do paradigma clássico e moderno de negócio jurídico, em razão da crescente demanda por tutela de situações que dizem respeito à existencialidade e dignidade humana, mas que não encontram resguardo no modelo clássico ou moderno de negócio jurídico.

Nesse sentido, observa-se a ausência do enquadramento do negócio jurídico existencial aos paradigmas clássico e moderno, tendo em vista o seu fundamento na figura do sujeito como centro de preocupação e tutela, e não do patrimônio, consubstanciando o fenômeno de repersonalização do Direito Civil.[425]

Contudo, sabe-se que muitas questões, ainda mais existenciais, não vão encontrar resguardo em direitos subjetivos ou em previsões legais, justamente diante da sua singularidade e complexidade, as quais não é possível que o Direito preveja de antemão. Assim, há a necessidade de um novo fundamento para que os negócios jurídicos possam abarcar aspectos existenciais.

Ocorre uma superação do paradigma patrimonial, sendo que esta "[...] acaba por ser ferramenta de desenvolvimento de um papel, direto

[424] BRASIL. **Lei nº 10.406, de 10 de janeiro de 2002**. Institui o Código Civil. Disponível em: https://www.planalto.gov.br/ccivil_03/leis/2002/l10406compilada.htm. Acesso em: 19 abr. 2023.

[425] MARQUESI, Roberto Wagner; MARTINS, Priscila Machado. Eficácia horizontal dos direitos fundamentais e negócios jurídicos existenciais. *In:* PONA, Éverton Willian; AMARAL, Ana Cláudia Corrêa Zuin Mattos do; MARTINS, Priscila Machado (coord.). **Negócio jurídico e liberdades individuais**: autonomia privada e situações jurídicas existenciais. Curitiba: Juruá, 2016, p. 150.

ou indireto, de atuação do valor constitucional da dignidade humana".[426] O Direito Civil encontra respaldo no ser humano e na sua dignidade, sendo que os negócios jurídicos devem observar, acima de tudo, se correspondem à exteriorização desses preceitos.

Imperioso, então, que a doutrina brasileira realize uma releitura da teoria do negócio jurídico "[...] sem que tome por marco principal o dogma da autonomia da vontade, o que acaba por defluir na concepção sempre presente do direito subjetivo, enquanto máximo exercício da autonomia privada".[427] Há, nesse contexto, a indispensabilidade de uma análise condizente com todas as derivações dos poderes atribuídos à pessoa, principalmente àqueles que dizem respeito à sua personalidade e seu desenvolvimento.

Como não é possível a previsão de inúmeras situações existenciais, bem como em razão da existência de acontecimentos que, apesar da sua relevância social, não se enquadram nas categorias de fatos jurídicos, os quais consistem em interesses merecedores de tutela[428], é necessário traçar um novo paradigma de negócio jurídico para a tutela de tais interesses. Nesse sentido:

> Se o interesse possuir conteúdo meramente econômico, tem-se um negócio jurídico patrimonial cuja análise ocorre por meio do paradigma moderno. Por outro lado, se esse interesse possuir conteúdo sem valor econômico, tem-se um caso de negócio jurídico existencial, ou uma situação jurídica existencial, que não se enquadra nos paradigmas clássico e moderno do negócio jurídico, necessitando de uma nova estrutura normativa, um paradigma contemporâneo, que atenda o respeito à individualidade, à identidade e à alteridade da pessoa humana, dentro do exercício de autonomia privada existencial ou autodeterminação.[429]

[426] NALIN, Paulo. **Do contrato**: conceito pós-moderno em busca de sua formulação na perspectiva civil-constitucional. Curitiba: Juruá, 2008, p. 249.

[427] Ibidem, p. 207.

[428] AMARAL, Ana Claudia Corrêa Zuin Mattos do; HATOUM, Nida Saleh; HORITA, Marcos Massashi. O Paradigma Pós-Moderno Do Negócio Jurídico E A Necessidade De Uma Nova Concepção Na Contemporaneidade. **Scientia Iuris**, Londrina, v. 21, n. 2, p. 261-297, jul. 2017, p. 279. DOI: 10.5433/2178-8189.2017v21n1p262. ISSN: 2178-8189.

[429] Ibidem, p. 279-280.

Tais situações merecem resguardo, principalmente em razão do seu caráter que diz respeito à aspectos da personalidade do indivíduo e da sua existência. A Constituição Federal possui, em seu bojo, normativa amplas, compostas por valores e princípios abstratos. Assim, a Constituição brasileira não tem como objetivo exaurir matéria pertinente às relações civis, sendo o seu papel teleológico. Nesse contexto, ressalta que ao redor da pessoa se funda uma concepção de um novo paradigma, ou seja, a sua tutela em si mesma, bem como em suas plúrimas dimensões de família e propriedade.[430]

A Constituição Federal possui como fulcro a orientação das relações infraconstitucionais de forma axiológica e teleológica, tomando como basilar, principalmente, o princípio da dignidade da pessoa humana. Os negócios jurídicos e, no caso, o contrato, ganha um novo significado em razão da realidade fática. Não é possível mais trazer que o contrato consiste em uma simples exteriorização de vontade, mas é necessário um novo conceito que abarque essas novas situações existenciais.

Assim, "contrato, hoje, é relação complexa solidária. É nesse axioma proposto, a partir do qual todos os contratos, no campo de suas particularidades, devem guardar sintonia".[431] O contrato se posiciona como instrumento pelo qual as partes exteriorizam vontades que resguardam a sua dignidade, não se trata mais, tão somente, de manifestação de vontade de cunho patrimonial, mas a fim de garantir aspectos quanto a existencialidade e da sua própria personalidade.

Analisada a transformação social, principalmente no que se refere aos relacionamentos interpessoais, bem como as mudanças nos negócios jurídicos desde a sua concepção clássica até a contemporânea, percebe-se que os negócios jurídicos contemporâneos possuem como objeto, na atualidade, questões anteriormente não estudadas pela doutrina civilista.

Logo, o modelo interpretativo dos contratos perfectibilizados na contemporaneidade devem ser interpretados de forma que a sua interpretação corresponda à realidade vigente, se atentando às transformações sociais, devendo o ordenamento jurídico observar a ordem constitucional, a dignidade da pessoa humana, a boa-fé e a centralidade da realização da pessoa.

[430] NALIN, Paulo. **Do contrato**: conceito pós-moderno em busca de sua formulação na perspectiva civil-constitucional. Curitiba: Juruá, 2008, p. 91.

[431] Ibidem, p. 253.

Em se tratando de contratos existenciais, a sua interpretação deve se dar de forma diferenciada, a fim de se permitir que "[...] os contratos existenciais atinjam sua função socioeconômica, garantindo os valores relacionados à dignidade da pessoa".[432] Assim, nas relações jurídicas complexas e existenciais, busca-se "em primeiro plano valorizar a pessoa humana e os seus direitos, deixando em segundo plano o caráter patrimonialista exacerbado".[433]

Desta feita, aponta-se o contrato de namoro como instrumento negocial apto para abarcar os relacionamentos de namoro atuais, principalmente em razão do limite tênue de diferenciação existente entre o namoro e a união estável. Podem os enamorados, então, "regular questões ligadas às manifestações espontâneas de afeto que sempre existiram, mas que, até então, não participavam do debate jurídico"[434], como é o caso do contrato de namoro.

O contrato de namoro pode ser conceituado como um negócio jurídico firmado consensualmente pelas partes, que desejam estabelecer que no relacionamento afetivo por elas vivenciado não há o objetivo de constituir família.[435] Assim, "é a declaração de vontade de duas pessoas para estabelecer que aquela relação é apenas um namoro".[436]

Em razão das transformações sociais e consequente proximidade do namoro com a união estável, se torna necessário que um novo instrumento seja disponibilizado para que as partes possam manifestar a sua vontade.

[432] MARQUESI, Roberto Wagner; MARTINS, Priscila Machado. Eficácia horizontal dos direitos fundamentais e negócios jurídicos existenciais. *In:* PONA, Éverton Willian; AMARAL, Ana Cláudia Corrêa Zuin Mattos do; MARTINS, Priscila Machado (coord.). **Negócio jurídico e liberdades individuais**: autonomia privada e situações jurídicas existenciais. Curitiba: Juruá, 2016, p. 181.

[433] LIMA, Caroline Melchiades Salvadego Guimarães de Souza; SANTOS, Pedro Henrique Amaducci Fernandes dos; MARQUESI, Roberto Wagner. Negócios jurídicos contemporâneos: a efetivação da dignidade da pessoa humana com alicerce nos contratos existenciais. **Civilistica.com**, v. 7, n. 3, p. 1-24, 16 dez. 2018, p. 12. Disponível em: http://civilistica.emnuvens.com.br/redc/article/view/373/313. Acesso em: 22 out. 2021.

[434] TEIXEIRA, Ana Carolina Brochado. Prefácio para **Contrato de namoro:** amor líquido e direito de família mínimo, de Marília Pedroso Xavier, 2. ed. Belo Horizonte: Fórum, 2020, p. 17.

[435] XAVIER, Marília Pedroso. **Contrato de namoro**: amor líquido e direito de família mínimo. 2. ed. Belo Horizonte: Fórum, 2020, p. 48.

[436] PEREIRA, Rodrigo da Cunha. **Direito das famílias**. Rio de Janeiro: Forense, 2020, p. 48.

Nada mais existencial que o ânimo de constituir ou não uma família ou a manutenção ou não de um relacionamento. Frisa-se que "a liquidez das relações e a progressiva – mas perigosa – equiparação do casamento à união estável jogaram luzes sobre o namoro como figura juridicamente relevante".[437]

Assim, o namoro poderá ser objeto de contratualização, seja em seus aspectos patrimoniais, versando sobre a comunicabilidade ou incomunicabilidade total ou parcial de seus bens, ou de aspectos extrapatrimoniais, dispondo sobre o relacionamento em si e os valores que desejam resguardar. Trata-se o namoro de um possível objeto de um negócio jurídico, visto que na atualidade, a preocupação com o alcance da dignidade da pessoa humana e da validação dos direitos da personalidade se torna o ponto central dos negócios pós-modernos.

3.3. Da existência, validade e eficácia do contrato de namoro

Sendo uma exteriorização do negócio jurídico, é necessário que o contrato de namoro perfaça todos os elementos e requisitos da Escada Ponteana para a realização de seus efeitos plenos. Assim, o contrato de namoro deve perpassar pelos planos da existência, validade e eficácia para que os seus efeitos ocorram de forma plena.

O negócio jurídico é conceituado como "[...] a declaração de vontade privada destinada a produzir efeitos que o agente pretende e o direito reconhece".[438] Assim, "o negócio jurídico não é, por outras palavras, uma simples manifestação de vontade, mas uma manifestação de vontade qualificada, ou uma declaração de vontade".[439] Ainda, "Os 'negócios jurídicos' são, portanto, declarações de vontade destinadas à produção de efeitos jurídicos queridos pelo agente".[440] Assim, os negócios jurídicos

[437] XAVIER, Marília Pedroso. O contrato de namoro como instrumento de planejamento sucessório. *In*. TEIXEIRA, Daniele Chaves. **Arquitetura do Planejamento Sucessório Tomo III**. Belo Horizonte: Editora Fórum, 2022, p. 565.

[438] AMARAL, Francisco. **Direito civil:** introdução. 8. ed. rev., mod., e ampl. Rio de Janeiro: Renovar, 2014, p. 410.

[439] AZEVEDO, Antônio Junqueira de. **Negócio jurídico:** existência, validade e eficácia. 4. ed. atual. de acordo com o novo Código Civil. São Paulo: Saraiva, 2002, p. 17.

[440] PEREIRA, Caio Mário da Silva. **Instituições de direito civil**: introdução ao direito civil: teoria geral de direito civil. Atualizadora e Colaboradora: Maria Celina Bodin de Moraes. 34. ed. Rio de Janeiro: Forense, 2022, s.p., l. 406.

consistem em um instrumento da autonomia das pessoas para a criação normas jurídicas para si. Contudo, não é qualquer vontade que pode ser exteriorizada por meio de um negócio jurídico, devendo esta observar a boa-fé e a função social.

O contrato de namoro, por sua vez, consiste em um negócio jurídico pelo qual as partes acordam sobre a situação fática existente, afirmando que mantêm um relacionamento de namoro e que não há, ao menos não no momento, a intenção de constituição familiar. Portanto, não há quaisquer efeitos decorrentes do fim desse relacionamento, uma vez que o namoro não acarreta – ao menos não deveria – consequências jurídicas.

No plano da existência, ou seja, para que o negócio jurídico seja existente no mundo jurídico, se faz necessário que ele apresente, além do suporte fático, os seguintes elementos: agente, vontade, objeto e forma.[441] Dessa forma, é necessário que haja uma pessoa, que exista uma vontade, que essa vontade verse sobre algo, bem como que tal vontade do agente, que versa sobre algo, se exteriorize de alguma forma.

Apesar de prever Marcos Bernardes de Mello que a vontade emanada pelas partes somente pode configurar um negócio jurídico se o seu suporte fático se der em uma norma jurídica e, quando esta for ausente, tal fato se torna simples fato da vida[442], tal posicionamento não merece prosperar. Isso porque demonstrou-se a insuficiência do Direito para abarcar as inúmeras mudanças ocasionadas no mundo fático, sendo necessário, um novo paradigma de negócio jurídico para abranger a sociedade contemporânea.

Dessa forma, admitir que um negócio jurídico não poderá ser existente "[...] posto que não há norma que o qualifique. Ainda que no mundo dos fatos exista um instrumento de exteriorização de vontade, fato jurídico não há"[443], implica em afirmar que inúmeras situações existenciais não merecem respaldo, uma vez que o Direito ainda não incidiu a sua norma.

Tal situação não condiz com as necessidades vigentes e, em razão disso, é que é necessário traçar um novo panorama de negócio jurídico

[441] MELLO, Marcos Bernardes de. **Teoria do fato jurídico**: plano da existência. 15. ed. rev. São Paulo: Saraiva, 2008, p. 55-56.

[442] Ibidem, p. 173.

[443] BORTOLATTO, Ariani Folharini; GHILARDI, Dóris. Existir, valer ser eficaz: o que a teoria dos fatos jurídicos diz sobre o contrato de namoro? *In*. GHILARDI, Dóris; GOMES, Renaa Raupp. **Estudos avançados de direito de família e sucessões**, Volume I. Rio de Janeiro: Lumen Juris, 2020, p. 9.

que abarque situações existenciais que não se enquadram na categoria de fatos jurídicos e que são dignos e merecedores de tutela.[444] Um interesse é existencial quando diz respeito, por exemplo, à aspectos da personalidade ou da existencialidade da pessoa que, em razão da sua importância, merece respeito e proteção de ingerências externas. Tais interesses são merecedores de tutela, independentemente, da incidência de norma sobre eles.

A própria Constituição Federal de 1988 reconheceu a importância da família e estabeleceu que esta possui especial proteção pelo Estado (art. 226, *caput*), isso porque reconhece a família como seio de desenvolvimento da pessoa. Da mesma forma, ainda, assegurou o direito ao livre planejamento familiar (art. 227, §7º) o qual tem como objetivo a mínima intervenção estatal em assuntos personalíssimos e privados, sendo que a sua proteção diz respeito tanto para o modo de configuração familiar, quanto a sua não configuração.

A decisão de pertencer ou formar uma família cabe, tão somente, à pessoa. Não há quaisquer vantagens de uma imposição ao indivíduo quanto ao pertencimento de uma entidade familiar. Assim, se a própria pessoa não reconhece como pertencente a uma família, não se deve forçar tal vínculo, uma vez que a família serve ao desenvolvimento do indivíduo e não o oposto, visto que a centralidade é a realização do ser humano e da sua dignidade. E, por assim ser, é que a Constituição oferece especial proteção para essas entidades familiares.

Portanto, no plano da existência, havendo os elementos essenciais intrínsecos ao negócio jurídico (forma, o objeto e as circunstâncias negociais) e extrínsecos (o agente, lugar e tempo no negócio), tal negócio jurídico será existente.[445] Sem tais elementos, o negócio jurídico não é existente e, consequentemente, não poderá ser válido ou eficaz.

Apesar de o namoro ser um fato que, em regra, não gera consequências jurídicas, atualmente, em razão da proximidade com a união

[444] AMARAL, Ana Claudia Corrêa Zuin Mattos do; HATOUM, Nida Saleh; HORITA, Marcos Massashi. O Paradigma Pós-Moderno Do Negócio Jurídico E A Necessidade De Uma Nova Concepção Na Contemporaneidade. **Scientia Iuris**, Londrina, v. 21, n. 2, p. 261-297, jul. 2017, p. 279. DOI: 10.5433/2178-8189.2017v21n1p262. ISSN: 2178-8189.

[445] AZEVEDO, Antônio Junqueira de. **Negócio jurídico:** existência, validade e eficácia. 4. ed. atual. de acordo com o novo Código Civil. São Paulo: Saraiva, 2002, p. 34.

estável, muitos namoros têm ocasionado consequências, seja ante o reconhecimento de uma união estável em um relacionamento de namoro, seja em razão do desgaste processual causado por eventuais pedidos de reconhecimento.

Salienta-se que da mesma forma que uma união estável firmada perante o Tabelionato não se sobrepõe a realidade fática, no caso de ter sido uma falsa declaração, o contrato de namoro não irá se sobrepor a uma situação fática, ou seja, a declaração por meio desse instrumento deverá ser genuína e condizente com o relacionamento mantido entre as partes.

O contrato de namoro não visa impedir que uma parte do namoro litigue contra a outra, mas pode trazer uma série de benefícios para os enamorados, tais como, segurança para vivenciar a relação, pactuação de regras de convivência e atinentes ao relacionamento, bem como a sua utilidade como meio de prova em eventuais conflitos entre as partes. Como, por exemplo, a pactuação pelos namorados, citado alhures, que dispuseram acerca de regras de convivência, como, por exemplo, a necessidade de envio de flores duas vezes por mês.[446]

Dessa forma, apesar de corresponder a um simples fato da vida, tal fato tem ocasionado consequências jurídicas para os enamorados, sendo possível, então, contratualizar acerca desse relacionamento. Isso porque, o negócio jurídico tem como objetivo a produção de efeitos entre as partes, podendo ser considerados contratos atípicos, desde que observem as regras previstas no ordenamento pátrio (art. 425 Código Civil).[447]/[448]

Assim, perpassado o plano da existência, uma vez que presentes os requisitos de agente, vontade, objeto e forma, passa-se à análise do plano da validade. Diferentemente dos demais plano, os requisitos de validade foram elencados, expressamente, no Código Civil de 2002, em seu artigo 104, o qual dispõe que para que um negócio jurídico seja válido é

[446] MOREIRA, Fernando. **Americana faz 'contrato de namoro' que exige flores duas vezes por mês e treino em academia**. Disponível em: https://extra.globo.com/noticias/page-not-found/americana-faz-contrato-de-namoro-que-exige-flores-duas-vezes-por-mes-treino-em-academia-25191829.html. Acesso em: 20 abr. 2023.

[447] É lícito às partes estipular contratos atípicos, observadas as normas gerais observadas nesse Código.

[448] BRASIL. **Lei nº 10.406, de 10 de janeiro de 2002**. Institui o Código Civil. Disponível em: https://www.planalto.gov.br/ccivil_03/leis/2002/l10406compilada.htm. Acesso em: 20 abr. 2023.

necessário: agente capaz, objeto lícito, possível, determinado ou determinável, forma prescrita ou não defesa em lei.[449]

É necessário, portanto, que os enamorados sejam capazes civilmente, ou seja, maiores de dezoito anos, uma vez que, diferentemente do casamento, não há norma que permita suprir essa incapacidade, ressalvados os casos previstos em lei (art. 5º, parágrafo único).[450]/[451] É necessário, também, que a forma seja prescrita ou não defesa em lei, nesse caso, em regra a manifestação de vontade é livre, conforme apregoa o artigo 107 do Código Civil.[452]/[453] Ainda, tal contrato deverá observar a sua função social, nos termos do artigo 421 do Código Civil.[454]/[455]

No que se refere ao objeto lícito, possível e determinado, tem-se que sob esse requisito permeiam discordâncias pelos doutrinadores pátrios. O objeto do contrato do namoro consiste, justamente, na regulamentação do relacionamento que vivenciam, acordando as partes sobre qual espécie de relacionamento que vivem, eventuais regramentos que acordam e até questões atinentes ao cotidiano dos enamorados.

Contudo, há estudiosos que afirmam que, direta ou indiretamente, o objeto do contrato de namoro é afastar lei imperativa, qual seja, o

[449] BRASIL. **Lei nº 10.406, de 10 de janeiro de 2002.** Institui o Código Civil. Disponível em: https://www.planalto.gov.br/ccivil_03/leis/2002/l10406compilada.htm. Acesso em: 20 abr. 2023.

[450] Art. 5 º A menoridade cessa aos dezoito anos completos, quando a pessoa fica habilitada à prática de todos os atos da vida civil.
Parágrafo único. Cessará, para os menores, a incapacidade:
I – pela concessão dos pais, ou de um deles na falta do outro, mediante instrumento público, independentemente de homologação judicial, ou por sentença do juiz, ouvido o tutor, se o menor tiver dezesseis anos completos;
II – pelo casamento;
III – pelo exercício de emprego público efetivo;
IV – pela colação de grau em curso de ensino superior;
V – pelo estabelecimento civil ou comercial, ou pela existência de relação de emprego, desde que, em função deles, o menor com dezesseis anos completos tenha economia própria.

[451] BRASIL. op. cit.

[452] Art. 107. A validade da declaração de vontade não dependerá de forma especial, senão quando a lei expressamente a exigir.

[453] BRASIL. op. cit.

[454] Ibidem.

[455] Art. 421. A liberdade contratual será exercida nos limites da função social do contrato.

reconhecimento da união estável. "[...] Tal contrato é completamente desprovido de validade jurídica. [...] não se poderia reconhecer validade a um contrato que pretendesse afastar o reconhecimento da união, cuja regulação é feita por normas cogentes [...]".[456] No mesmo sentido, narra Flávio Tartuce, que o contrato de namoro é nulo, pois "[...] nos casos em que existe entre as partes envolvidas uma união estável, eis que a parte renuncia por esse contrato e de forma indireta a alguns direitos".[457] Ainda, coaduna com a invalidade Rolf Madaleno, o qual afirma que o contrato não pode afastar os efeitos decorrentes de uma situação fática.[458]

Tais autores equivocam-se ao supor, previamente, que o conteúdo do contrato de namoro diz respeito à uma tentativa de afastamento de uma união estável. O contrato de namoro tem como objetivo dispor acerca do relacionamento mantido entre as partes e a sua validade está associada à correspondência do suporte fático. Implica em afirmar que, existindo uma união estável quando da celebração do contrato, tal contrato será nulo.

Todavia, não se pode presumir que o intuito desse contrato seja, de imediato, de fraude à lei imperativa, isso porque a boa-fé se presume, devendo a má-fé ser comprovada. Desta feita, presumir a má-fé nessa espécie de negócio jurídico é contrariar todo o ordenamento que assegura uma certa previsibilidade de confiança entre as partes e frente ao ordenamento.

De fato, a regulamentação associada ao Direito de Família e, consequentemente, quanto a união estável, é norma cogente e o seu reconhecimento deve se dar naquelas relações que realmente configuram uma entidade familiar e não em simples namoros. As entidades familiares, inclusive, devem ser protegidas e possuem especial proteção pelo ordenamento e o seu reconhecimento deve ser feito cautelosamente, sob pena de banalizar tal instituição.

[456] GAGLIANO, Pablo Stolze. **Contrato de namoro**. 2006. Disponível em: https://jus.com.br/artigos/8319/contrato-de-namoro. Acesso em: 20 abr. 2023.

[457] TARTUCE, Flávio. **Direito civil**: direito de família. 17. ed. Rio de Janeiro: Forense, 2022, s.p., l. 20. *E-book*.

[458] MADALENO, Rolf. **Manual de Direito de Família**. 4. ed. – Rio de Janeiro: Forense, 2022, s.p., l. 523. *E-book*.

O contrato de namoro será válido enquanto houver um relacionamento de namoro, não podendo se presumir a sua realização fraudulenta. Frisa-se que o papel da manifestação da vontade é fundamental para o negócio jurídico, devendo ser livre e não viciada. Assim, "[...] a declaração de vontade, tomada primeiramente como um todo, deverá ser: a) resultante de um processo volitivo; b) querida com plena consciência da realidade; c) escolhida com liberdade; d) deliberada sem má-fé".[459]

Assim, respeitado os pressupostos acima elencados, bem como ante a ausência de presunção de má-fé pelo ordenamento, o contrato de namoro será existente e válido, não merecendo prosperar a afirmativa de que afronta, mesmo que indiretamente, a norma do artigo 1.723 do Código Civil.[460] Ainda, no mesmo sentido, trazem as autoras que "[...] mesmo que ausente a má-fé, a nulidade deverá ser reconhecida", uma vez que não se considera à vontade quando o negócio jurídico é usado como fraude à lei.[461]

Contudo, não há qualquer fraude à lei perpetrada pelo contrato de namoro, não há sequer qualquer proibição para a sua realização, inclusive, diversos contratos são lavrados pelo país, os quais dispõem acerca do namoro quem mantêm e como desejam que prossiga. Tal contratualização não ofende quaisquer legislações, não podendo se negar a tutela para esses namorados que desejam dispor por um instrumento acerca do seu relacionamento. Salienta-se que tal contrato apenas será fraudulento quando reconhecida a simulação de tal negócio jurídico e, assim como qualquer outro negócio jurídico, a simulação deverá ser alegada e comprovada, nos termos que apregoa o ordenamento pátrio. Nesse sentido

> Ressalta-se que o ordenamento pátrio veda o enriquecimento sem causa, artigo 884 do Código Civil, que obriga a parte que enriqueceu à custa de outrem a restituir o montante devido. Dessa forma, o referido contrato não pode ser utilizado com o condão de resguardar o enriquecimento de um

[459] AZEVEDO, Antônio Junqueira de. **Negócio jurídico:** existência, validade e eficácia. 4. ed. atual. de acordo com o novo Código Civil. São Paulo: Saraiva, 2002, p. 43.

[460] BORTOLATTO, Ariani Folharini; GHILARDI, Dóris. Existir, valer ser eficaz: o que a teoria dos fatos jurídicos diz sobre o contrato de namoro? *In*. GHILARDI, Dóris; GOMES, Renaa Raupp. **Estudos avançados de direito de família e sucessões**, Volume I. Rio de Janeiro: Lumen Juris, 2020, p. 12.

[461] Ibidem, p. 13.

> sujeito sobre o outro quando da convivência surgiu o esforço mútuo na conquista de patrimônio, ou seja, não tem como intuito resguardar a parte que deseja aumentar seu patrimônio à custa do outro.[462]

Outra crítica tecida ao contrato de namoro é que este não possui qualquer tipo de valor, uma vez que somente visa monetizar singela relação afetiva.[463] Todavia, frisou-se que o intuito do contrato de namoro não é somente patrimonial, mas existencial. Por meio desse instrumento, é possível que os enamorados pactuem aspectos importantes acerca do seu relacionamento, trazendo mais segurança, inclusive emocional, para ambas as partes do relacionamento.

A contratualização das relações familiares deixou de ser um "*tabu*" para se tornar benéfico para as partes, falar sobre o relacionamento que vivencia, as expectativas, os valores prezados e questões patrimoniais deveria e tem se tornado cada vez mais natural e, por assim ser, nada mais benéfico que exteriorizar essas vontades para que elas não se percam no tempo ou na memória.

Assim, o contrato de namoro tem como condão resguardar, genuinamente, o relacionamento de namoro, pois "Diante de uma possível confusão, nada melhor que facultar às próprias partes a regulamentação jurídica de um assunto tão íntimo. O exercício dessa pactuação garantiria, em última instância, um relacionamento mais sadio [...]".[464]

Tal instrumento não tem como objetivo engessar o relacionamento que deve e é afetivo e emocional, mas justamente trazer um respaldo prático para que essa segurança emocional seja efetivada na prática com maior clareza, evitando discórdias em razão de desconhecimento da vontade do outro. A sua função social é cumprida justamente por trazer maior segurança aos enamorados, ocasionando maior tranquilidade para a manutenção do seu relacionamento, trazendo uma maior coesão para

[462] SANTOS, Franciele Barbosa; PAIANO, Daniela Braga. O amor na modernidade e a eficácia do contrato de namoro enquanto negócio jurídico. **Intertemas**: Revista da Toledo, v. 25, n. 2, 2020, p. 136-155. Disponível em: http://intertemas.toledoprudente.edu.br/index.php/INTERTEMAS/article/view/8964. Acesso em: 20 abr. 2023.

[463] DIAS, Maria Berenice. **Manual de direito das famílias.** 11. ed. São Paulo: Revista dos Tribunais, 2016, p. 258.

[464] XAVIER, Marília Pedroso. **Contrato de namoro**: amor líquido e direito de família mínimo. 2. ed. Belo Horizonte: Fórum, 2020, p. 105.

os relacionamentos assim considerados, respaldando o caráter social do contrato.

Afasta-se, assim, as afirmativas de que seria melhor que os enamorados firmassem "um contrato de convivência modelado no regime da completa separação de bens"[465], uma vez que o contrato de namoro não tem como objetivo regulamentar acerca da futura ou não comunhão de bens, uma vez que no momento da sua realização não há entre as partes a vontade de constituição familiar, quanto mais negociar acerca de uma relação que pode nunca vir a existir.

Além do mais, tal solução, além de imprópria, é inadequada, uma vez que não se deve impor aos enamorados que adentrem em uma entidade familiar, regida pelo Direito de Família, com todos os seus efeitos, para que possa proteger o seu patrimônio material e afetivo, para, então, poderem se relacionar.[466] Essa alternativa beira ao absurdo, uma vez que os enamorados não desejam, justamente, a configuração de uma entidade familiar.

Dessa forma, ocorrendo qualquer mudança no relacionamento entre as partes, evoluindo para uma união estável, poderão fazer uso dos instrumentos disponíveis em Lei para a proteção de seu patrimônio como, por exemplo, o pacto de convivência e, no caso do casamento, do pacto antenupcial.

Ainda no que se refere à validade, aponta-se alguns estudiosos para que o contrato é eivado de nulidade, pois se trata de um aborto jurídico. A caracterização do contrato de namoro como aborto jurídico, trazendo um aspecto desvalorativo quanto ao instrumento, teve como origem na Apelação Cível nº 70006235287 do Tribunal de Justiça do Rio Grande do Sul, julgado em 16/06/2004.[467]

[465] MADALENO, Rolf. **Manual de direito de família**. 4. ed. Rio de Janeiro: Forense, 2022, s.p., l. 522. *E-book*.

[466] XAVIER, Marília Pedroso. O contrato de namoro como instrumento de planejamento sucessório. *In*. TEIXEIRA, Daniele Chaves. **Arquitetura do Planejamento Sucessório Tomo III**. Belo Horizonte: Editora Fórum, 2022, p. 573.

[467] BRASIL. Tribunal de Justiça do Rio Grande do Sul. **Apelação Cível nº 70006235287**. Relator: Luiz Felipe Brasil Santos. Data de Julgamento: 10/06/2004. Disponível em: https://www.tjrs.jus.br/novo/buscas-solr/?aba=jurisprudencia&q=&conteudo_busca=ementa_completa. Acesso em: 25 abr. 2023.

A partir de tal decisão, surgiram diversos pronunciamentos sobre a nulidade do contrato de namoro, entretanto, a expressão utilizada pelo desembargador na supracitada decisão foi mal interpretada, trazendo um aspecto desvalorativo para o contrato de namoro. Entretanto, o apontado no julgado coaduna com o ora defendido pela presente ao dispor acerca da liberdade individual de constituição de relacionamentos da forma que melhor se adeque à realidade de cada um. Nesse sentido o voto do desembargador relator

> [...] por uma questão de filosofia no enfoque da matéria, tenho que devemos, antes e acima de tudo, respeitar a opção pessoal das pessoas, a liberdade individual de cada um constituir a forma de relacionamento que melhor lhe aprouver, indagando, com muita cautela, as razões pelas quais essas pessoas teriam optado por não casar, podendo fazê-lo, mas não o fazendo. E, por isso, só reconhecendo a união estável em situações em que ela esteja palpitante na prova dos autos, nunca em situações dúbias, em situações contraditórias ou em situações em que a prova se mostre dividida, porque aí vamos estar fazendo como João Baptista Villela refere: casando de ofício quem não o fez *motu proprio*.[468]

Percebe-se que uma das preocupações do desembargador relator é justamente a que se cita no presente, impor um casamento de ofício, ante aos efeitos da união estável, àqueles que não desejam configurar essa entidade familiar. Ainda, vislumbra-se que nessa decisão não houve qualquer julgamento acerca do contrato de namoro, uma vez que as partes não elaboraram.[469]

O que ocorreu na decisão supracitada é que o relator, para salientar a importância de cautela quando do reconhecimento da união estável, ante a relevância de seus efeitos para as partes, afirma pela necessidade de

[468] BRASIL. Tribunal de Justiça do Rio Grande do Sul. **Apelação Cível nº 70006235287**. Relator: Luiz Felipe Brasil Santos. Data de Julgamento: 10/06/2004. Disponível em: https://www.tjrs.jus.br/novo/buscas-solr/?aba=jurisprudencia&q=&conteudo_busca=ementa_completa. Acesso em: 25 abr. 2023.

[469] XAVIER, Marília Pedroso. O contrato de namoro como instrumento de planejamento sucessório. *In*. TEIXEIRA, Daniele Chaves. **Arquitetura do Planejamento Sucessório Tomo III**. Belo Horizonte: Editora Fórum, 2022, p. 568.

cuidado para que não se imponha um casamento forçado, uma vez que isso em nada colabora com o afeto, mas "[...] pelo contrário, estarei colaborando para a proliferação do medo".[470]

Nesse contexto, o desembargador cita o contrato de namoro como instrumento utilizado para que os enamorados possam se proteger, ante a insegurança do reconhecimento e imposição de um relacionamento indesejado aos enamorados. Assim, trata-se de uma crítica ao "[...] fato de o instituto da união estável ter ganhado tentáculos tão extensos e numerosos a ponto de levar os interessados a promover a criação de instrumentos para evirar a sua configuração".[471]

No que se refere ao plano da eficácia, tem-se que este consiste em um plano independente dos demais, uma vez que no plano da eficácia são admitidos a produzir efeitos todos os fatos jurídicos *lato sensu*, inclusive os anuláveis e ilícitos.[472] Dessa forma, os negócios jurídicos passam a ter eficácia de imediato, inclusive aqueles que venham apresentar algum defeito.

Há, na eficácia, três fatores de atribuição, quais sejam os fatores de atribuição de eficácia em geral, ou seja, os fatores de atribuição da eficácia diretamente visada e os fatores de eficácia mais extensa. Nesse último, o campo de eficácia se dilata e possui efeitos, inclusive, oponíveis contra terceiros e *erga omnes*.[473]

O contrato de namoro, assim como qualquer outro negócio jurídico, poderá perder a sua eficácia, em razão de causas supervenientes que o tornem ineficaz, ou seja, o advento de um evento futuro pode afastar a eficácia do negócio jurídico ou pode estar subordinado a uma condição futura de eficácia.[474] Nesse sentido, advindo um relacionamento que não

[470] BRASIL. Tribunal de Justiça do Rio Grande do Sul. **Apelação Cível nº 70006235287**. Relator: Luiz Felipe Brasil Santos. Data de Julgamento: 10/06/2004. Disponível em: https://www.tjrs.jus.br/novo/buscas-solr/?aba=jurisprudencia&q=&conteudo_busca=ementa_completa. Acesso em: 25 abr. 2023.

[471] XAVIER, Marília Pedroso. O contrato de namoro como instrumento de planejamento sucessório. *In*. TEIXEIRA, Daniele Chaves. **Arquitetura do Planejamento Sucessório Tomo III**. Belo Horizonte: Editora Fórum, 2022, p. 569.

[472] MELLO, Marcos Bernardes de. **Teoria do fato jurídico**: plano da existência. 15. ed. rev. São Paulo: Saraiva, 2008, p. 107.

[473] AZEVEDO, Antônio Junqueira de. **Negócio jurídico:** existência, validade e eficácia. 4. ed. atual. de acordo com o novo Código Civil. São Paulo: Saraiva, 2002, p. 57-61.

[474] Ibidem, p. 61-62.

o namoro, tal contrato perderá a sua eficácia, deixando de produzir efeitos, como ocorre quando o relacionamento evolui para uma união estável.

Desta feita, considerando o paradigma contemporâneo de negócio jurídico, a demanda atual de proteção pelos enamorados, bem como perpassado os requisitos de existência, validade e eficácia do negócio jurídico, o contrato de namoro consiste em um instrumento hábil à produção de efeitos e necessário para os dias atuais, a fim de regulamentar aspectos existenciais e patrimoniais queridos pelos enamorados e não proibidos pelo ordenamento.

Assim, analisados os planos de existência, validade e eficácia, conclui-se que o contrato de namoro, firmado por pessoa capaz, cuja vontade é livre e genuína e cuja manifestação condiz com a realidade, possui plenos efeitos e consiste em um instrumento relevante para que os casais possam vivenciar o namoro de forma livre e intensa, de acordo com aquilo que acreditam e que condiz com a sua realidade.

3.4. Da boa-fé objetiva aplicada ao contrato de namoro

A boa-fé objetiva atua como um vetor de direcionamento das condutas humanas inseridas em um contexto social. Tem como objetivo garantir a segurança nas atitudes individuais quando postas frente a terceiros e perante a sociedade, uma vez que as relações sociais demandam essa confiabilidade depositada em outrem.

A sua origem é primitiva e remonta às questões éticas, sociais, de caráter moral e justo. Trata-se de valor fundamental que se apresentou tanto na convivência humana, na religião, na moral, quanto no Direito.[475] Possui força normativa e condão de determinar comportamentos esperados e não contraditórios.

Tal preceito possui diversas funções no ordenamento pátrio, ditando condutas, valores e ações que devem ser resguardadas e observadas antes do início do relacionamento, o qual pode se dar no âmbito negocial ou pessoal, durante a relação mantida, bem como após o seu final, vedando quaisquer comportamentos contraditórios com a confiança depositada no outro.

[475] TOMASEVICIUS FILHO, Eduardo. **O princípio da boa-fé no direito civil**. São Paulo: Almedina, 2020, p. 76.

A boa-fé deriva do princípio da dignidade da pessoa humana, consistindo em um modelo comportamental e jurídico[476], de forma que a sua observância se torna obrigatória, principalmente a partir da promulgação da Constituição Federal de 1988, a qual trouxe em seu bojo a necessidade de efetivação da dignidade da pessoa humana como basilar, devendo as relações jurídicas ou não se voltarem para tanto.

Dessa forma, tem como objetivo resguardar o bom andamento das relações jurídicas e da sociedade como um todo, ante ao dever de coerência, informação, cooperação, protegendo a confiança que é depositada no outro, bem como dificultando o comportamento oportunista e protegendo a crença que, naturalmente, desperta do contrato social.[477]

Além da sua aplicação nos negócios jurídicos, que visa, justamente, tutelar a confiança de que o negócio irá acontecer na forma que as partes acordam e esperam, a boa-fé objetiva se aplica às relações familiares e aos relacionamentos amorosos, isso porque ao se relacionar com o tratamento direcionado ao outro, evitando quaisquer prejuízos, tem-se que a sua aplicação se intensifica quando direcionada para àqueles que mantêm uma espécie de relacionamento, justamente em razão de já confiarem um no outro.

A boa-fé, então, além de aplicada nas práticas comerciais, possui fundamento na moral e no apelo emocional, traçando preceitos de honestidade e respeito pelo outro, bem como diz respeito à consciência dos aspectos sociais vigentes nos relacionamentos.

Além do mais, não seria possível uma convivência social ou interpessoal baseadas na desconfiança imanente ou na qual a má-fé fosse presumida e sempre esperada. Um contexto como esse acarretaria uma subsistência quase que impossível, para além de desafiadora, já que vai de encontro com a coesão social e com o comportamento esperado.

Assim como ocorre em qualquer outro negócio jurídico, o contrato de namoro deverá observar a boa-fé objetiva quando da sua realização. Tal preceito tem previsão normativa no Código Civil em seus artigos 113,

[476] MARTINS-COSTA, Judith. **A boa-fé no Direito Privado**: critérios para a sua aplicação. 2. ed. – São Paulo: Saraiva Educação, 2018, p. 281.

[477] TOMASEVICIUS FILHO, Eduardo. **O princípio da boa-fé no direito civil**. São Paulo: Almedina, 2020, p. 85-86.

187 e 422.[478] Destaca-se o contido no artigo 422, o qual dispõe que os contratos devem resguardar com a boa-fé objetiva.

Dessa forma, considerando que o contrato de namoro é um negócio jurídico, exteriorizado por meio de um contrato, a observância de tais artigos, bem como aos que se referem ao negócio jurídico, é obrigatória. A sua inobservância, pelos enamorados, acarretará as consequências jurídicas previstas em lei, uma vez que poderá, ao violar a boa-fé, cometer ato ilícito.[479]/[480]

Aplicada ao contrato de namoro, a boa-fé irá se exteriorizar na vedação de comportamento contraditório, bem como de que a manifestação seja fidedigna e decorra da vontade de ambas as partes negociantes, ou seja, que os enamorados estejam cientes e concordantes sobre o que irá ser manifestado, que entendam as consequências e que a manifestação implica e que desejem os efeitos dela decorrentes.

Será vedado, portanto, que se utilize de tal instrumento enganando outrem, para dissimular outra situação fática, quando não corresponda com a vontade de ambos ou quando vai de encontro com o acordado previamente. A boa-fé objetiva, nesse caso, deverá ser observada no âmbito privado do casal quando tratarem acerca das disposições que serão inseridas no instrumento contratual, o que esperam e desejam de efeitos do pactuado. Ainda, deverá ser observada quando da lavratura e pactuação e, em seu fim, uma vez que o contrato de namoro, assim como qualquer outro negócio jurídico, poderá ser rescindido.

Em todos esses momentos caberá a observância de tal princípio sob pena de violar a confiança negocial e pessoal que uma parte tem quanto a outra. Ainda, a violação de tal preceito, além de gerar consequências negociais, ensejam em desentendimentos e desgastes no relacionamento mantido.

Nesse aspecto, importante ressaltar o papel da boa-fé, que deve estar presente e reger todas as relações. Assim, caso seja constatado que uma parte agiu de má-fé – sua vontade encontra-se viciada, uma vez que não

[478] BRASIL. **Lei nº 10.406, de 10 de janeiro de 2002**. Institui o Código Civil. Disponível em: https://www.planalto.gov.br/ccivil_03/leis/2002/l10406compilada.htm. Acesso em: 24 abr. 2023.

[479] Art. 187. Também comete ato ilícito o titular de um direito que, ao exercê-lo, excede manifestamente os limites impostos pelo seu fim econômico ou social, pela boa-fé ou pelos bons costumes.

[480] Ibidem.

é genuína – o contrato de namoro será considerado nulo, posto que teve com intuito afastar lei imperativa (art. 166, VI do Código Civil), ou seja, o reconhecimento da união estável, a qual consiste em norma cogente, em razão de pertencer ao Direito de Família.

Entretanto, ocorre a presunção de boa-fé nos atos negociais, bem como que a interpretação dos negócios jurídicos deve se dar de acordo com a boa-fé. É o que extrai do artigo 113 do Código Civil o qual reza que "Os negócios jurídicos devem ser interpretados conforme a boa-fé e os usos do lugar de sua celebração".[481]

Assim, todos aqueles que lidam com negócios jurídicos devem interpretá-los de acordo com a boa-fé, não sendo possível que se presuma a má-fé, ou seja, que um negócio jurídico seja, de imediato, interpretado como realizado com único intuito de fraudar ou prejudicar outrem. "Trata-se de regra de interpretação que milita a favor da segurança das relações jurídicas".[482]

A presunção da boa-fé consiste em um princípio geral de direito, com ancestralidade milenar, que tem como objetivo a garantia da ordem pública e da coesão das relações sociais. A má-fé, portanto, deverá ser provada por aquele que a alega. Nesse sentido destaca-se o julgado do Superior Tribunal de Justiça, Recurso Especial nº 956.943/PR, de relatoria da Ministra Nancy Andrighi, o qual previu acerca da presunção da boa-fé.[483] Nesse mesmo sentido destaca-se a Súmula nº 375 do STJ[484], o qual diz respeito à necessidade de prova da má-fé nos casos de fraude à execução, corroborando o entendimento de que a má-fé não pode ser presumida em nenhum caso.

[481] BRASIL. **Lei nº 10.406, de 10 de janeiro de 2002**. Institui o Código Civil. Disponível em: https://www.planalto.gov.br/ccivil_03/leis/2002/l10406compilada.htm. Acesso em: 24 abr. 2023.

[482] PELUSO, Cezar. **Código civil comentado**: doutrina e jurisprudência. Barueri/SP: Editora Manole, 2022, s.p. l. 93. *E-book*.

[483] [...] 1.3. A presunção de boa-fé é princípio geral de direito universalmente aceito, sendo milenar a parêmia: a boa-fé se presume; a má-fé se prova. (BRASIL. Superior Tribunal de Justiça. **Recurso Especial nº 956.943/PR**. Relator: Min. Nancy Andrighi. Data do julgamento;20/08/2014. Data de Publicação: 01/12/2014. Disponível em: https://www.jusbrasil.com.br/jurisprudencia/stj/154634753/relatorio-e-voto-154634768. Acesso em: 25 abr. 2023).

[484] BRASIL. Superior Tribunal de Justiça. **Súmula 375**. Disponível em: https://scon.stj.jus.br/SCON/pesquisar.jsp. Acesso em: 25 abr. 2023.

Comungando de tal entendimento destaca-se algumas decisões que trazem que a "[...] má-fé não se presume, mas deve ser categoricamente comprovada"[485], bem como o posicionamento do Superior Tribunal de Justiça, exteriorizado na decisão de Recurso Especial nº 1546140 PR, pela impossibilidade de presunção da má-fé.[486]

Dessa forma, não encontra respaldo no ordenamento pátrio entendimentos pela nulidade do contrato de namoro, uma vez que "[...] não se pode permitir, prevalecer a fraude em detrimento da boa-fé objetiva"[487] ou acerca da presunção que seu objeto é fraudulento, uma vez que o ordenamento pátrio veda a interpretação do negócio jurídico partindo do pressuposto que as partes possuem como objetivo fraudar lei imperativa.

Na verdade, preza-se pela presunção da boa-fé, ao passo que determina que os negócios jurídicos devam ser interpretados a partir de tal pressuposto, sendo valorado, ainda mais, do que o teor meramente gramatical disposto no instrumento contratual. Nesse sentido, a presunção de que

[485] RECURSO INOMINADO. TELEFONIA. SENTENÇA QUE CONDENOU A AUTORA POR LITIGÂNCIA DE MÁ-FÉ POR ALTERAR A VERDADE DOS FATOS E PROCEDER DE MODO TEMERÁRIO. MÁ-FÉ QUE NÃO SE PRESUME, MAS DEVE SER CATEGORICAMENTE COMPROVADA. PRESUNÇÃO DA BOA-FÉ. CONDENAÇÃO POR LITIGÂNCIA DE MÁ-FÉ AFASTADA. Recurso conhecido e provido (TJ-PR – RI: 00020679420188160127 PR 0002067-94.2018.8.16.0127 (Acórdão), Relator: Juiz Leo Henrique Furtado Araújo, Data de Julgamento: 20/09/2019, 3ª Turma Recursal, Data de Publicação: 23/09/2019).

[486] RECURSOS ESPECIAIS. DIREITO CIVIL, PROCESSUAL CIVIL E AUTORAL. QUALIFICAÇÃO JURÍDICA DOS FATOS. LIBERDADE DO JULGADOR. CARÁTER PERSONALÍSSIMO DO DIREITO AUTORAL. CONTRATO DE EDIÇÃO. CLÁUSULA DE EXCLUSIVIDADE. OBJETO CONTRATADO. PRINCÍPIO DA RELATIVIDADE DOS EFEITOS DO CONTRATO. SOCIEDADE DESPERSONIFICADA NÃO CARACTERIZADA. MÁ-FÉ. IMPOSSIBILIDADE DE PRESUNÇÃO. [...] 10. A presunção de boa-fé é princípio geral de direito universalmente aceito, sendo milenar a parêmia: a boa-fé se presume; a má-fé se prova. O reconhecimento da má-fé exige prova de sua existência, o que não ocorreu no caso dos autos. [...] (STJ – REsp: 1546140 PR 2014/0112162-3, Relator: Ministro RICARDO VILLAS BÔAS CUEVA, Data de Julgamento: 08/03/2016, T3 – TERCEIRA TURMA, Data de Publicação: DJe 28/03/2016).

[487] CRUZ, Maria Luiza Póvoa. **Namoro ou união estável**. Recivil, 2014. Disponível em: https://recivil.com.br/artigo-namoro-ou-uniao-estavel-por-maria-luiza-povoa-cruz/. Acesso em: 25 abr. 2023.

tal negócio jurídico deva ser considerado nulo de pleno direito, ante a sua má-fé, não merece prosperar.

Implica em afirmar que o contrato de namoro não poderá ser de imediato rechaçado, uma vez que se presume que o negócio por ele perpetrado decorre da vontade genuína das partes e que coaduna com a realidade vigente, não cabendo o reconhecimento da sua nulidade sem que seja devidamente analisado e comprovado que eivado de má-fé.

Na verdade, por ser um negócio jurídico, formado por meio de um contrato, que é atípico, nos termos do artigo 425 do Código Civil, o qual apregoa que é lícito às partes firmarem contratos atípicos, observadas as normas gerais previstas no Código Civil[488], eventuais vícios no contrato de namoro devem ser alegados da mesma forma que seriam em quaisquer outros negócios jurídicos, uma vez que, em regra, não haverá relação hábil para ser tutelada pelo Direito de Família.

Percebe-se que as maiores críticas ao contrato de namoro dizem respeito à fraude quanto à existência de uma união estável, a qual é dissimulada por meio desse negócio jurídico, com o objetivo de proteger àquele que detém maior patrimônio em face do outro menos abastado, prejudicando a parte que pode ter vindo a contribuir com a construção do complexo de bens enquanto vigente o relacionamento amoroso.

Afirma-se que "o negócio pretendido, "contrato de namoro", objetiva unicamente conferir vantagens (geralmente ao detentor de maior patrimônio), em ofensa aos alicerces do Direito de Família e da dignidade da pessoa humana".[489] Ocorre que, essa situação, de um enriquecer às custas de outrem, já encontra respaldo pelo próprio Direito Civil. O artigo 884 do Código Civil obriga a parte que enriqueceu à custa de outrem a restituir o montante devido[490]/[491], vedando o enriquecimento sem causa.

[488] BRASIL. **Lei nº 10.406, de 10 de janeiro de 2002**. Institui o Código Civil. Disponível em: https://www.planalto.gov.br/ccivil_03/leis/2002/l10406compilada.htm. Acesso em: 24 abr. 2023.

[489] CRUZ, Maria Luiza Póvoa. **Namoro ou união estável**. Recivil, 2014. Disponível em: https://recivil.com.br/artigo-namoro-ou-uniao-estavel-por-maria-luiza-povoa-cruz/. Acesso em: 25 abr. 2023.

[490] BRASIL, op. cit.

[491] Art. 884. Aquele que, sem justa causa, se enriquecer à custa de outrem, será obrigado a restituir o indevidamente auferido, feita a atualização dos valores monetários.

Dessa forma, o referido contrato não pode ser utilizado com o condão de resguardar o enriquecimento de um sujeito sobre o outro quando da convivência ocorreu esforço mútuo para a conquista de patrimônio, ou seja, não tem como intuito resguardar a parte que deseja aumentar seu patrimônio à custa do outro.

E mesmo que isso ocorra, comprovado o intuito de fraudar e prejudicar outrem, a parte prejudicada poderá adentrar com uma ação de reparação de danos, sendo resguardada pelo Direito Civil e sem a necessidade de acionar o Direito de Família, que tem como objeto as entidades familiares, as quais possuem especial proteção pelo ordenamento pátrio.

Desta feita, o argumento de que a lavratura de um contrato de namoro tem como objetivo lesar outrem, não merece resguardo. Uma vez que eventual vício poderá ser alegado em ação indenizatória, tendo as partes proteção pelo ordenamento, sem a necessidade de reconhecimento de uma entidade familiar para tanto.

O Direito de Família deve ser reservado para as entidades familiares, ou seja, àqueles que desejam serem vistos como uma família, independentemente da sua formação. O contrato de namoro, por sua vez, é instrumento para aqueles que não são uma família e nem desejam ser reconhecidos como uma e, por esse instrumento, dispõem acerca do relacionamento que mantêm.

O contrato de namoro não é instrumento pelo qual as partes, simplesmente, dispõem sobre o seu patrimônio ou reafirmam que o relacionamento que vivenciam é de namoro, mas é meio pelo qual manifestam a vontade existencial e patrimonial, podendo dispor de uma série de situações que façam sentido para ambos e sejam importantes para o relacionamento.

Salienta-se a sua importância, justamente, em razão do namoro não possuir prazo de validade, podendo as partes namorarem por inúmeros anos à fio. Faz parte, inclusive, da sua autonomia e autodeterminação optar por esse modelo de relacionamento, sendo justo, também, a possibilidade de pactuarem sobre o relacionamento mantido, naquilo que julguem relevante.

Não há qualquer motivo que afaste a incidência da boa-fé do contrato de namoro, seja para a sua formação e reconhecimento, quanto para a sua interpretação. Não é plausível, portanto, um tratamento diferenciado para um instrumento devidamente permitido pelo ordenamento pátrio como contrato atípico, em razão de eventuais preconceitos formados ao longo do tempo.

Relacionada à crítica no que se refere à ausência de boa-fé no contrato de namoro, é tecido desaprovações quanto a realização ou não da função social por meio desse contrato. O contrato de namoro, então, descumpriria a "função social dos contratos", isso pelo motivo de apenas existir, levando-se em consideração os direitos individuais dos contratantes e não a repercussão social, jurídica, cultural e econômica que a realização de tal avença configura".[492]

Entretanto, supracitado instrumento cumpre com a sua função social ao trazer maior coesão social, ao trazer maior estabilidade para os relacionamentos amorosos e interpessoais. A família é seio no qual a pessoa se desenvolve e, para tanto, merece e deve ser protegida. O contrato de namoro, assim, reafirma a importância do reconhecimento de entidade familiar justamente para os relacionamentos que se configurem como um, sob pena de banalizar esse instituto.

No mais, além de trazer maior coesão social ao disciplinar o tipo de relacionamento vivenciado, tal instrumento ocasiona maior segurança para os enamorados que desejam vivenciar, livremente e da melhor forma que entendam, o namoro. Assim, é meio de pactuação do que entendem como relevante para o relacionamento e, também, para que se assegurem quanto a eventual reconhecimento de união estável de forma indevida.

O ser humano se realiza por meio dos relacionamentos afetivos, independentemente da forma que se exteriorizem. Não cabe, portanto, a ingerência externa acerca de como deve ou deveria ser, ou que terceiro determine o tipo de relacionamento vivenciado, uma vez que diz respeito à existencialidade de cada pessoa. Adentrar nesse aspecto pessoal não é benéfico para o indivíduo, ao contrário, pode causar diversos atritos e desgastes emocionais que podem ser evitados.

Vislumbra-se, portanto, que o contrato de namoro, quando correspondente à realidade vigente e sendo a exteriorização da vontade das partes

[492] NUNES, Dayanne Eduarda Alves Matias; CAVALCANTI, João Paulo Lima. A (in)validade do contrato de namoro e a possível descaracterização da união estável. **IBDFAM,** 2021. Disponível em: https://ibdfam.org.br/artigos/1644/A+%28in%29validade+do+contrato+de+namoro+e+a+poss%C3%ADvel+descaracteriza%C3%A7%C3%A3o+da+uni%C3%A3o+est%C3%A1vel. Acesso em: 25 abr. 2023.

contraentes é eivado de boa-fé até que se prove ao contrário. Ainda, por a realidade social demandar a sua realização é meio de cumprimento da função social, uma vez que resguarda os relacionamentos amorosos, contribuindo para coesão social.

Assim, em razão do ordenamento pátrio presumir a boa-fé nos negócios jurídicos, bem como por ser fonte de interpretação, é que se aplica ao contrato de namoro, sendo que o dever de observância da boa-fé se impõe aos contratantes, tanto no início, quanto na realização e após o fim desse contrato. Não há, portanto, argumentos hábeis que imponham ao contrato de namoro a presunção da má-fé, devendo esta ser, cabalmente, comprovada.

3.5. Do contrato de namoro em espécie

Demonstrado que o contrato de namoro perfaz os requisitos de existência, validade e eficácia, bem como que o seu objeto é a regulamentação de um relacionamento existente, buscar-se-á traçar os contornos que referido instrumento deverá seguir para a sua plena eficácia.

Tal instrumento se justifica e encontra respaldo no modelo contemporâneo de negócio jurídico, ou seja, um modelo que atenda o respeito à individualidade da pessoa humana[493], o qual adveio com o objetivo de resguardar situações contemporâneas que não guardam resguardo pelo ordenamento pátrio, o que gera inseguranças, uma vez que não se pode deixar de tutelar um interesse juridicamente relevante em razão da inexistência de direito subjetivo, por exemplo.

A contratualização das relações familiares, assim, representa o ápice de maturidade emocional das partes em relação aos seus relacionamentos afetivos.[494] Assim, por atingirem essa maturidade e perceberem que o que esperam do relacionamento pode não ser resguardado apropriadamente pelo ordenamento pátrio é que resolvem pactuar.

[493] AMARAL, Ana Claudia Corrêa Zuin Mattos do; HATOUM, Nida Saleh; HORITA, Marcos Massashi. O Paradigma Pós-Moderno Do Negócio Jurídico E A Necessidade De Uma Nova Concepção Na Contemporaneidade. Scientia Iuris, Londrina, v. 21, n. 2, p. 261-297, jul. 2017, p. 279-280. DOI: 10.5433/2178-8189.2017v21n1p262. ISSN: 2178-8189.

[494] MARZAGÃO, Silvia Felipe. **Contrato paraconjugal**: a modulação da conjugalidade por contrato teoria e prática. Indaiatuba, SP: Foco, 2023, p. 51.

Não é possível, e nem se espera que fosse, que o Direito acompanhe as inúmeras mudanças sociais. Apesar do seu papel ser de regulamentador e de pacificação social, sabe-se que as mudanças na realidade fática ocorrem de maneira bastante célere, motivo pelo qual a sua tutela sempre será insuficiente. Tanto é assim, que ante a incapacidade de prever as inúmeras formas de manifestação da vontade (art. 107 CC)[495]/[496] e de negócios jurídicos, que o legislador previu a possibilidade de contratos atípicos (art. 425 CC)[497]/[498], ou seja, respeitado o ordenamento, as partes são livres para manifestarem a sua vontade.

Assim, correspondendo à vontade de ambas as partes, essas poderão realizar um contrato de namoro, dispondo sobre o relacionamento que possuem, aspectos que irão fazer parte do namoro, sobre criação de filhos, dentre outros assuntos que entenderem como pertinentes. Tal acordo poderá se dar por instrumento particular ou público, podendo ser lavrado por escritura declaratória.

O contrato de namoro, portanto, sendo um instrumento não proibido por lei, cujo objeto é lícito, possível e determinável, bem como por corresponder uma necessidade atual da sociedade e dos enamorados, configura um instrumento imprescindível para os dias atuais, para que os casais possam viver o relacionamento da forma que desejam sem o iminente medo de ingerências externas.

Esse instrumento contratual não consiste em uma novidade, ao contrário, é procurado por casais que visam salvaguardar o relacionamento que possuem. A exemplo, cita-se os casais norte americanos que podem firmar o chamado *agreement of joing intent not to have a commom law marriage.*[499] Esse documento, em suma, afirma que as partes, apesar de viverem juntos,

[495] Art. 107. A validade da declaração de vontade não dependerá de forma especial, senão quando a lei expressamente a exigir.

[496] BRASIL. **Lei nº 10.406, de 10 de janeiro de 2002**. Institui o Código Civil. Disponível em: https://www.planalto.gov.br/ccivil_03/leis/2002/l10406compilada.htm. Acesso em: 24 abr. 2023.

[497] Art. 425. É lícito às partes estipular contratos atípicos, observadas as normas gerais fixadas neste Código.

[498] BRASIL, op. cit.

[499] XAVIER, Marília Pedroso. **Contrato de namoro**: amor líquido e direito de família mínimo. 2. ed. Belo Horizonte: Fórum, 2020, p. 110.

são livres e independentes, não desejando casamento, união estável ou quaisquer outros tipos de união.[500]

O contrato de namoro é procurado pelas partes, justamente, em razão de não ter uma legislação sobre a configuração do *commom law marriage*, o que equivale a união estável brasileira, sendo que o reconhecimento dessa união se pauta em precedentes.

Da mesma forma, na Escócia, país de Gales, é indicado para os casais que coabitam e dividem a moradia firmar um contrato de coabitação ou um acordo de convivência, no qual é descrito os direitos e obrigações de cada parceiro. Essas declarações, abrangem os casais que moram juntos, mas que não são casados, bem como não possuem união civil. Tal indicação se aplica, também, à Inglaterra.[501]

Alguns países exigem requisitos objetivos, como duração mínima ou acordo expresso de vontade para a configuração da união estável, conforme demonstrado anteriormente. É o caso da Argentina, da Colômbia, do Chile, do Paraguai e de Portugal[502], em tais ordenamentos, apesar de não apresentar tanta insegurança jurídica, quanto o que ocorre no ordenamento brasileiro, o contrato de namoro poderá ser utilizado pelos enamorados, uma vez que por meio dele também poderão dispor de aspectos existenciais e patrimoniais.

Desta feita, o contrato de namoro representa um negócio jurídico que abarca os relacionamentos amorosos de namoro em inúmeras situações, tanto para disporem acerca de seus bens, quanto para regularem as particularidades do namoro que entendam como pertinentes.

3.5.1. Das partes do contrato de namoro

Para que um negócio jurídico seja existente se faz necessário que ele apresente, além do suporte fático, os seguintes elementos: agente, vontade,

[500] XAVIER, Marília Pedroso. **Contrato de namoro**: amor líquido e direito de família mínimo. 2. ed. Belo Horizonte: Fórum, 2020, p. 112.

[501] UNITED KINGDOM. **Living together and marriage:** legal differences. Disponível em: https://www.citizensadvice.org.uk/family/living-together-marriage-and-civil-partnership/living-together-and-marriage-legal-differences/. Acesso em: 12 mai. 2023.

[502] DA SILVA, Regina Beatriz Tavares. A frouxidão dos requisitos da união estável e a equiparação de seus efeitos aos do casamento no direito brasileiro. *In*. DA SILVA, Regina Beatriz T.; CORREIA, Atalá; SOLAVAGIONE, Alicia García (Coord). **Tratado da união de fato**. São Paulo: Almedina, 2021, p. 53-60.

objeto e forma.[503] No presente tópico será analisado as partes do contrato de namoro, ou seja, os agentes e quem pode figurar como parte nesse negócio jurídico. Concretizará, portanto, os planos da existência e da validade com o enfoque nas partes desse instrumento.

O plano da existência traça o que é necessário para que o negócio jurídico possa existir e, dentre os seus elementos, dispõe sobre primordial que existam os agentes. Os agentes são as pessoas ou a pessoa que realiza o negócio jurídico. Nesse primeiro momento, basta que existam as pessoas, uma vez que sem o indivíduo que deseja manifestar a sua vontade, tal negócio é inexistente.

Por ser um negócio jurídico bilateral, ou seja, que envolve duas pessoas e a vontade de ambas, é necessário que a existência de dois agentes, pois não é possível contratualizar acerca de um relacionamento sem que se tenha com quem se relacionar. Assim, imprescindível que se tenha, ao menos, duas partes para contratualizar, não sendo possível realizar um contrato de namoro de uma pessoa só.

Além da existência das partes para acordarem acerca do contrato de namoro é necessário que essas sejam capazes, conforme preceitua o artigo 104 do Código Civil.[504]/[505] O Código Civil brasileiro dispõe sobre a capacidade em seu artigo 3º e 4º dispondo que, respectivamente, são absolutamente incapazes os menores de dezesseis anos e relativamente incapazes os maiores de dezesseis e menores de dezoito anos, ébrios habituais e os viciados em tóxicos, aqueles que não puderem exprimir a sua vontade, os pródigos.[506]

Para que o negócio jurídico seja válido, é necessário que as partes respeitem as regras gerais da capacidade para a realização do negócio jurídico. Assim, em regra, apenas os absolutamente capazes poderão realizar o contrato de namoro, ou seja, os maiores de idade e que não apresentem as características narradas no artigo 4º do Código Civil.

[503] MELLO, Marcos Bernardes de. **Teoria do fato jurídico**: plano da existência. 15. ed. rev. São Paulo: Saraiva, 2008, p. 55-56.

[504] Art. 104. A validade do negócio jurídico requer: I – agente capaz;

[505] BRASIL. **Lei nº 10.406, de 10 de janeiro de 2002**. Institui o Código Civil. Disponível em: https://www.planalto.gov.br/ccivil_03/leis/2002/l10406compilada.htm. Acesso em: 24 abr. 2023.

[506] Ibidem.

Entretanto, a capacidade das partes poderá ser suprida por meio da representação ou assistência. Dessa forma, caso um adolescente, menor de dezesseis anos, deseje firmar com o seu enamorado um contrato de namoro, este deverá ser devidamente representado nos moldes do artigo 1.634, inciso VII do Código Civil. [507]/[508] Já no caso de maior de dezesseis anos e menor de dezoito anos, deverão ser assistidos pelos seus responsáveis, conforme preceitua o mesmo artigo.

Outra hipótese para que as partes menores possam realizar um contrato de namoro é, justamente, o disposto no artigo 5º, parágrafo único, inciso primeiro do Código Civil, o qual prevê acerca da emancipação.[509]/[510] Adolescentes, a partir de dezesseis anos, e emancipados, portanto, poderão firmar o contrato de namoro sem a assistência de seus responsáveis.

Aqueles que tiveram a menoridade cessada pelo casamento, mesmo menor de idade, poderá realizar contrato de namoro sem assistência. Isso porque, a capacidade foi cessada por casamento anterior, nos moldes do artigo 5º, parágrafo, único, inciso II do Código Civil, sendo a parte plenamente capaz para a realização dos atos da vida civil.[511]

Dessa forma, esclarece-se acerca da capacidade para poder figurar como parte em um contrato de namoro, pois é instrumento negocial que deve ser firmado entre duas pessoas capazes para tanto, sendo vedado a realização de contratos com animais, seres semi moventes ou qualquer

[507] Art. 1.634. Compete a ambos os pais, qualquer que seja a sua situação conjugal, o pleno exercício do poder familiar, que consiste em, quanto aos filhos:
VII – representá-los judicial e extrajudicialmente até os 16 (dezesseis) anos, nos atos da vida civil, e assisti-los, após essa idade, nos atos em que forem partes, suprindo-lhes o consentimento

[508] BRASIL. **Lei nº 10.406, de 10 de janeiro de 2002**. Institui o Código Civil. Disponível em: https://www.planalto.gov.br/ccivil_03/leis/2002/l10406compilada.htm. Acesso em: 24 abr. 2023.

[509] Art. 5 º A menoridade cessa aos dezoito anos completos, quando a pessoa fica habilitada à prática de todos os atos da vida civil.
Parágrafo único. Cessará, para os menores, a incapacidade:
I – pela concessão dos pais, ou de um deles na falta do outro, mediante instrumento público, independentemente de homologação judicial, ou por sentença do juiz, ouvido o tutor, se o menor tiver dezesseis anos completos;

[510] BRASIL, op. cit.

[511] Ibidem.

outra espécie que não a humana.[512] Apesar de não ser permitido quaisquer negócios jurídicos que não entre pessoas, em razão da imprevisibilidade das relações humanas, as quais se transformam rapidamente, importante tal ressalva.

Além das pessoas solteiras e capazes, o contrato de namoro poderá ser realizado por aqueles que mantêm uma entidade familiar, ou seja, pessoas casadas ou em união estável, poderão figurar como parte nesse negócio jurídico. Apesar de parecer um contrassenso que pessoas que já mantenham uma entidade familiar realizem um contrato de namoro, tem-se que não é crime relações adulterinas.

Nesse sentido, corrobora o entendimento o Supremo Tribunal Federal (STF) o qual em julgamento do Recurso Extraordinário RE 883.168, *leading case* do Tema 526, entenderam pela impossibilidade do reconhecimento de duas uniões estáveis simultâneas e pela concomitância de um casamento com uma união estável.[513]

Por maioria, entenderam os ministros julgadores que a manutenção de duas uniões estáveis de forma simultânea configuraria bigamia, crime previsto pelo Código Penal brasileiro em seu artigo 235, o qual prevê

[512] Vide: GEREMIAS, Daiana. **Até que a morte os separe: estas 7 pessoas se casaram com os seus animais**. Disponível em: https://www.megacurioso.com.br/comportamento/40219--ate-que-a-morte-os-separe-estas-7-pessoas-se-casaram-com-animais.htm. Acesso em: 26 abr. 2023.
R7. **Mulher se casa com gata de estimação para contornar proibições de donos de apartamentos**. Disponível em: https://noticias.r7.com/hora-7/mulher-casa-com-gata-de--estimacao-para-contornar-proibicoes-de-donos-de-apartamentos-02052022. Acesso em: 26 abr. 2023.

[513] O Tribunal, por maioria, apreciando o tema 526 da repercussão geral, deu provimento ao recurso extraordinário, nos termos do voto do Relator, vencido o Ministro Edson Fachin. Foi fixada a seguinte tese: "É incompatível com a Constituição Federal o reconhecimento de direitos previdenciários (pensão por morte) à pessoa que manteve, durante longo período e com aparência familiar, união com outra casada, porquanto o concubinato não se equipara, para fins de proteção estatal, às uniões afetivas resultantes do casamento e da união estável". Falou, pelo *amicus curiae* Instituto Brasileiro de Direito de Família – IBDFAM, o Dr. Marcos Alves da Silva. Plenário, Sessão Virtual de 25.6.2021 a 2.8.2021. (BRASIL. Supremo Tribunal Federal. **Recurso Extraordinário 883.168**. Relator: Min. Dias Toffoli. Data do Julgamento: 03/08/2021. Data de Publicação: 07/10/2021. Disponível em: https://portal.stf.jus.br/processos/detalhe.asp?incidente=4757390. Acesso em: 26 abr. 2023).

como crime pessoa casada contrair novo casamento.[514]/[515] Trata-se de uma interpretação extensiva do Código Penal para abarcar, também, às uniões estáveis, tratando-se de uma tendência, pelo ordenamento pátrio, de equiparação dessas entidades familiares.

Entretanto, por não ser o namoro uma entidade familiar, não há quaisquer vedações para que uma pessoa, mesmo que casada ou em uma união estável, firme um contrato de namoro. Veda-se, entretanto, que esse contrato preveja acerca da evolução do relacionamento para uma união estável, isso porque, ocorrendo a evolução, passa a ser vedado a manutenção de ambas as relações (de casamento com união estável ou de uniões simultâneas).

Apesar de existir uma certa vedação social e moral de que pessoas casadas ou em união estável mantenham relações paralelas, tal situação ocorre na atualidade – e sempre ocorreu –, não havendo quaisquer vedações para a manutenção de namoros à parte das entidades familiares, uma vez que o crime de Adultério, anteriormente previsto no artigo 240 do Código Penal, foi revogado pela Lei nº 11.106, de 2005[516]. Assim, por inexistir proibições para tanto, é facultado que essas pessoas realizem um contrato de namoro, no qual poderão dispor sobre tudo aquilo que julgarem pertinente para a manutenção do relacionamento, desde que não contrarie lei vigente.

[514] **Bigamia**
Art. 235 – Contrair alguém, sendo casado, novo casamento:
Pena – reclusão, de dois a seis anos.
§ 1º – Aquele que, não sendo casado, contrai casamento com pessoa casada, conhecendo essa circunstância, é punido com reclusão ou detenção, de um a três anos.
§ 2º – Anulado por qualquer motivo o primeiro casamento, ou o outro por motivo que não a bigamia, considera-se inexistente o crime.

[515] BRASIL. **Decreto-Lei nº 2.848, de 7 de dezembro de 1940**. Código Penal. Disponível em: https://www.planalto.gov.br/ccivil_03/decreto-lei/del2848compilado.htm. Acesso em: 26 abr. 2023.

[516] BRASIL. **Lei nº 11.106, de 28 de março de 2005**. Altera os arts. 148, 215, 216, 226, 227, 231 e acrescenta o art. 231-A ao Decreto-Lei nº 2.848, de 7 de dezembro de 1940 – Código Penal e dá outras providências. Disponível em: https://www.planalto.gov.br/ccivil_03/_ato2004-2006/2005/lei/l11106.htm#:~:text=Promover%2C%20intermediar%20ou%20facilitar%20a,oito)%20anos%2C%20e%20multa.&text=Pena%20%E2%80%93%20reclus%C3%A3o%2C%20de%204%20(,dez)%20anos%2C%20e%20multa. Acesso em: 26 abr. 2023.

Ainda, há a possibilidade da realização de múltiplos contratos de namoro, uma vez que inexiste vedações quanto a manutenção de relacionamentos de namoro de forma simultânea, já que o namoro não configura uma entidade familiar.

Salienta-se, assim, o cuidado necessário para a realização do contrato de namoro pelas partes, bem como a imprescindibilidade de um advogado para analisar as possibilidades do caso concreto e alertar sobre possíveis desdobramentos dos pactos, uma vez que o contrato de namoro é um instrumento personalíssimo, devendo ser redigido e pensado para a realidade de cada casal de enamorados.

Para aqueles que não possuem condições de arcar com as custas de honorários advocatícios de um advogado particular, destaca-se a atuação de escritórios escola, os quais possuem alunos e professores das mais diversas áreas, bem como o preparo dos tabeliães para a redação do instrumento e adequação ao caso concreto.

Além do mais, importante frisar que as partes devem estar em igualdade substancial para a realização dos negócios jurídicos.[517] Apesar da autonomia e pela prevalência da não intervenção estatal, em casos em que uma das partes se demonstrar hipossuficiente perante a outra, ou quando o pacto envolver interesses de menores, é necessário que o advogado e/ou o tabelião se atente ao que está sendo pactuado, e cientifique as partes das consequências desse acordo. Dessa forma, poderá o Poder Público, ocorrendo dano, intervir no negócio jurídico perpetrado pelas partes.

Assim, perpassado a capacidade para ser parte nesse negócio jurídico, passa-se a analisar o objeto do contrato de namoro, ou seja, o que poderá ser disposto por meio desse instrumento negocial.

3.5.2. Do conteúdo do contrato de namoro

Conforme disposto anteriormente, o contrato de namoro consiste em um negócio jurídico, cujo paradigma é contemporâneo. Dessa forma, tem como objetivo resguardar aspectos patrimoniais e existenciais das partes contraentes. Frisa-se que o contrato tem como objetivo regulamentar as relações em sociedade, razão pela qual a sua conceituação é dinâmica.

[517] MORAES, Maria Celina de; TEIXEIRA, Ana Carolina Brochado. Contratos no ambiente familiar. *In*. TEIXEIRA, Ana Carolina Brochado; RODRIGUES, Renata de Lima. **Contratos, família e sucessões**: diálogos interdisciplinares. 3. ed. Indaiatuba, SP: Foco, 2023.

No contrato de namoro as partes poderão dispor sobre tudo aquilo que é relevante para o relacionamento, seja no aspecto patrimonial ou extrapatrimonial. O cerne desse instrumento é justamente exteriorizar a relação que vivenciam de forma clara e genuína. Para tanto, é necessário que os contraentes descrevam o relacionamento que vivenciam e a motivação que os levam a considerar esse relacionamento como de namoro.

A especificação e detalhamento do relacionamento que vivenciam e o porquê que consideram um namoro tem como objetivo trazer maior concretude à vontade subjetiva dos agentes, uma vez que o ordenamento pátrio valora mais a intenção do que o sentido literal da linguagem, é o que prevê o artigo 112 do Código Civil.[518]/[519] Assim, visa-se trazer maior objetividade para a situação fática como forma de traçar maior segurança aos contraentes do contrato que firmam.

Além do detalhamento do relacionamento que vivenciam é importante que as partes especifiquem a data de início desse namoro. Tal previsão, tem como objetivo determinar o lapso temporal do relacionamento mantido entre as partes. Ainda, pactuando acerca de quando se iniciou o namoro, bem como em posse da data de realização do contrato de namoro, tais informações poderão servir de limite temporal em um eventual reconhecimento de união estável, já que não será possível retroceder o reconhecimento da união estável para além da data em que o contrato foi firmado.

Dispondo detalhadamente sobre o relacionamento de namoro, a fim de trazer um respaldo fático necessário para a sua existência, conforme demonstrado alhures, tal disposição, quando da mudança da situação fática narrada, trará maior facilidade para que terceiros, de fato, possam chegar a uma conclusão sobre o relacionamento vivido e a existência ou não de consequências advindas do fim dessa relação.

Assim, o objeto do contrato de namoro, quando da sua realização, será dispor sobre aspectos patrimoniais e/ou existenciais, bem como é recomendado que se insira, logo após a cláusula do objeto, um dispositivo

[518] Art. 112. Nas declarações de vontade se atenderá mais à intenção nelas consubstanciada do que ao sentido literal da linguagem.

[519] BRASIL. **Lei nº 10.406, de 10 de janeiro de 2002**. Institui o Código Civil. Disponível em: https://www.planalto.gov.br/ccivil_03/leis/2002/l10406compilada.htm. Acesso em: 24 abr. 2023.

trazendo o que as partes entendem como namoro e a afirmativa de que vivenciam um namoro. Vislumbra-se, portanto, que não basta a mera afirmativa de que o relacionamento consiste em um namoro, não havendo a intenção presente de constituição familiar, mas é necessário trazer concretude a essa afirmação.

Por ser o namoro o objeto do instrumento negocial, não é recomendado e nem interessante que as partes prevejam sobre o regime de bens a ser adotado caso o relacionamento venha a se tornar uma união estável. Essa disposição é denominada de "cláusula Darwiniana", "[...] contendo a previsão de que, em havendo uma evolução "de fato" no relacionamento de namoro, passando a configurar união estável, as partes desde o contrato de namoro acordado, livremente resolveram adotar o regime da separação de bens [...]".[520] Ainda, por meio dessa cláusula poderiam deixar livre para a pactuação de outro regime de bens que entendessem pertinente.

Entretanto, tal cláusula vai de encontro ao próprio objeto do contrato de namoro, o qual consiste em regulamentar o relacionamento atual de namoro e não um relacionamento futuro. Assim, ocorrendo a evolução do relacionamento de namoro para outro, o contrato de namoro perderá a sua eficácia por causa superveniente,[521] não possuindo mais efeitos.

Dessa forma, caso o relacionamento das partes que pactuaram sobre o namoro que mantinham, se torne uma união estável, esses poderão dispor acerca dos seus bens e regime patrimonial por meio do contrato de convivência, sendo este o instrumento adequado para tanto. No caso de não realizarem, salienta-se que a união estável será regida pelo regime da comunhão parcial de bens, nos moldes do artigo 1.725 do Código Civil.[522]/[523]

520 CATAN, João Henrique Miranda Soares. O réquiem dos contratos de namoro e a possibilidade da instituição da cláusula darwiniana. IBDFAM, 2013. Disponível em: https://ibdfam.org.br/artigos/890/O+r%C3%A9quiem+dos+contratos+de+namoro+e+a+possibilidade+da+institui%C3%A7%C3%A3o+da+cl%C3%A1usula+darwiniana. Acesso em: 27 abr. 2023.

521 AZEVEDO, Antônio Junqueira de. **Negócio jurídico:** existência, validade e eficácia. 4. ed. atual. de acordo com o novo Código Civil. São Paulo: Saraiva, 2002, p. 61-62.

522 Art. 1.725. Na união estável, salvo contrato escrito entre os companheiros, aplica-se às relações patrimoniais, no que couber, o regime da comunhão parcial de bens.

523 BRASIL. **Lei nº 10.406, de 10 de janeiro de 2002**. Institui o Código Civil. Disponível em: https://www.planalto.gov.br/ccivil_03/leis/2002/l10406compilada.htm. Acesso em: 24 abr. 2023.

Assim, o contrato de namoro não é instrumento adequado para que as partes pactuem sobre remota união estável futura, uma vez que tem como objetivo regulamentar o namoro existente pelas partes. Além do mais, os indivíduos que pactuam um contrato de namoro não possuem intenção de configurar uma entidade familiar, razão pela qual essa cláusula não é adequada ao contrato de namoro.

Superado o objeto do instrumento contratual, é possível que as partes pactuem acerca da divisão de despesas decorrentes do namoro ou de eventual vida em comum, uma vez que é cada vez mais recorrente que casais de namorados passem a coabitar com o objetivo de dividir despesas. Salienta-se que essa realidade se tornou ainda mais evidente a partir da pandemia de Covid-19, a qual ocasionou diversas dificuldades econômicas. Ainda, pode ser objeto do contrato de namoro a atribuição de tarefas domésticas ou o suporte em determinada área da vida.

Os enamorados poderão, inclusive, pactuar acerca do término do relacionamento e eventuais bens adquiridos em conjunto, determinando, previamente, a quem caberá a propriedade de cada item. Caso não o façam, eventuais danos patrimoniais para uma das partes poderão ser alegados em ação por indenização por danos materiais, uma vez que se veda o enriquecimento sem causa.

Além de aspectos patrimoniais, é possível que as partes disponham sobre questões existenciais, as quais são relevantes para o casal em questão. Dentre as possibilidades, é possível a previsão acerca do relacionamento de um dos contraentes com os filhos de relacionamento anterior. Nesse sentido, destaca-se o contrato de namoro firmado perante o 10º Tabelionato de Londrina, o qual, previu que uma parte não iria se opor às viagens da outra para visitar a filha de relacionamento anterior, bem como que não haveria oposição caso a filha viesse a residir com os enamorados.[524]

Pode-se prever, ainda, questões que dizem respeito aos valores que cada casal mantém entre si, como, por exemplo, a comemoração de datas especiais, viagens a dois, o dever de cuidado e suporte emocional, suporte

[524] 10º Tabelionato de Notas de Londrina. **Informações sobre contrato de namoro**. Destinatário: Franciele Barbosa Santos. Londrina, 18 de abril de 2023. 1 mensagem eletrônica.

em caso de doenças, ações românticas[525], entre outros. Poderão estabelecer, também, sobre a guarda e visitação de animais de estimação que venham a adotarem juntos.

Salienta-se que essa previsão desafogaria o Poder Público, uma vez que tem sido cada vez mais crescente a procura do Poder Judiciário para a regulamentação de visitas e guarda de animais de estimação, após o fim do relacionamento mantido entre as partes. Tal situação já foi objeto de julgamento do Superior Tribunal de Justiça, o qual concedeu o direito de visitas do ex-companheiro à cadela *yorkshire* adquirida durante o relacionamento.[526]

Não é incomum a regulamentação sobre os animais após o fim de um relacionamento, existindo diversas decisões nesse sentido.[527] Dessa forma, a previsão no contrato de namoro dessas questões, acarretaria maior segurança às partes e o desafogamento do judiciário, uma vez que já se encontra previamente acordado.

Ainda, é possível que os enamorados acordem sobre a manutenção ou da fidelidade no relacionamento, os limites dessa e o estabelecimento de multas em caso de quebra do estabelecido. Ressalta-se que, ao contrário

[525] Vide: MOREIRA, Fernando. **Americana faz 'contrato de namoro' que exige flores duas vezes por mês e treino em academia**. Disponível em: https://extra.globo.com/noticias/page-not-found/americana-faz-contrato-de-namoro-que-exige-flores-duas-vezes-por-mes-treino-em-academia-25191829.html. Acesso em: 20 abr. 2023.

[526] BRASIL. Superior Tribunal de Justiça. **STJ garante direito de ex-companheiro visitar animal de estimação após dissolução da união estável**. Disponível em: https://www.stj.jus.br/sites/portalp/Paginas/Comunicacao/Noticias-antigas/2018/2018-06-19_20-21_STJ-garante-direito-de-excompanheiro-visitar-animal-de-estimacao-apos-dissolucao-da-uniao-estavel.aspx. Acesso em: 27 abr. 2023.

[527] CONFLITO NEGATIVO DE COMPETÊNCIA. Ação custódia de animais domésticos adquiridos na constância do casamento. Divergência entre os Juízos Cível e de Família e Sucessões quanto à competência para processar e julgar a lide. Relação emocional e sentimental desenvolvida entre o animal doméstico e seus donos, e a consequente discussão sobre sua custódia na hipótese de separação ou divórcio, que merece tratamento especial, mesmo que não possa ser equiparada, ipsis litteris, à guarda de uma criança. Competência, portanto, do Juízo especializado da Família. Precedentes do C. Superior Tribunal de Justiça e deste E. Tribunal de Justiça. Conflito julgado procedente. Competência do Juízo da 2ª Vara da Família e Sucessões do Foro Regional da Nossa Senhora do Ó da Comarca da Capital, ora suscitante. (TJ-SP – CC: 00167626220218260000 SP 0016762-62.2021.8.26.0000, Relator: Issa Ahmed, Data de Julgamento: 28/05/2021, Câmara Especial, Data de Publicação: 28/05/2021).

do casamento que prevê o dever de fidelidade (art. 1.566, I CC)[528]/[529]e da união estável que exige a lealdade (art. 1.724 CC)[530]/[531], não há quaisquer regramentos sobre o namoro, razão pela qual é lícito que as partes criem, modifiquem ou extingam direitos entre si.

Quanto a possibilidade de estipulação de penalidades para a quebra de deveres existenciais perpetrados, tem-se que já foi objeto de discussão no âmbito brasileiro, entretanto, não há nada que impeça essa previsão, principalmente pelo seu intuito de dar cumprimento e efetividade ao pactuado pelas partes.[532]

Desta feita, os enamorados poderão renunciar à fidelidade ou reforçar a sua manutenção no relacionamento, inclusive estabelecendo sanções para o seu descumprimento. Ainda, poderão pactuar acerca de eventual existência de filhos do casal, se, nesse caso, o relacionamento de namoro seria revisto ou se assim permaneceria. Podem prever, também, valores na criação dos filhos, guarda, sustento, princípios, entre outros.

Além das cláusulas relativas ao relacionamento em si, é recomendado e válido que os enamorados disponham sobre a interpretação do contrato firmado e preenchimento de lacunas eventuais existentes. Apesar de a interpretação do negócio jurídico observar os ditames da boa-fé, nada impede que os enamorados, respeitando os ditames legais de interpretação, estabeleçam, entre si, aspectos mais palpáveis para interpretação do contrato celebrado.[533]

Assim, as partes podem firmar aspectos interpretativos de acordo com aquilo que desejam exprimir pelo contrato de namoro. A disposição de tais cláusulas reforçam e reafirmam a boa-fé na consecução do negócio

[528] Art. 1.566. São deveres de ambos os cônjuges:
I – fidelidade recíproca;

[529] BRASIL. **Lei nº 10.406, de 10 de janeiro de 2002**. Institui o Código Civil. Disponível em: https://www.planalto.gov.br/ccivil_03/leis/2002/l10406compilada.htm. Acesso em: 24 abr. 2023.

[530] Art. 1.724. As relações pessoais entre os companheiros obedecerão aos deveres de lealdade, respeito e assistência, e de guarda, sustento e educação dos filhos.

[531] BRASIL. op. cit.

[532] MARZAGÃO, Silvia Felipe. **Contrato paraconjugal**: a modulação da conjugalidade por contrato teoria e prática. Indaiatuba, SP: Foco, 2023, p. 49.

[533] Ibidem, p. 52.

jurídico, bem como traz objetividade para a sua interpretação em eventuais lides que dizem respeito ao pactuado.[534]

O conteúdo passível de contratualização por meio do contrato de namoro é extenso e inúmero. Dependerá da realidade de cada casal e da vontade das partes. Assim, o presente tópico não tem como intuito esgotar o que pode estar disposto no instrumento em análise, mas levantar questões e delineamentos sobre as suas disposições.

Ao contrário do que muito se afirma, o contrato de namoro não é um instrumento simples que visa, tão somente, a manifestação da vivência de um namoro, mas é instrumento pelo qual as partes regulamentam todo o seu relacionamento, sendo inúmeras as possibilidades, as quais ficam subordinadas à legalidade e aos direitos disponíveis.

3.5.3. Hipóteses de rescisão do contrato de namoro e suas consequências

O contrato de namoro, assim como qualquer outro negócio jurídico, poderá ser encerrado. Nesse tópico buscará expor algumas das formas em que o contrato poderá chegar ao fim, seja pelo seu cumprimento na integralidade, ou seja, vigência durante todo o contrato de namoro, o qual terminou, ou em razão da sua extinção anormal, que poderá ocorrer em alguns casos.

Poderá ocorrer a resolução, a qual tem como causa a inexecução do contrato por uma das partes. Trata-se de uma forma que uma parte pode colocar fim ao assumido pela via contratual, ante a ausência de cumprimento do contrato pela outra parte.[535] Contratos de namoro que prevejam cláusulas com deveres para as partes e com estabelecimento de cláusulas penais para o seu descumprimento, poderão ser resolvidos e, a sua inexecução, convertida em perdas e danos.

Ocorrerá, por sua vez, a resilição quando uma das partes ou ambas as partes desejarem encerrar o contrato mantido entre elas. Trata-se de um [...] modo de extinção dos contratos por vontade de um ou dos dois contratantes".[536] No caso do contrato de namoro, essa hipótese poderá

[534] MARZAGÃO, Silvia Felipe. **Contrato paraconjugal**: a modulação da conjugalidade por contrato teoria e prática. Indaiatuba, SP: Foco, 2023, p. 54.

[535] GOMES, Orlando. **Contratos**. Atualizadores: Edvaldo Brito e Reginalda Paranhos de Brito. 28. ed. Rio de Janeiro: Forense, 2022, s.p., l. 202. *E-book*.

[536] Ibidem, s.p., l. 216.

acontecer quando ambos terminarem o relacionamento. Consiste em distrato de forma consensual. Sendo assim, ausente o relacionamento de namoro o contrato perde o seu objeto.

Outra possibilidade de resilição do contrato de namoro é quando uma das partes resolve colocar fim ao negócio mantido, seja ante ao término de forma não consensual, seja porque uma das partes passou a desejar que a relação se torne uma entidade familiar. Assim, a vontade da manutenção do negócio deixa de existir, podendo levar à resilição do mesmo.

O termo de quando o namoro passa a ser união estável é problemático e suscita inúmeras questões na atualidade. Para tanto, traçou o contrato de namoro como um instrumento hábil para a delimitação temporal do início da união estável, não podendo esta retroceder à data em que fora firmado. Entretanto, esse instrumento não impede que as relações sofram mudanças e se tornem entidades familiares.

Havendo a mudança no relacionamento, passando este a ser uma união estável, o contrato de namoro, conforme citado anteriormente, perderá a sua eficácia, em razão de causa superveniente, uma vez que o contrato perde o seu objeto, ante a inexistência, então, do namoro. O objeto do contrato de namoro é, justamente, a regulamentação de aspectos existenciais e patrimoniais do namoro, havendo o seu fim, tal instrumento se torna ineficaz.

Nessa conjura, os impasses acontecem quando as partes entram em descompasso sobre o relacionamento que mantêm ou que passaram a manter, sendo que cada qual vê de uma forma. Nesse caso, o recomendado é que a parte para qual o contrato de namoro não condiz mais com a realidade, realize a resilição desse contrato e comunique o outro da resilição de maneira formal.

Salienta-se que o reconhecimento da união estável ainda dependerá da análise de requisitos objetivos e subjetivos de ambas as partes, bem como da análise da realidade, entretanto, com a comunicação formal de que a partir daquele momento, uma das partes não vê mais o seu relacionamento como um namoro, torna-se mais palpável para o julgador a data inicial da união estável. Dessa forma, o contrato de namoro não se sobrepõe à realidade fática, mas atua como meio de prova e delimitador do tempo.

Ainda, o contrato de namoro poderá ser encerrado em razão da morte de uma das partes. Contudo, esse instrumento não acarreta efeitos sucessórios, razão pela qual a morte de uma das partes gera, tão somente, o fim do relacionamento mantido, não havendo a incidência de quaisquer direitos pós-*mortem*. Assim, por não ser uma entidade familiar o término do namoro, pela morte de uma das partes, ou o seu fim natural não gera quaisquer direitos patrimoniais.

Por fim, o contrato poderá se encerrar quando do término do prazo, caso as partes estipulem o tempo de vigência do contrato. Poderão os enamorados estipularem o contrato de namoro com validade de, por exemplo, um ano e subordinar a sua eficácia à renovação anual desse instrumento. Chegando o fim do prazo determinado e não havendo renovação, o contrato terá seu término.

3.6. Da análise dos contratos de namoro em anexo

A fim de elucidar como o contrato de namoro se dá na prática atual, em anexo ao presente, se encontram alguns modelos utilizados para a realização dessa pactuação. Para tanto, recorreu-se aos tabelionatos que lavram escrituras declaratórias de contrato de namoro, bem como realizou-se pesquisas de modelos disponíveis de forma *online* e em livros.

O Anexo A do presente, consiste em uma escritura lavrada pelo 10º Tabelionato da cidade de Londrina/PR. Nessa escritura, os enamorados afirmam que o relacionamento que possuem é de namoro e que não existe vontade de contrair matrimônio, tampouco que vivenciam uma união estável, apesar de coabitarem. Narram, também, a data de início do relacionamento e afirmam que, caso a intenção mude, haverá um novo contrato ou uma nova escritura pública.

Esse instrumento exterioriza o narrado anteriormente nesse trabalho, uma vez que o contrato de namoro apenas será válido enquanto persistir a situação de namoro, não sendo objeto desse instrumento a regulamentação de relacionamentos futuros, os quais deverão ser regulamentados pelos instrumentos que lhe são próprios.

Apesar de disporem que vivenciam um namoro, o qual é pautado no afeto e respeito mútuo, é recomendado que as partes narrem aspectos e características que entendam que qualifique esse relacionamento como namoro, com o intuito de trazer maior objetividade e concretude, caso haja uma transformação para união estável. Assim, é importante compreender a característica vital para que uma parte passe considerar o relacionamento que mantinham como união estável.

Afirmam que a coabitação mantida por ambos é com o objetivo de redução de custos e despesas, bem como traçam que as despesas individuais pertencem ao próprio indivíduo, não havendo responsabilidade mútua. Percebe-se que nessa escritura os enamorados exteriorizam o narrado no presente, ou seja, a coabitação para a redução de despesas, a qual se acentuou a partir da pandemia de Covid-19, seja em razão da regressão econômica ou em face de passarem a quarentena juntos.

Acordam, também, sobre aspectos existenciais, uma vez que dispõem sobre o relacionamento da namorada com a filha do namorado proveniente de relação conjugal anterior, afirmando que a namorada a conhece e que não se opõe às viagens para visitá-la ou para a coabitação. Ainda, dispõem que qualquer oposição da namorada quanto ao relacionamento do namorado com a sua filha será considerada justa causa para a dissolução da relação mantida.

Vislumbra-se que as partes utilizaram o contrato de namoro para exteriorizar e reafirmar a importância do relacionamento da namorada com a filha do namorado. Tal instrumento contratual foi utilizado, portanto, com objetivo extrapatrimonial, dispondo acerca de aspectos existenciais que permeiam o relacionamento, demonstrando que o contrato de namoro é um negócio jurídico amplo e de múltiplas utilidades para as partes.

Da mesma forma, dispõem sobre a obrigatoriedade de observância da lealdade e fidelidade, sendo que na ocorrência de violação dessas obrigações, o contrato é rescindido e ocorre o término desse relacionamento. Ainda, trazem que os presentes dados de uma parte para a outra não poderão ser requeridos quando do término do relacionamento.

Ainda no que se refere aos aspectos existenciais, as partes afirmam que havendo a dissolução do relacionamento e havendo animais de estimação resolverão, de comum acordo, sobre a visita e guarda compartilhada do animal.

Quanto à dissolução do contrato de namoro, acordam que poderá haver a resilição de forma unilateral, devendo a parte notificar a outra. Esse aspecto se demonstra como relevante, uma vez que tem como objetivo cientificar a outra que o namoro terminou, seja em razão do término do relacionamento ou em face da transformação para uma entidade familiar.

Dessa forma, é indicado que haja essa comunicação prévia, uma vez que poderão as partes firmarem um contrato de convivência, no caso de o namoro ter se tornado uma união estável, ou para que possam, efetivamente, colocar um fim no relacionamento. No caso da transformação em união estável, a comunicação ao outro, além de comunicar que não compreende mais a relação como namoro, tem como objetivo delimitar a data de mutação nesse relacionamento. Assim, havendo uma ação judicial, essa data poderá ser utilizada como marco inicial.

Por fim, aduzem acerca da inexistência de direito à sucessão ou pensão, o que, inclusive, já se deduz de um relacionamento de namoro, o qual não deve – ao menos não deveria – possuir quaisquer efeitos patrimoniais quando do seu término, uma vez que não consiste em uma entidade familiar.

O anexo B, por sua vez, consiste em uma Escritura Pública de Declaração e Renúncia firmada na cidade de Curitiba/PR em 1998. Essa escritura, comparada com a firmada em 2021 na cidade de Londrina/PR, se demonstra simplória. Nessa Escritura, as partes narram que convivem há seis meses, e que apesar dessa convivência e da manutenção de relações sexuais, não consideram que vivenciam uma união estável, renunciando quaisquer direitos patrimoniais que venham a possuir um sobre o outro. Renunciam, ainda, eventuais indenizações que possam advir do fim do relacionamento.

Essa escritura se demonstra frágil, uma vez que o intuito dela é, simplesmente, afastar deveres patrimoniais. Não é disposto quaisquer características do relacionamento ou o motivo pelo qual compreendem que o relacionamento que possuem é de namoro, mas, tão somente, a declaração de que não configura uma união estável.

Na prática, essa afirmativa poderá ser questionada por uma das partes, em razão de trazer pouca objetividade para o relacionamento que possui. Deixa de narrar o objetivo da coabitação, as formas de rescisão do contrato, o que entendem como namoro e o motivo pelo qual o relacionamento que possuem consiste em um namoro, tampouco pactuam sobre aspectos existenciais.

Por sua vez, o anexo C, modelo disponibilizado de forma *online*, consiste em um contrato mais completo, uma vez que narra sobre o objeto, determina um prazo de vigência, ou seja, de início do namoro e até que o relacionamento se perdure, dispõe sobre a coabitação, filhos, independência econômica e da ausência de direito à sucessão.

Apesar de ser um contrato mais completo quando comparado com a escritura firmada na cidade de Curitiba/PR, deixa de trazer certa objetividade e concretude ao namoro e a razão pela qual as partes entendem que é namoro, bem como não dispõe sobre as hipóteses de rescisão contratual, aspecto importante em quaisquer contratos.

Ainda, narram sobre eventuais filhos, que não converte o namoro em união estável, bem como da guarda e visitação de eventuais animais adquiridos na vigência do relacionamento, sendo resguardada a visitação da parte que não ficar com a guarda. Percebe-se que essa minuta trata de aspectos existenciais das partes, podendo ser adequado a depender do namoro mantido pelos pactuantes.

Trazem, também, que as alterações no instrumento contratual deverão ser realizadas por escrito e registrados na mesma forma que o contrato original. Chama-se atenção para essa disposição, uma vez que acarreta maior segurança para as partes e para terceiros, ao dispor que as mudanças deverão ser firmadas de forma escrita e devidamente registradas.

Por fim, o anexo D, conta com um modelo elaborado pela própria autora, com os dispositivos que entende como pertinente a fim de que o contrato de namoro tenha maior objetividade e segurança na prática, visando afastar quaisquer nebulosidades que possam advir desse relacionamento na prática.

Para tanto, prevê que as partes deverão descrever minuciosamente o relacionamento que possuem e a razão pela qual entendem que o relacionamento é um namoro, bem como a data inicial desse namoro. A data inicial tem como objetivo demarcar o início desse relacionamento e a data da realização do contrato de namoro vem reafirmar a existência do namoro, servindo como delimitação temporal para eventual reconhecimento de união estável, não podendo o reconhecimento retroceder a quaisquer uma dessas datas.

Na cláusula sobre o namoro, as partes podem pactuar tudo o que entendem pertinente ao relacionamento, desde que não vá de encontro à legislação brasileira. Podem dispor, ainda, sobre o patrimônio, a sua administração e os deveres de um com o outro.

Além do mais, prevê-se cláusula relativa à criação dos filhos, sendo que a existência de prole comum, por si só, não desconfigura o relacionamento de namoro mantido entre as partes, bem como dispõem sobre a criação dos filhos, podendo os pactuantes exteriorizarem os valores que entendem como pertinentes.

Destaca-se, nesse contrato, as hipóteses de rescisão contratual e as regras de interpretação, uma vez que pode ocorrer certa nebulosidade quando uma parte demanda a outra em razão do namoro mantido. Assim, entendeu-se como importante a disposição sobre mudanças de relacionamento, as quais deverão ser informadas por uma parte à outra, quando se der de forma unilateral, dispondo o motivo da mudança desse relacionamento para outro e, quando ocorrer de forma bilateral, as partes deverão utilizar do mesmo instrumento que usaram para a realização do contrato de namoro, para encerrá-lo.

Busca-se, assim, trazer maior objetividade para o relacionamento de namoro mantido entre as partes, exteriorizando e conferindo delineamento ao namoro que possuem. O contrato de namoro, então, deverá ser elaborado para cada casal, uma vez que cada relacionamento é único e os valores que prezam podem ser diversos.

Observado os limites legais, a contratualização do relacionamento de namoro representa a exteriorização e garantia da autonomia e autodeterminação dos enamorados de se relacionarem da forma que melhor atendam os seus objetivos de vida. Destaca-se, a importância de um profissional para prestar assistência na elaboração desse instrumento, uma vez que é imprescindível a captação dos valores que são essenciais para os enamorados.

Dessa forma, não se espera que as partes firmem um contrato de namoro e o deixem de lado, mas que possam discutir e avaliar o relacionamento que possuem, se utilizando desse instrumento para a concretização da sua visão e valores essenciais.

CONCLUSÕES

Ao longo da história os relacionamentos amorosos sofreram transformações na sua configuração, objetivo e papel social. A forma de se relacionar atual demanda uma nova postura pelo ordenamento pátrio, a fim de garantir a autodeterminação das pessoas em suas conexões.

Sabe-se que o Direito consiste em regulamentador social e, por assim ser, regulamenta os fatos existentes. Não há, portanto, como o Direito antever as inúmeras situações que possam advir da realidade e da vontade humana, principalmente as questões existenciais. Nessa conjuntura, ocorre um atraso entre a regulamentação do Direito e as situações fáticas.

Entretanto, a ausência de regulamentação pelo ordenamento pátrio, não exime que o Poder Público tutele o indivíduo nas suas particularidades, principalmente, quando dizem respeito a aspectos que se relacionam com a personalidade e a dignidade humana, tal como ocorre com os relacionamentos amorosos, uma vez que é por meio desses que a pessoa pode buscar a sua realização e felicidade.

Nesse contexto, destacam-se as mudanças sociais ocorridas nos períodos compreendidos como modernidade e pós-modernidade, bem como as transformações no âmbito industrial, a partir da Revolução Industrial. Tais transformações impactaram, diretamente, na forma com que as pessoas passaram a se relacionar, uma vez que os aspectos privados não são imunes às mudanças que ocorrem na sociedade, uma vez que dela fazem partes.

A modernidade e os polos industriais possuem como foco o consumo e a produção de mercadorias. O aspecto consumerista nessa nova época gera impacto nos relacionamentos, os quais se tornam fugazes e efêmeros. A partir da pós-modernidade, passa-se a acolher essa fluidez, ou seja, ocorre a aceitação dessa nova forma de se relacionar. Tal aspecto é denominado, por Zygmunt Bauman, como liquidez.

A dinâmica social que influi nos relacionamentos interpessoais, privilegia condutas imediatistas, ou seja, os relacionamentos também se tornam fugazes e as conexões mais frouxas. As novas formas de se relacionar não são melhores ou piores que as anteriores, mas são distintas, e devem, portanto, ser tratadas como tal.

Assim, o que se entendia como ideal de relacionamento nas décadas e séculos anteriores não correspondem mais com a realidade, a qual se centra no indivíduo e nas suas realizações pessoais. Alinhado às transformações sociais e comportamentais, cita-se o avanço da tecnologia e o surgimento da Internet, que tornou possível a conexão entre pessoas mesmo que distantes fisicamente.

Esse contexto ocasionou mudanças na forma com que as pessoas se relacionam uma com as outras, uma vez que passou a ser possível conexões entre pessoas em diferentes localidades e múltiplas conexões. Ocorreu, assim, mudanças no namoro e na formação familiar.

O namoro passou a ser mais fluído e dinâmico, diferindo do modelo até então presente na sociedade, o qual ocorria com o intuito de casamento e sob os olhares vigilantes dos pais. Atualmente, o namoro possui uma gama maior de liberdade e pode ter um fim em si mesmo, sem precisar, necessariamente, evoluir para outro relacionamento.

Tal relacionamento passou a ser exercido com liberdade e autonomia, sendo conferido aos enamorados a possibilidade de determinarem a forma de manutenção dos seus relacionamentos, uma vez que dizem respeito à individualidade de cada pessoa, sendo que imposições ou predeterminações externas, nesse âmbito, devem ser rechaçadas.

Ocorre que o ordenamento pátrio não se atualizou para abarcar as novas formas de relacionamento. O conceito de relação familiar, ainda permanece atrelado com o que se entendia em décadas e séculos anteriores. É nesse caso que se passa a confundir o namoro com a união estável, uma vez que o que configurava a união estável em tempos anteriores, deixa de ser exclusivo desta e passa, tais caracterizações, a fazerem parte do namoro.

Surge, também, o namoro qualificado, citado pelos tribunais brasileiros, que consiste, justamente, no namoro que se aproxima demasiadamente da união estável, uma vez que apresenta os requisitos de publicidade, durabilidade e estabilidade, se diferenciando, apenas, no que aspecto subjetivo, qual seja, o objetivo de constituir família.

Assim, advém aos enamorados, a insegurança de que em seu relacionamento de namoro venha a ser reconhecido uma união estável, mesmo que indesejada ou incompatível com o relacionamento que mantêm. É nesse contexto, que se insere a contratualização das relações familiares e das relações amorosas, uma vez que ante as incertezas presentes, resolvem contratualizar o seu relacionamento, bem como com o objetivo de regular os seus aspectos.

Não há, entretanto, consenso acerca da realização da contratualização do namoro por meio do contrato de namoro, isso porque, em sua maioria, visam a proteção da união estável, trazendo que esse instrumento contratual é nulo ou inválido, ante a sua característica de afirmar algo que não é.

Contudo, vislumbrou-se que a realidade vigente exige uma nova forma de resguardo dos interesses pessoais, com ênfase nos interesses existenciais, ante a necessidade de resguardar a autonomia das pessoas e a forma com a qual se relacionam.

Assim, além de corresponder ao modelo de negócio jurídico contemporâneo, o contrato de namoro se demonstra como um instrumento hábil para a produção de efeitos, justamente por perpassar todos os planos para a sua eficácia plena.

A partir da teoria do negócio jurídico reafirma-se a possibilidade da contratualização do namoro, principalmente, por corresponder um desejo relevante das partes atualmente, tendo se tornado cada vez mais comum. Quanto aos planos do negócio jurídico, percebe-se que referido instrumento, quando em correlação com o suporte fático e presentes agente, vontade, objeto e forma, é existente, não havendo que se falar em inexistência de imediato.

No que se refere ao plano da validade, vislumbra-se que o contrato de namoro, observando o disposto no artigo 104 do Código Civil, perpassa por todos os requisitos, com ênfase na licitude do seu objeto que consiste em regulamentar uma situação fática, qual seja, o namoro existente entre as partes. A partir desse plano, o contrato de namoro passa a produzir plenos efeitos, estando, contudo, suscetível de condições de ineficácia futura, como eventual transformação do relacionamento para união estável ou casamento.

Dessa forma, ocorrendo a transformação do namoro para união estável, o contrato de namoro deixa de ser eficaz, uma vez que não corresponde mais com a situação fática. Isso se dá, justamente, em razão do objeto do contrato de namoro ser o relacionamento de namoro em si, na sua inexistência, esse instrumento perde a razão de ser.

Assim, além de plenamente justificável a realização do contrato de namoro, a partir da ótica negocial e da contratualização das relações familiares, a sua consecução é plenamente possível, não havendo óbices para a sua realização. Frisa-se que tal instrumento deve ser interpretado a partir da boa-fé, bem como deve observá-la. Dessa forma, não há que se falar em má-fé presumida desse instrumento, uma vez que o ordenamento pátrio exige a sua comprovação.

Além do mais, tal instrumento consiste na exteriorização da autonomia privada e da autodeterminação de cada pessoa de determinar a forma com a qual desejam se relacionar. Assegurar essa livre manifestação, em última instância, consiste em resguardar e garantir a efetivação da dignidade humana, uma vez que a pessoa se realiza, também, pela forma com a qual se relaciona com os outros, sendo que ingerências externas, não queridas, nesse âmbito, ocasiona uma ofensa à essas garantias.

O contrato de namoro, além de trazer maior segurança para que os enamorados possam vivenciar o seu relacionamento da maneira que melhor entendam e com a intensidade que desejam, corresponde à garantia constitucional do livre planejamento familiar, o qual é assegurado para a forma de configuração familiar e para a não configuração. Ainda, representa a exteriorização do Direito de Família mínimo, que se aplica, também aos relacionamentos amorosos, e apregoa que o Poder Público deve interferir minimamente nas relações privadas.

Sob essa ótica, não há quaisquer impedimentos para a consecução do contrato de namoro, o qual, na prática, deverá observar todos os requisitos para a realização de um negócio jurídico. E, assim como os demais, estará sujeito às suas vicissitudes sem, entretanto, a presunção dessas, uma vez que esse instrumento deve ser tratado como tal, ou seja, um instrumento contratual fundado na autodeterminação das partes e no seu direito de amar livremente.

Frisa-se a necessidade de correspondência do entabulado entre as partes com a realidade vigente. Assim, o contrato de namoro deve dispor sobre assuntos que são do interesse dos enamorados e deve ser elaborado levando em consideração cada relacionamento de namoro. Além do mais, atenta-se para a sua caracterização enquanto negócio jurídico, devendo ser observado as exigências legais para que possa ter plenos efeitos.

Dessa forma, essa manifestação de vontade encontra relevo e respaldo, em última instância, na dignidade da pessoa humana, uma vez que uma vida digna envolve a busca pela felicidade individual e os relacionamentos, para alguns, representam parte da sua realização e exteriorização da felicidade, sendo o contrato de namoro uma forma de assegurar a liberdade de cada casal.

Portanto, o contrato de namoro, além de necessário é um instrumento que visa assegurar que as partes tenham tranquilidade para exercer o amor um pelo outro, com tranquilidade e da forma que corresponda à vontade do casal, sem imposições externas desnecessárias. Ainda, acarreta maior conhecimento um do outro e maturidade ao relacionamento, uma vez que ao dispor sobre o que entendem como relevante por meio do contrato de namoro, passam a se conhecer mais profundamente.

REFERÊNCIAS

10º Tabelionato de Notas de Londrina. **Informações sobre contrato de namoro.** Destinatário: Franciele Barbosa Santos. Londrina, 18 de abril de 2023. 1 mensagem eletrônica.

ALEXY, Robert. **Teoria dos Direitos Fundamentais**. Tradução: Virgílio Afonso da Silva. 2. ed. São Paulo: Malheiros, 2015.

ALVES, José Carlos Moreira. **Direito Romano**. 16. ed. Rio de Janeiro: Forense, 2014.

ALVES, Leonardo Moreira. **Direito de família mínimo**: a possibilidade de aplicação e o campo de incidência da autonomia privada no direito de família. Rio de Janeiro: Lumen Juris, 2010. *E-book*.

AMARAL, Ana Claudia Corrêa Zuin Mattos do; HATOUM, Nida Saleh; HORITA, Marcos Massashi. O paradigma pós-moderno do negócio jurídico e a necessidade de uma nova concepção na contemporaneidade. **Scientia Iuris**, Londrina, v. 21, n. 2, p. 261-297, jul. 2017. DOI: 10.5433/2178-8189.2017v21n1p262. ISSN: 2178-8189.

AMARAL, Ana Cláudia Corrêa Zuin Mattos do; PONA, Éverton Willian. Fragmentos da autonomia e respeito à pessoa: um referencial de múltiplas fontes. *In*. ARAÚJO JUNIOR, Miguel Etinger; AMARAL, Ana Cláudia Corrêa Zuin Mattos do. (oorg.). **Estudos em direito negocial:** relações privadas e direitos humanos. Birigui, São Paulo: Boreal Editora, 2015.

AMARAL, Francisco. **Direito civil:** introdução. 8. ed. rev., mod., e ampl. Rio de Janeiro: Renovar, 2014.

AMORIN, Ana Mônica Anselmo de. A (des)necessária intervenção do Estado na autonomia familiar. **Civilistica.com**. Rio de Janeiro, a. 10, n. 2, 2021. Disponível em: http://civilistica.com/a-desnecessaria/. Data de acesso: 13 jan. 2023.

ANOREG. Associação dos Notários e Registradores do Brasil. **Clipping – Valor Econômico – Busca por contratos de namoro aumenta durante a pandemia.**

Disponível em: https://www.anoreg.org.br/site/clipping-valor-economico-busca--por-contratos-de-namoro-aumenta-durante-a-pandemia/. Acesso em: 14 abr. 2023

ARANHA, Maria Lúcia de Arruda; MARTINS, Maria Helena Pires. **Filosofando**: introdução à Filosofa. 4. ed. São Paulo: Moderna, 2009.

ARENDT, Hannah. **A condição humana**. 13ª. ed. Tradução de Roberto Raposo. Rio de Janeiro: Forense Universitária, 2020. *E-book*.

ARENDT, Hannah. **O conceito de amor em Santo Agostinho**. Tradução de: Alberto Pereira Dinis. Lisboa: Instituto Piaget, 1997.

ARGENTINA, **Código civil y comercial de la nacion**. Ley n. 26.994 (2014). Disponível em: https://www.uba.ar/archivos_secyt/image/Ley%2026994.pdf. Acesso em: 28 nov. 2022.

ARGENTINA. **Código Civil y Comercial de la Nácion.** Ciudad Autónoma de Buenos Aires: Infojus, 2014.

AZEVEDO, Alvaro Villaça. **Estatuto da família de fato**: de acordo com o atual Código Civil, Lei nº 10.406, de 10-01-2002. 3. ed. São Paulo: Atlas, 2011.

AZEVEDO, Antônio Junqueira de. **Negócio jurídico:** existência, validade e eficácia. 4. ed. atual. de acordo com o novo Código Civil. São Paulo: Saraiva, 2002.

BARROSO, Luís Roberto. **Curso de Direito Constitucional Contemporâneo**: os conceitos fundamentais e a construção do novo modelo. 10. ed. São Paulo: SaraivaJur, 2022. *E-book*.

BAUMAN, Zygmunt. **A sociedade individualizada**: vidas contadas e histórias vividas. Tradução: José Gradel, Rio de Janeiro: Zahar, 2008.

BAUMAN, Zygmunt. **Amor líquido**. Tradução: Carlos Alberto Medeiros. Rio de Janeiro: Jorge Zahar Ed., 2004.

BAUMAN, Zygmunt. **Legisladores e intérpretes, pós-modernidade e intelectuais**. Tradução: Renato Aguiar. Rio de Janeiro: Zahar, 2010.

BAUMAN, Zygmunt. **Modernidade Líquida**. Tradução: Plínio Dentzien. Rio de Janeiro: Zahar, 2001.

BAUMAN, Zygmunt. **O mal-estar da pós-modernidade**. Rio de Janeiro: Zahar, 2012. *E-book*.

BAUMAN, Zygmunt. **Tempos líquidos**. Rio de Janeiro: Jorge Zahar Ed., 2007. *E-book*.

BAUMAN, Zygmunt. **Vida líquida**. Rio de Janeiro: Jorge Zahar Ed., 2007.

BAUMAN, Zygmunt. **Vida para o consumo**: a transformação das pessoas em mercadorias. Tradução: Carlos Alberto Medeiros. Rio de Janeiro: Jorge Zahar, 2008.

BAUMAN, Zygmunt. **Vidas desperdiçadas**. Tradução: Carlos Alberto Medeiros. Rio de Janeiro: Jorge Zahar, 2005.

BAUMGARTEN, Maíra. Pós-modernidade e sociologia: notas para debate. *In*. LAMPERT, Ernâni. **Pós-modernidade e conhecimento**: educação, sociedade, ambiente e comportamento humano. Porto Alegre: Sulina, 2005.

BERLIN, Isaiah. Dois conceitos de liberdade. *In*. BERLIN, Isaiah. **Estudos sobre a humanidade**: uma antologia de ensaios. Tradução Rosaura Eichenberg. São Paulo: Companhia das Letras, 2002.

BETTI, Emílio. **Teoria geral do negócio jurídico**. Tradução: Servanda Editora. Campinas, SP: Servanda Editora, 2008.

BITTAR, Eduardo C. B. **O direito na pós-modernidade**. 3. ed. modificada e atualizada. São Paulo: Atlas, 2014.

BITTAR, Eduardo Carlos Bianca. O direito na pós-modernidade. **Revista Sequência**, nº 57, p. 131-157, dez. 2008.

BORTOLATTO, Ariani Folharini; GHILARDI, Dóris. Existir, valer ser eficaz: o que a teoria dos fatos jurídicos diz sobre o contrato de namoro? *In*. GHILARDI, Dóris; GOMES, Renaa Raupp. **Estudos avançados de direito de família e sucessões**, Volume I. Rio de Janeiro: Lumen Juris, 2020.

BOURDIEU, Pierre. **Contre-feux**, Ed. Liber Raisons d'agir, Grenoble, décembre 1997.

BOWMAN, Cynthia Grant. **A feminist proposal to bring back common law marriage** (1996). Cornell Law Faculty Publications. Disponível em: https://scholarship.law.cornell.edu/cgi/viewcontent.cgi?article=1137&context=facpub. Acesso em: 29 nov. 2022.

BRASIL. [Constituição (1988)]. **Constituição da República Federativa do Brasil de 1988**. Brasília, DF: Presidência da República, [2016]. Disponível em: http://www.planalto.gov.br/ccivil_03/Constituicao/Constituicao.htm. Acesso em: 21 dez. 2022.

BRASIL. Colégio Notarial do Brasil. **Clipping – diário online – 'contrato de namoro' virou moda entre os casais e ajuda a blindar bens; entenda**!, 2020. Disponível em: https://www.notariado.org.br/clipping-diario-online-contrato-de-namoro-virou-moda-entre-os-casais-e-ajuda-a-blindar-bens-entenda/. Acesso em: 14 de abr. 2023.

BRASIL. **Decreto-Lei nº 2.848, de 7 de dezembro de 1940**. Código Penal. Disponível em: https://www.planalto.gov.br/ccivil_03/decreto-lei/del2848compilado.htm. Acesso em: 26 abr. 2023.

BRASIL. **Enunciados do IBDFAM**. Disponível em: https://ibdfam.org.br/conheca-o-ibdfam/enunciados-ibdfam. Acesso em: 29 nov. 2022.

BRASIL. **Lei nº 8.971, de 29 de dezembro de 1994**. Regula o direito dos companheiros a alimentos e à sucessão. Disponível em: http://www.planalto.gov.br/ccivil_03/leis/l8971.htm. Acesso em: 28 nov. 2022.

BRASIL. **Lei nº 9.263, de 12 de janeiro de 1996**. Regula §7º do art. 226 da Constituição Federal, que trata do planejamento familiar, estabelece penalidades e dá outras providências. Disponível em: https://www.planalto.gov.br/ccivil_03/leis/l9263.htm. Acesso em: 8 fev. 2023.

BRASIL. **Lei nº 9.278, de 10 de maio de 1996**. Regula o §3º do art. 226 da Constituição Federal. Disponível em: http://www.planalto.gov.br/ccivil_03/leis/l9278.htm. Acesso em 28 nov. 2022.

BRASIL. **Lei nº 10.406, de 10 de janeiro de 2002**. Institui o Código Civil. Disponível em: https://www.planalto.gov.br/ccivil_03/leis/2002/l10406compilada.htm. Acesso em: 24 abr. 2023.

BRASIL. **Lei nº 11.106, de 28 de março de 2005**. Altera os arts. 148, 215, 216, 226, 227, 231 e acrescenta o art. 231-A ao Decreto-Lei nº 2.848, de 7 de dezembro de 1940 – Código Penal e dá outras providências. Disponível em: https://www.planalto.gov.br/ccivil_03/_ato2004-2006/2005/lei/l11106.htm#:~:text=Promover%2C%20intermediar%20ou%20facilitar%20a,oito)%20anos%2C%20e%20multa.&text=Pena%20%E2%80%93%20reclus%C3%A3o%2C%20de%204%20(,dez)%20anos%2C%20e%20multa. Acesso em: 26 abr. 2023.

BRASIL. Superior Tribunal de Justiça (STJ). **Recurso Especial nº 1454643-RJ**. Terceira Turma. Relator Min. Marco Aurélio Belizze. Data de julgamento: 03/03/2015. Data de Publicação. 10/03/2015. Disponível em: https://www.jusbrasil.com.br/jurisprudencia/stj/178417344/relatorio-e-voto-178417366. Acesso em: 25 nov. 2022.

BRASIL. Superior Tribunal de Justiça (STJ). **REsp n. 1944616 MT 2021/0186469-6**. Relator: Ministra Nancy Andrighi. Data de Julgamento: 08/03/2022, 3ª Turma. Data de Publicação: 11/03/2022. Disponível em: https://www.jusbrasil.com.br/jurisprudencia/stj/1481390356. Acesso em: 22 mar. 2023.

BRASIL. Superior Tribunal de Justiça (STJ). **REsp. n. 1668243 PR 2017/0088073-1**. Min. Relator: Min. Raul Araújo. Quarta Turma. Data de Julgamento: 12/09/2022. Data de Publicação: 29/09/2022. Disponível em: https://www.jusbrasil.com.br/jurisprudencia/stj/1660008456. Acesso em 24 mar. 2023.

BRASIL. Superior Tribunal de Justiça (STJ). **REsp. n. 1725736 CE 2018/0039765-0**. Min. Relator: Paulo de Tarso Sanseverino. Data de julgamento: 27/04/2021. Data de publicação: 21/05/2021. Disponível em: https://www.jusbrasil.com.br/jurisprudencia/stj/1213618996. Acesso em: 24 mar. 2023.

BRASIL. Superior Tribunal de Justiça (STJ). **REsp. n. 1909470 PR 2021/0170109-6**. Min. Relator: Min. Luís Felipe Salomão. Quarta Turma. Data de Julgamento: 30/06/2020. Data de Publicação: 16/12/2022. Disponível em: https://www.jusbrasil.com.br/jurisprudencia/stj/1726744349. Acesso em: 24 mar. 2023.

BRASIL. Superior Tribunal de Justiça. **Recurso Especial nº 1546140/PR.** Terceira Turma. Min. Ricardo Villas Bôas Cueva. Data de Julgamento: 08/03/2016. Data de Publicação: 28/03.2016. Disponível em: https://www.jusbrasil.com.br/jurisprudencia/stj/861795354. Acesso em: 25 abr. 2023.

BRASIL. Superior Tribunal de Justiça. **Recurso Especial nº 956.943/PR**. Relator: Min. Nancy Andrighi. Data do julgamento;20/08/2014. Data de Publicação: 01/12/2014. Disponível em: https://www.jusbrasil.com.br/jurisprudencia/stj/154634753/relatorio-e-voto-154634768. Acesso em: 25 abr. 2023.

BRASIL. Superior Tribunal de Justiça. **STJ garante direito de ex-companheiro visitar animal de estimação após dissolução da união estável**. Disponível em: https://www.stj.jus.br/sites/portalp/Paginas/Comunicacao/Noticias-antigas/2018/2018-06-19_20-21_STJ-garante-direito-de-excompanheiro-visitar-animal-de-estimacao-apos-dissolucao-da-uniao-estavel.aspx. Acesso em: 27 abr. 2023.

BRASIL. Superior Tribunal de Justiça. **Súmula 375**. Disponível em: https://scon.stj.jus.br/SCON/pesquisar.jsp. Acesso em: 25 abr. 2023.

BRASIL. Supremo Tribunal Federal. **Ação Direta de Inconstitucionalidade 4.277**. Distrito Federal. Relator. Min. Ayres Britto. Data de Julgamento: 05/05/2011. Data de publicação 13/10/2011. Disponível em: https://redir.stf.jus.br/paginadorpub/paginador.jsp?docTP=AC&docID=628635. Acesso em: 28 nov. 2022.

BRASIL. Supremo Tribunal Federal. **Recurso Extraordinário 883.168**. Relator: Min. Dias Toffoli. Data do Julgamento: 03/08/2021. Data de Publicação: 07/10/2021. Disponível em: https://portal.stf.jus.br/processos/detalhe.asp?incidente=4757390. Acesso em: 26 abr. 2023.

BRASIL. Tribunal de Justiça de Goiás. **Apelação Cível n. 03345663620178090051**, Relator: LUIZ EDUARDO DE SOUSA, Data de Julgamento: 14/03/2018, 1ª Câmara Cível, Data de Publicação: DJ de 14/03/2018. Disponível em: https://www.jusbrasil.com.br/jurisprudencia/tj-go/934223832. Acesso em 7 fev. 2023.

BRASIL. Tribunal de Justiça de Minas Gerais. **AI: 10000191606565005 MG**, Relator: Áurea Brasil, Data de Julgamento: 27/01/2022, Câmaras Cíveis / 5ª CÂMARA CÍVEL, Data de Publicação: 27/01/2022. Disponível em: https://www.jusbrasil.com.br/jurisprudencia/tj-mg/1362058192. Acesso em: 7 fev. 2023.

BRASIL. Tribunal de Justiça de Santa Catarina. **REsp 1183378/RS**, Rel. Ministro LUIS FELIPE SALOMÃO, QUARTA TURMA, j. 25/10/2011. TJ-SC - AC: 00124615220188240091 Capital 0012461-52.2018.8.24.0091, Relator: Marcus Tulio Sartorato, Data de Julgamento: 17/12/2019, Terceira Câmara de Direito Civil. Disponível em: https://www.jusbrasil.com.br/jurisprudencia/tj-sc/941474050. Acesso em: 9 fev. 2023.

BRASIL. Tribunal de Justiça do Distrito Federal e Territórios. **20150610133882 – Segredo de Justiça 0013172-97.2015.8.07.0006**, Relator: MARIA DE LOURDES ABREU, Data de Julgamento: 22/06/2016, 3ª TURMA CÍVEL, Data de Publicação: Publicado no DJE : 06/07/2016 . Pág.: 385/412. Disponível em: https://www.jusbrasil.com.br/jurisprudencia/tj-df/358375513. Acesso em: 7 fev. 2023.

BRASIL. Tribunal de Justiça do Estado de São Paulo. **Apelação Cível nº 10039841920188260236**. 7ª Câmara de Direito Privado. Relator: Rômulo Russo. Data do Julgamento: 28 de abril de 2021. Data de publicação: 28 de abril de 2021. Disponível em: https://www.jusbrasil.com.br/jurisprudencia/tj-sp/1200534161. Acesso em: 14 abr. 2023.

BRASIL. Tribunal de Justiça do Estado de São Paulo. **Apelação Cível nº 10071613820198260597**. 6ª Câmara de Direito Privado. Relator: Cristina Medina Mogioni. Data de julgamento: 02/06/2021. Data de Publicação: 02/06/2021. Disponível em: https://www.jusbrasil.com.br/jurisprudencia/tj-sp/1226383598. Acesso em: 14 abr. 2023.

BRASIL. Tribunal de Justiça do Paraná (TJPR). **Apelação n. 0003070-36.2016.8.16.0004**. Relator: Juiz Jefferson Alberto Johnsson. 6ª Câmara Cível. Data de julgamento: 10/09/2019. Data de publicação: 17/09/2019. Disponível em: https://www.jusbrasil.com.br/jurisprudencia/tj-pr/919342187. Acesso em: 29 mar. 2023.

BRASIL. Tribunal de Justiça do Paraná (TJPR). **Recurso Inominado nº 0002067-94.2018.8.16.0127**. 3ª Turma Recusal. Rel. Juiz. Leo Henrique Furtado Araújo. Data de Julgamento: 20/09/2019. Data de Publicação: 23/09/2019. Disponível em: https://www.jusbrasil.com.br/jurisprudencia/tj-pr/919320229. Acesso em: 25 abr. 2023.

BRASIL. Tribunal de Justiça do Paraná. **REEX: 00037748320208160109** Mandaguari 0003774-83.2020.8.16.0109 (Acórdão), Relator: Regina Helena Afonso de Oliveira Portes, Data de Julgamento: 10/08/2021, 4ª Câmara Cível, Data de Publicação: 16/08/2021. Disponível em: https://www.jusbrasil.com.br/jurisprudencia/tj-pr/1264574944. Acesso em 9 fev. 2023.

BRASIL. Tribunal de Justiça do Rio Grande do Sul. **Apelação Cível nº 70006235287**. Relator: Luiz Felipe Brasil Santos. Data de Julgamento: 10/06/2004. Disponível em: https://www.tjrs.jus.br/novo/buscas-solr/?aba=jurisprudencia&q=&conteudo_busca=ementa_completa. Acesso em: 25 abr. 2023.

BRASIL. Tribunal de Justiça do Rio Grande do Sul. **Negado pedido de reconhecimento e dissolução de namoro qualificado**. Notícias do TJRS, 2020. Disponível em: https://www.tjrs.jus.br/novo/noticia/negado-pedido-de-reconhecimento-e-dissolucao-de-namoro-qualificado/. Acesso em: 25 nov. 2022.

CARPENEDO, Caroline; KOLLER, Sílvia Helena. Relações amorosas ao longo das décadas: um estudo de cartas de amor. **Interação em Psicologia**, jan/jun. 2004, p. 01-13.

Cartório Julião – 2o Ofício de Registro Civil e 7o Tabelionato de Notas de Londrina-PR. **Informações sobre contrato de namoro**. Destinatário: Franciele Barbosa Santos. Londrina, 11 de abril de 2023. 1 mensagem eletrônica.

CARVALHO, Dimitre Braga Soares de. Contratos familiares: cada família pode criar seu próprio direito de família. *In:* TEIXEIRA, Ana Carolina Brochado;

RODRIGUES, Renata de Lima. **Contratos, família e sucessões**: diálogos interdisciplinares. 3. ed. Indaiatuba, SP: Editora Foco, 2023.

CASTELLS, Manuel. **Sociedade em rede**. Volume I. 8ª ed. Revista e ampliada. Tradução: Roneide Venancio Majer com contribuição de Klauss Brandini Gerhardt. São Paulo: Paz e Terra, 2000.

CASTILHO, Ricardo. **Liberdade:** fundamento dos Direitos Humanos. São Paulo: Expressa, 2021. *E-book*.

CATAN, João Henrique Miranda Soares. O réquiem dos contratos de namoro e a possibilidade da instituição da cláusula darwiniana. **IBDFAM**, 2013. Disponível em: https://ibdfam.org.br/artigos/890/O+r%C3%A9quiem+dos+contratos+de+namoro+e+a+possibilidade+da+institui%C3%A7%C3%A3o+da+cl%C3%A1usula+darwiniana. Acesso em: 27 abr. 2023.

CHILE. **Decreto con Fuerza de Ley 1**. FIJA TEXTO REFUNDIDO, COORDINADO Y SISTEMATIZADO DEL CODIGO CIVIL; DE LA LEY Nº4.808, SOBRE REGISTRO CIVIL, DE LA LEY Nº17.344, QUE AUTORIZA CAMBIO DE NOMBRES Y APELLIDOS, DE LA LEY Nº 16.618, LEY DE MENORES, DE LA LEY Nº 14.908, SOBRE ABANDONO DE FAMILIA Y PAGO DE PENSIONES ALIMENTICIAS, Y DE LA LEY Nº16.271, DE IMPUESTO A LAS HERENCIAS, ASIGNACIONES Y DONACIONES. Disponível em: https://www.bcn.cl/leychile/navegar?idNorma=172986. Acesso em: 23 mar. 2023.

CNN BRASIL. **Participação de mulheres no mercado de trabalho é 20% inferior à dos homens**, 2022. Disponível em: https://www.cnnbrasil.com.br/economia/participacao-de-mulheres-no-mercado-de-trabalho-e-20-inferior-a-dos-homens/. Acesso em: 25 abr. 2023.

COLE, Charles D. Common-law marriage in the contemporary united states. **Revista do Curso de Mestrado em Direito da UFC**, Fortaleza, v. 27, p. 357-365, jul./dez. 2007.

CONSTANT, Benjamin. **Da liberdade dos antigos comparada à dos modernos**. *In*. MONTEIRO, João Paulo e ou. Filosofia Política 2. Porto Alegre: L&PM Editores (UNICAMP/UFRGS – com apoio do CNPQ), 1985.

CORDEIRO, Antonio Menezes de. **Da boa-fé no direito civil**. Coimbra: Almedina, 1984.

COSTA, Manoel Augusto. **Aspectos demográficos da população economicamente ativa**, 1968. Disponível em: http://repositorio.ipea.gov.br/handle/11058/7666. Acesso em: 22 jul.2021.

CRUZ, Maria Luiza Póvoa. **Namoro ou união estável**. Recivil, 2014. Disponível em: https://recivil.com.br/artigo-namoro-ou-uniao-estavel-por-maria-luiza-povoa-cruz/. Acesso em: 25 abr. 2023.

DA SILVA, Regina Beatriz Tavares; CORREIA, Atalá; SOLAVAGIONE, Alicia García. União familiar de fato e seu estudo comparatístico. *In*. DA SILVA, Regina Beatriz

T.; CORREIA, Atalá; SOLAVAGIONE, Alicia García (Coord). **Tratado da união de fato**. São Paulo: Almedina, 2021.

DA SILVA, Regina Beatriz Tavares. A frouxidão dos requisitos da união estável e a equiparação de seus efeitos aos do casamento no direito brasileiro. *In*. DA SILVA, Regina Beatriz T.; CORREIA, Atalá; SOLAVAGIONE, Alicia García (Coord). **Tratado da união de fato**. São Paulo: Almedina, 2021.

DE SOLAVAGIONE, Alicia García. União convivencial na república Argentina. *In*. DA SILVA, Regina Beatriz T.; CORREIA, Atalá; SOLAVAGIONE, Alicia García (Coord). **Tratado da união de fato**. São Paulo: Almedina, 2021.

DEL PRIORI, Mary (org.). **História das mulheres no Brasil**. 7. ed. São Paulo: Contexto, 2004. *E-book*.

DIAS, Maria Berenice. **Manual de direito das famílias**. 11. ed. rev., atual., e ampl. São Paulo: Editora Revista dos Tribunais, 2016.

Escrivania de paz de cachoeira do bom jesus. **Informações sobre contrato de namoro**. Destinatário: Franciele Barbosa Santos. Londrina, 14 de abril de 2023. 1 mensagem eletrônica.

ESTADOS UNIDOS. **Griswold v. Connecticut**. Disponível em: https://www.oyez.org/cases/1964/496. Acesso em 8 fev. 2023.

FACHIN, Luiz Edson. **Estatuto jurídico do patrimônio mínimo**. 2. ed. revista e atualizada. Rio de Janeiro: Renovar, 2006.

FARIA, José Eduardo. A globalização econômica e sua arquitetura jurídica (dez tendências do direito contemporâneo)**. Revista da Academia Judicial**, Florianópolis, a.1, p. 41-59, dez. 2010.

FARIAS, Cristiano Chaves de; ROSENVALD, Nelson. **Curso de direito civil:** contratos. 7. ed. rev., e atual. Salvador: JusPodivm, 2017.

FARIAS, Cristiano Chaves de; ROSENVALD, Nelson. **Curso de Direito Civil**: Direito das Famílias. Volume 6. 4ª. ed. revista, ampliada e atualizada. Salvador: Editora JusPodivm, 2012.

FERRI, Luigi. **La autonomia privada**. Traduccíon y notas de derecho español: Luis Sancho Mendizábal. Granada: Editorial Comares, 2001.

FRANÇA. **Code civil**. Version en vigueur au 29 mars 1804. Disponível em: https://www.legifrance.gouv.fr/codes/section_lc/LEGITEXT000006070721/LEGISCTA000006136342/1804-03-29/#LEGISCTA000006136342. Acesso em: 1 mar. 2023.

FROMM, Erich. **A arte de amar**. São Paulo: Martins Fontes, 2000.

GAGLIANO, Pablo Stolze. **Contrato de namoro**. 2006. Disponível em: https://jus.com.br/artigos/8319/contrato-de-namoro. Acesso em: 20 abr. 2023.

GARBI, Carlos Alberto. A união de fato "duradoura"- em busca do tempo perdido. *In*: DA SILVA, Regina Beatriz T.; CORREIA, Atalá; SOLAVAGIONE, Alicia García (Coord). **Tratado da união de fato**. São Paulo: Almedina, 2021.

GARCIA, Emerson. A liberdade e o seu fundamento existencial. *In*. CONSTANT, Benjamin. **A Liberdade dos antigos comparada à dos modernos**. Tradução: Emerson Garcia. São Paulo: Atlas, 2015. *E-book*.

GEREMIAS, Daiana. **Até que a morte os separe: estas 7 pessoas se casaram com os seus animais**. Disponível em: https://www.megacurioso.com.br/comportamento/40219-ate-que-a-morte-os-separe-estas-7-pessoas-se-casaram-com-animais.htm. Acesso em: 26 abr. 2023.

GIDDENS, Anthony. **Modernidade e identidade**. Tradução: Plínio Dentzien. Rio de Janeiro: Jorge Zahar Ed., 2002.

GOMES, Orlando. **Contratos**. Atualizadores: Edvaldo Brito e Reginalda Paranhos de Brito. 28. ed. Rio de Janeiro: Forense, 2022. *E-book*.

GOMES, Orlando. **Transformações gerais do direito das obrigações**. 2. ed. aum. São Paulo: Ed revista dos Tribunais, 1980.

GROENINGA, Giselle Câmara. O Direito à Integridade Psíquica e o Livre Desenvolvimento da Personalidade. *In*: V CONGRESSO BRASILEIRO DO INSTITUTO BRASILEIRO DE DIREITO DE FAMÍLIA – IBDFAM, out. 2005, Belo Horizonte. **Anais.** Belo Horizonte: IBDFAM, out. 2005, p. 439-455.

GUIMARÃES, Deocleciano Torrieri. **Dicionário técnico jurídico**. Atualização de Ana Cláudia Schwenck dos Santos. 18. ed. São Paulo: Rideel, 2015.

HABERMAS, Jürgen. **O discurso filosófico da modernidade**. 2. ed. Lisboa: Publicações Dom Quixote, 1998.

HAN, Byung-Chul. **Agonia do eros**. Tradução de Enio Paulo Giachini. – Petrópolis, RJ: Vozes, 2017.

HANSEN, Gilvan Luiz. **Modernidade, utopia e trabalho**. Londrina: Engenho das Letras, 2020.

HARVEY, David. **A condição pós-moderna**: uma pesquisa sobre as origens da mudança cultural. São Paulo: Edições Loyola, 1992.

HIRONAKA, Giselda Maria Fernandes Novaes. A incessante travessia dos tempos e a renovação dos paradigmas: a família, seu status e seu enquadramento na pós-modernidade. **Revista da Faculdade de Direito da Universidade de São Paulo.** V. 101, p. 153-167. Jan/dez, 2006.

HIRONAKA, Giselda Maria Fernandes Novaes. A incessante travessia dos tempos e a renovação dos paradigmas: a família, seu status e seu enquadramento na pós-modernidade. **Revista da Faculdade de Direito da Universidade de São Paulo**. V. 101, p. 153-167. Jan/dez, 2006.

IBGE. **Estatísticas de gênero**: uma análise dos resultados do censo demográfico 2010. Disponível em: https://biblioteca.ibge.gov.br/visualizacao/livros/liv88941.pdf. Acesso em: 22 jul. 2021.

ITÁLIA. **Codice civile**. Regio Decreto 16 marzo 1942, n.262. Disponível em: https://www.gazzettaufficiale.it/atto/serie_generale/caricaDettaglioAtto/originario?

atto.dataPubblicazioneGazzetta=1942-04-04&atto.codiceRedazionale=042U0262. Acesso em: 22 mar. 2023.

JUSBRASIL. **Contrato de namoro jurisprudência**. Disponível em: https://www.jusbrasil.com.br/jurisprudencia/busca?q=contrato+de+namoro+jurisprud%C3%AAncia&p=2. Acesso em: 14 abr. 2023.

KUMAR, Krishan. **Da sociedade pós-industrial à pós-moderna**: novas teorias sobre o mundo contemporâneo. 2. ed. Rio de Janeiro: Zahar, 1997.

LAMPERT, Ernâni. **Pós-modernidade e conhecimento**: educação, sociedade, ambiente e comportamento humano. Porto Alegre: Sulina, 2005.

LÊDO, Ana Paula Ruiz; SABO, Isabela Cristina; AMARAL, Ana Cláudia Corrêa Zuin Mattos do. Existencialidade humana: o negócio jurídico na visão pós-moderna. **Civilistica.com**. Rio de Janeiro, a. 6, n. 1, 2017. Disponível em: http://civilistica.com/existencialidade-humana-o-negocio-juridico/. Acesso em: 17 abr. 2023.

LÊDO, Ana Paula Silveira; MARQUESI, Roberto Wagner. O princípio da boa-fé objetiva como densificador da dignidade humana nas relações negociais. *In*: **Scientia Iuris.** v. 21, n. 3, p. 248-286, nov. 2017.

LEVY, Daniel de Andrade. **Responsabilidade civil**: de um direito dos danos a um direito das condutas lesivas. São Paulo: Atlas, 2012.

LIMA E BRITO, Laura Souza. **Liberdade e direitos humanos**: fundamentação jusfilosófica de sua universalidade. São Paulo: Saraiva, 2013.

LIMA, Caroline Melchiades Salvadego Guimarães de Souza; SANTOS, Pedro Henrique Amaducci Fernandes dos; MARQUESI, Roberto Wagner. Negócios jurídicos contemporâneos: a efetivação da dignidade da pessoa humana com alicerce nos contratos existenciais. **Civilistica.com**, v. 7, n. 3, p. 1-24, 16 dez. 2018. Disponível em: http://civilistica.emnuvens.com.br/redc/article/view/373/313. Acesso em: 22 out. 2021.

LÔBO, Paulo. **Direito Civil**: famílias. Volume 5. 11. ed. São Paulo: Saraiva, 2021. *E-book*.

LYTOARD, Jean-François. **A condição pós-moderna**. 12 ed. Rio de Janeiro: José Olympio, 2009.

MADALENO, Rolf. **Manual de direito de família**. 4. ed. Rio de Janeiro: Forense, 2022. *E-book*.

MALUF, Adriana Caldas do Rego Freitas Dabus. **Novas modalidades de família na pós-modernidade**, 2010. Tese (Doutorado em Direito) Faculdade de Direito da USP, 2010.

MALUF, Adriana Caldas do Rego Freitas. **Direito das famílias**: amor e bioética. Rio de Janeiro: Elseier, 2012.

MALUF, Carlos Alberto Dabus. União estável no direito brasileiro. *In*. DA SILVA, Regina Beatriz T.; CORREIA, Atalá; SOLAVAGIONE, Alicia García (Coord). **Tratado da união de fato**. São Paulo: Almedina, 2021.

MARQUESI, Roberto Wagner; MARTINS, Priscila Machado. Eficácia horizontal dos direitos fundamentais e negócios jurídicos existenciais. *In*: Ana Cláudia Corrêa Zuin Matos do Amaral; Éverton Pona; Priscila Machado Martins. (Org.). **Negócio jurídico e liberdades individuais**. Curitiba: Juruá, 2016.

MARTINS-COSTA, Judith. **A boa-fé no Direito Privado**: critérios para a sua aplicação. 2. ed. – São Paulo: Saraiva Educação, 2018. *E-book.*

MARZAGÃO, Silvia Felipe. **Contrato paraconjugal**: a modulação da conjugalidade por contrato teoria e prática. Indaiatuba, SP: Foco, 2023.

MELLO, Marcos Bernardes de. Breves notas sobre o perfil jurídico da união estável. **Revista Ibdfam**: Família e Sucessões, v. 39, p. 138-164, maio/jun.2020.

MELLO, Marcos Bernardes de. **Teoria do fato jurídico**: plano da existência. 15. ed. rev. São Paulo: Saraiva, 2008.

MILL, John Stuart. **Sobre a Liberdade**. Tradução: Pedro Madeira. Lisboa: Edições 70, 2016. *E-book.*

MINAS GERAIS. 1º Ofício de Registro de Títulos e Documentos de Belo Horizonte – Minas Gerais. **Contrato de namoro**. Disponível em: https://www.1rtdbh.com.br/areas-de-atuacao/contrato-de-namoro/. Acesso em: 14 abr. 2023.

MIRANDA, Custódio da Piedade Ubaldino. **Interpretação e integração dos Negócios Jurídicos**. São Paulo: Editora Revista dos Tribunais LTDA, 1989.

MITTANCK, Vanuza Alvez. As mulheres de 1950: seu comportamento e suas atitudes. *In*. **Anais eletrônicos do Seminário Internacional Fazendo Gênero 11 & 13th Women's Congress**. Florianópolis, 2017. ISSN 2179-510X.

MORAES, Maria Celina Bodin de; TEIXEIRA, Ana Carolina Brochado. Contratos no ambiente familiar. *In*: TEIXEIRA, Ana Carolina Brochado; RODRIGUES, Renata de Lima. **Contratos, família e sucessões**: diálogos interdisciplinares. 3. ed. Indaiatuba, SP: Foco, 2023.

MOREIRA, Fernando. **Americana faz 'contrato de namoro' que exige flores duas vezes por mês e treino em academia**. Disponível em: https://extra.globo.com/noticias/page-not-found/americana-faz-contrato-de-namoro-que-exige-flores-duas-vezes-por-mes-treino-em-academia-25191829.html. Acesso em: 20 abr. 2023.

MULTEDO, Renata Vilela. **Liberdade e família**: limites para a intervenção do Estado nas relações conjugais e parentais. Rio de Janeiro: Processo, 2017.

NALIN, Paulo. **Do contrato**: conceito pós-moderno em busca de sai formulação na perspectiva civil-constitucional. 2ª ed. Curitiba: Juruá, 2008.

NAMORO. *In*. DICIO, Dicionário Online de Português. Disponível em: https://www.dicio.com.br/namoro/. Acesso em: 28 mar. 2023.

NEGREIROS, Teresa. **Teoria do contrato:** novos paradigmas. 2. ed. Rio de Janeiro: Renovar, 2006.

NEVES, Marcelo. **Entre Têmis e Leviatã**: uma relação difícil: o Estado Democrático de Direito a partir e além de Luhmann e Habermas. São Paulo: Martins Fontes, 2006.

NUNES, Dayanne Eduarda Alves Matias; CAVALCANTI, João Paulo Lima. A (in) validade do contrato de namoro e a possível descaracterização da união estável. **IBDFAM,** 2021. Disponível em: https://ibdfam.org.br/artigos/1644/A+%28in%29validade+do+contrato+de+namoro+e+a+poss%C3%ADvel+descaracteriza%C3%A7%C3%A3o+da+uni%C3%A3o+est%C3%A1vel. Acesso em: 25 abr. 2023.

OLIVEIRA, Euclides de. A escalada do afeto no direito de família: ficar, namorar, conviver, casar. Belo Horizonte: IBDFAM, 2005. **Anais do V Congresso de Direito de Família**. Disponível em: http://www.ibdfam.org.br/assets/upload/anais/13.pdf. Acesso: 24 nov. 2022.

ORGANIZAÇÃO DAS NAÇÕES UNIDAS. **Declaração Universal dos Direitos Humanos, 1948**. Disponível em: https://www.unicef.org/brazil/declaracao-universal-dos-direitos-humanos. Acesso em: 21 dez. 2022.

PADILHA, Elisângela. **Novas estruturas familiares**: por uma intervenção mínima do estado. Rio de Janeiro: Lumen Juris, 2017.

PARSONS, Talcott. **O sistema das sociedades modernas**. São Paulo: Livraria Pioneira Editora, 1974.

PASSOS, Edilenice. **Memória Legislativa do Código Civil**. Brasília: Senado Federal, 2012.

PELUSO, Cezar. **Código civil comentado**: doutrina e jurisprudência. Barueri/SP: Editora Manole, 2022. *E-book*.

PEREIRA, Caio Mário da Silva. **Instituições de Direito Civil**: Direito de Família. Vol. V. Atual. Tânia da Silva Pereira. 25. ed. ver., atual., e ampl. Rio de Janeiro: Forense, 2019. *E-book*.

PEREIRA, Caio Mário da Silva. **Instituições de direito civil**: introdução ao direito civil: teoria geral de direito civil. Atualizadora e Colaboradora: Maria Celina Bodin de Moraes. 34. ed. Rio de Janeiro: Forense, 2022.

PEREIRA, Rodrigo da Cunha; FACHIN, Edson. **Direito das Famílias**. 3. ed. Rio de Janeiro: Forense, 2022. *E-book*.

PEREIRA, Rodrigo da Cunha. Estatuto das Famílias. **IBDFAM, 2007**. Disponível em: https://www.migalhas.com.br/depeso/49755/estatuto-das-familias. Acesso em: 11 abr. 2023.

PEREIRA, Rodrigo da Cunha. **Direito das famílias**. Rio de Janeiro: Forense, 2020.

PEREIRA, Rodrigo da Cunha. **Princípios fundamentais e norteadores para a organização jurídica da família**. 2004. 157 f. Tese (Doutorado): Universidade Federal do Paraná, Programa de pós-graduação em Direito, Curitiba, 2004.

PERLINGIERI, Pietro. **Perfis do direito civil**. Tradução de: Maria Cristina de Cicco. 2ª. ed. Rio de Janeiro: Renovar, 2002.

PETTIT, Philip. Liberalismo y republicanismo. *In*. OVEJERO, Félix; MARTÍ, José Luis; GARGARELLA, Roberto (compiladores). **Nuevas ideas republicanas: autogobierno y libertad**. Barcelona: Paidós, 2004.

PONA, Éverton Willian; AMARAL, Ana Cláudia Corrêa Zuin Mattos do. A Vida numa Casca de Noz? – A Insuficiência do Direito Subjetivo e a Potencialidade das Situações Jurídicas como Categoria Base para a Aplicação do Direito e Realização da Autonomia Privada. *In*: PONA, Éverton Willian; AMARAL, Ana Cláudia Corrêa Zuin Mattos do; MARTINS, Priscila Machado (coord.). **Negócio jurídico e liberdades individuais**: autonomia privada e situações jurídicas existenciais. Curitiba: Juruá, 2016.

PRADO, Rodrigo Murad do. **Fundamentos do direito penal mínimo**: uma abordagem criminológica. 3. ed. Rio de Janeiro: Lumen Juris, 2018.

PRATA, Ana. **A tutela constitucional da autonomia privada**. Coimbra: Almedina, 2017.

R7. **Mulher se casa com gata de estimação para contornar proibições de donos de apartamentos**. Disponível em: https://noticias.r7.com/hora-7/mulher-casa-com-gata-de-estimacao-para-contornar-proibicoes-de-donos-de-apartamentos-02052022. Acesso em: 26 abr. 2023.

RAMOS, Cesar Augusto. O liberalismo político e seus críticos. **Crítica Revista de Filosofia**, Londrina, v. 10, n. 32, p. 229-264, out. 2005.

RAMOS, Cesar Augusto. **O modelo liberal e republicano de liberdade**: uma escolha disjuntiva? Transformação, v. 34, n 1, p. 43-66, 2011.

RODRIGUES JUNIOR, Otavio Luiz. Autonomia da vontade, autonomia privada e autodeterminação: notas sobre a evolução de um conceito da Modernidade e na Pós-modernidade. **Revista de Informação Legislativa**, Brasília a. 41 n. 163 jul./set. 2004.

ROPPO, Enzo. **O contrato**. Trad. Ana Coimbra e M. Januário C. Gomes. Coimbra: Almedina, 2009.

ROSENVALD, Nelson. **Dignidade humana e boa-fé no código civil**. São Paulo: Saraiva, 2005.

RUZYK, Carlos Eduardo Pianovski. **Liberdade(s) e função**: Contribuição crítica para uma nova fundamentação da dimensão funcional do Direito Civil brasileiro. 2009. 402f. Tese (Doutorado em Direito) – Universidade Federal do Paraná, Curitiba, 2009.

SANTOS, Franciele Barbosa; PAIANO, Daniela Braga. Autonomia privada nas relações familiares: é possível namorar atualmente?. **Revista Meritum**, Belo Horizonte, vol. 16, n. 3, p. 10-27, 2021. DOI: https://doi.org/10.46560/meritum.v16i3.8735.

SANTOS, Franciele Barbosa; PAIANO, Daniela Braga. O amor na modernidade e a eficácia do contrato de namoro enquanto negócio jurídico. **Intertemas**: Revista da Toledo, v. 25, n. 2, 2020, p. 136-155. Disponível em: http://intertemas.toledoprudente.edu.br/index.php/INTERTEMAS/article/view/8964. Acesso em: 20 abr. 2023.

SÃO PAULO. 26º Tabelionato de Notas. **Contrato de namoro**, 2021. Disponível em: https://www.26notas.com.br/noticias/contrato-de-namoro. Acesso em: 14 abr. 2023.

SÃO PAULO. Associação dos Notários e Registradores do Estado de São Paulo (ANOREG SP). **Clipping – o povo – contrato de namoro?**, 2020. Disponível em: https://www.anoregsp.org.br/noticias/40048/clipping-o-povo-contrato-de-namoro. Acesso em: 14 abr. 2023.

SARLET, Ingo Wolfgand. Teoria dos direitos fundamentais. *In*. SARLET, Ingo Wolfganga; MARINONI, Luiz Guilherme; MITIDIERO, Daniel. **Curso de direito constitucional**. 6. ed. São Paulo: Saraiva, 2017. *E-book*.

SCHREIBER, Anderson. **A proibição de comportamento contraditório**: tutela da confiança e *venire contra factum* proprium. 4. ed. revista e atualizada. São Paulo: Atlas, 2016

SOARES, Marcos Antônio Striquer; PASSI, Renata Capriolli Zocatelli Queiroz. A superação do paradigma clássico do negócio jurídico: liberalismo e republicanismo. **Scientia Iuris**, Londrina, v. 21, n. 1, p.245-268, mar. 2017. DOI: 10.5433/2178-8189.2017v21n1p245. ISSN: 2178 –8189.

SOUZA, Eduardo Nunes de. Situações jurídicas subjetivas: aspectos controversos. **Civilistica.com**, Rio de Janeiro, a. 4, n. 1, p. 1-26, 2015. Disponível em: http://civilistica.com/situacoes-juridicas-subjetivas-aspectos-controversos/. Acesso em: 13 abr. 2023.

SPINOZA, Benedictus. **Ética**. Tradução de: Tomaz Tadeu. Belo Horizonte: Autêntica Editora, 2009. *E-book*.

STRAKE, Ana Raquel Fortunato dos Reis. Instabilidade sistêmica do reconhecimento e dos efeitos da união estável para o desenvolvimento econômico brasileiro: uma razão para a contratualização do direito de família. *In*. TEIXEIRA, Ana Carolina Brochado; RODRIGUES, Renata de Lima. **Contratos, família e sucessões**: diálogos interdisciplinares. 3. ed. Indaiatuba, SP: Editora Foco, 2023.

STROZZI, Arthur Lustosa. **Da reconstrução da boa-fé**: por uma boa-fé intersubjetiva com base na teoria de Axel Honneth. Londrina/PR: Thoth, 2022.

SUMMERS, Robert S. Good faith in general contract law and the sales provision of the Uniform Commercial Code. **Virginia Law Review**, v. 54, n. 2, p. 195-267, Mar. 1968.

TARTUCE, Flávio. **Direito civil**: direito de família. 17. ed. Rio de Janeiro: Forense, 2022, s.p., l. 20. *E-book*.

TARTUCE, Flávio. **Manual de Direito Civil**: volume único. 12. ed. Rio de Janeiro, Forense: Método, 2022.

TARTUCE, Flávio. **O princípio da boa-fé objetiva no direito de família**, 2005. Disponível em: https://www.ibdfam.org.br/assets/upload/anais/48.pdf#:~:text=No%20presente%20trabalho%2C%20abordaremos%20especificamente,com%20o%20Direito%20de%20Fam%C3%ADlia.&text=Sendo%20a%20boa%2Df%C3%A9%20um,operabilidade%20%C3%A9%20percebida%20de%20imediato. Acesso em: 24 mar. 2023.

TEIXEIRA, Ana Carolina Brochado. Prefácio para **Contrato de namoro:** amor líquido e direito de família mínimo, de Marília Pedroso Xavier, 2. ed. Belo Horizonte: Fórum, 2020.

TEPEDINO, Gustavo. O valor jurídico do afeto e a contratualização do direito de família. [Editorial]. **Revista Brasileira de Direito Civil – RBDCivil** | Belo Horizonte, v. 31, n. 4, p. 13-15, out./dez. 2022.

TOMASEVICIUS FILHO, Eduardo. **O princípio da boa-fé no direito civil**. São Paulo: Almedina, 2020.

UNITED KINGDOM. **Living together and marriage:** legal differences. Disponível em: https://www.citizensadvice.org.uk/family/living-together-marriage-and-civil-partnership/living-together-and-marriage-legal-differences/. Acesso em: 12 mai. 2023.

VELOSO, Zeno. É namoro ou união estável?. **Ibdfam,** 2016. Disponível em: https://ibdfam.org.br/noticias/6060. Acesso em: 10 abr. 2023.

XAVIER, Marília Pedroso. Apresentação. *In*: MARZAGÃO, Silvia Felipe. **Contrato paraconjugal: a modulação da conjugalidade por contrato teoria e prática**. Indaiatuba, SP: Foco, 2023.

XAVIER, Marília Pedroso. **Contrato de namoro**: amor líquido e direito de família mínimo. 2. ed. Belo Horizonte: Fórum, 2020.

XAVIER, Marília Pedroso. **Contrato de namoro**: amor líquido e direito de família mínimo. 2011. Dissertação (mestrado) – Universidade Federal do Paraná, Setor de Ciências Jurídicas, Programa de Pós-graduação em Direito, Curitiba, 2011. Orientador: Paulo Roberto Ribeiro Nalin.

XAVIER, Marília Pedroso. O contrato de namoro como instrumento de planejamento sucessório. *In*. TEIXEIRA, Daniele Chaves. **Arquitetura do Planejamento Sucessório Tomo III**. Belo Horizonte: Editora Fórum, 2022.

ANEXOS

ANEXO A
Modelo de contrato de namoro lavrado perante o 10º tabelionato da cidade de londrina/pr

ESCRITURA PÚBLICA DE DECLARAÇÃO

OUTORGANTES:

S A I B A M quantos esta pública escritura de declaração bastante virem, que aos dezenove dias do mês de agosto do ano de dois mil e vinte e um (19/08/2021);, neste Município e Comarca de Londrina, Estado do Paraná, Brasil, em Cartório, XXXX, Tabelião do 10º Tabelionato de Notas de Londrina, Paraná, comparece a parte entre si justa e contratada, a saber, como outorgante declarante, XXXXXX, brasileiro, divorciado, profissão, nascido aos XXXX, filho de XXXXXX, portador da Cédula de Identidade/RG, sob nº XXXXX, inscrito no CPF/MF sob nº XXXXXX residente e domiciliado á XXXXX, nº XXXX – apartamento XXXXXX, na Cidade Londrina/PR; XXXXXX, brasileira, solteira, maior e capaz, profissão, nascida XXXXX, filha de XXXXX, portadora da Cédula de Identidade/RG, sob nº XXXX, inscrita no CPF/MF sob nº XXXXX residente e domiciliada á XXXX, nº XXXX, apartamento XXXX, na Cidade de Londrina/PR; reconhecidos como os próprios de mim Notário do que dou fé. E, perante esta e pelos outorgantes declarantes, me foi dito de sua livre e espontânea vontade, sob pena de responsabilidade civil e penal e repetirá em Juízo se necessário for, o seguinte: tem entre si, justo e acertado, firmar este contrato de namoro pelas seguintes cláusulas e condições. O outorgante XXXXXX doravante apenas como NAMORADO e a outorgante XXXXXX doravante apenas como NAMORADA, e quando em conjunto, apenas PARTES. Cláusula 1ª – OBJETO §1º. As PARTES declaram que estão em um relacionamento baseado no mútuo afeto, respeito, lealdade e carinho, popularmente conhecido como namoro, definindo-o desde já como uma relação amorosa em que as PARTES se comprometem socialmente, mas sem estabelecer qualquer intenção matrimonial perante a legislação brasileira ou instituições religiosas para constituição de família, mesmo que coabitem. §2º. As PARTES declaram que o relacionamento também não se configura como união estável e nem que possuem a vontade de constituí-la e caso esta intenção mude, será ela objeto de novo contrato e/ou escritura pública, com anuência forma e expressa de ambas as partes. Cláusula 2ª – VIGÊNCIA §1º. As PARTES declaram que o relacionamento teve início em vinte e três de abril de dois mil e dezenove (23/04/2019) e que as condições aqui estabelecidas retroagem à data do início do relacionamento, permanecendo vigente enquanto não dissolvida a relação ou convertida em união estável ou matrimônio, ambas por expressa vontade das partes. Cláusula 3ª – COABITAÇÃO §1º. As PARTES declaram que, apesar de não ter finalidade de constituir família ou firmar união estável, coabitam desde nove de maio de dois mil e vinte um (09/05/2021), com a finalidade exclusiva de redução de custos e despesas inerentes à moradia, alimentação, dentre outras despesas do casal na proporção de suas respectivas capacidades. §2º. Cabe a cada um atender financeiramente suas próprias despesas, não excluindo a possibilidade de eventual auxílio prestado de forma mútua. Cláusula 4ª – FILHOS §1º. A NAMORADA declara conhecer a filha XXXXXX do NAMORADO oriunda de anterior relação conjugal. §2º. As PARTES reconhecem que atualmente a NAMORADA mantém boa relação com a filha do NAMORADO e assim se manterá, bem como reconhecem que a obrigação pela educação desta filha, inclusive suporte financeiro, é de total e exclusiva responsabilidade do NAMORADO. §3º. A NAMORADA declara não se opor às viagens do NAMORADO para visitação de sua filha XXXXXX, nem que esta venha visitá-los na residência comum do casal em qualquer momento, data e sem limitação de tempo. §4º. As PARTES declaram que eventual oposição para que a filha XXXXXX resida com eles na residência comum, poderá ser considerado justo motivo para a dissolução da relação. Cláusula 5ª – INDEPENDÊNCIA ECONÔMICA §1º. As PARTES declaram ser plenamente independentes economicamente, não necessitando de qualquer assistência por qualquer das partes para subsistência própria. §2º. Ante a independência econômica declarada, as

PARTES renunciam de forma irretratável e irrevogável, a qualquer ajuda material pela contraparte, a título de alimentos ou não, especialmente em caso de extinção da relação ou deste contrato. §3º. Considerando o caráter exclusivamente afetivo, prevalece entre as PARTES total e inquestionável separação total dos bens que cada um possui ou vier a possuir no decorrer do namoro. Cláusula 6ª – DISSOLUÇÃO §1º. Este contrato pode ser resolvido unilateralmente por qualquer uma das PARTES, em qualquer momento, pela simples declaração de vontade de um ao outro, independentemente de notificação prévia. §2º. Também restará o relacionamento dissolvido e o contrato rescindido ante o inadimplemento das obrigações de lealdade, fidelidade ou mesmo se as PARTES separadas de fato, não mais se apresentarem como namorados. §3º. Em caso de dissolução do relacionamento, todas as obrigações assumidas em conjunto durante a vigência deste contrato deverão ser imediatamente resolvidas por iniciativa da parte responsável ou titular da obrigação. Qualquer perfil social ou plano de assinatura de serviço assumido em conjunto durante a vigência do contrato deverá ser resolvido. O uso em conjunto de plataformas por assinatura assumidas por apenas um dos contratantes, implicará na imediata remoção do acesso à outra parte. §4º. Eventuais pertences em posse da parte contrária deverão ser devolvidos. Qualquer bem dado como presente à outra parte não poderá ter sua devolução exigida. Entende-se como presente qualquer objeto dado de maneira gratuita ao outro com o intuito de proporcionar felicidade, independente da ocasião, seja ela comemorativa ou não, de forma que não caracteriza em formação de patrimônio conjunto. §5º. A guarda de eventuais animais de estimação adquiridos durante a vigência deste contrato deverá ser decidida em comum acordo no momento da dissolução do relacionamento, sendo resguardada a visita da outra parte ou ainda a guarda compartilhada do animal. §6º. Os bens que guarnecerem a residência comum ficarão para a parte que adquiriu ou introduziu na residência. §7º. Considerando a natureza deste contrato e de seu objeto, ou seja, como namoro e não união estável, desde já as PARTES renunciam qualquer direito de alimentos eventualmente devido um ao outro. Cláusula 7ª – AUSÊNCIA DE DIREITO À SUCESSÃO §1º. Dado a forma da relação estabelecida neste contrato, as PARTES declaram ciência que não farão parte dos direitos sucessórios um do outro e expressamente renunciam qualquer forma de herança, meação ou demais direitos de sucessão. §2º. Considerando que as partes não adquirem direitos sucessórios pela relação de namoro assumida, a NAMORADA declara ter ciência que não possui direito à pensão especial eventualmente concedida por força do artigo 260, da Lei Estadual do Paraná nº 6.174/70 (Estatuto do

Servidor, que estabelece o regime jurídico dos servidores civis do Executivo do Estado do Paraná), sendo que em caso de falecimento do NAMORADO o valor desta pensão especial será paga integralmente aos filhos varões do NAMORADO, até atingirem a maioridade e sem limite de idade desde que sofram de moléstia que os impossibilite de trabalhar, e às filhas solteiras do NAMORADO, ainda que maiores. Cláusula 8ª – DISPOSIÇÕES GERAIS §1º. As PARTES declaram que tem ciência e integral conhecimento que este instrumento particular não goza de validade e eficácia perante terceiros, senão apenas entre as PARTES e que para que a validade, eficácia e amplitude das cláusulas aqui estabelecidas, necessário a outorga de escritura pública, momento que ambos deverão obrigatória e pessoalmente comparecer ao serviço de notas de sua preferência, inclusive para qualquer alteração, modificação e acréscimo, ficando a partir de então sem valor qualquer outro escrito, documento ou declaração particular que disponha de forma diversa, seja com data anterior ou posterior à escritura pública. §2º. As PARTES elegem o foro central da comarca da região metropolitana de Londrina para serem dirimidas eventuais pendências ou controvérsias oriundas deste contrato. Por ser expressão da verdade e para que surta os devidos fins de direito, foi-me dito que aceitam esta escritura, em seus expressos termos, tal como está redigida, com tudo o que nela se contém e com a qual estão de pleno acordo. Assim o disseram e dou fé. Por pedido das partes lavrei esta que lhe sendo lida, em voz alta, aceitam e assinam dispensando as testemunhas instrumentarias, conforme dispõe Art. 684, do Código de Normas nº 249/2013 da Egrégia Corregedoria Geral da Justiça do Estado do Paraná.

Anexo B
Modelo de contrato de namoro firmado na cidade de Curitiba/PR (disponibilizado por Marília Pedroso Xavier)

Escritura Pública de Declaração e Renúncia que fazem: __________ e __________ como declarado na forma abaixo:

SAIBAM quantos esta pública Escritura de Declaração e Renúncia virem que aos trinta e um dias do mês de março do ano de um mil novecentos e noventa e oito (31/03/1998) nesta cidade de Curitiba, Capital do Estado do Paraná, em Cartório, perante mim Empregado Juramentado do Tabelião que esta subscreve, compareceram como outorgantes declarantes o Sr. __________ e a Sra. __________; os presentes reconhecidos pelos documentos apresentados nesta Escritura, do que dou fé. E, por esta Escritura e nos melhores termos de direito declaram o seguinte: – para todos os fins e efeitos de direito que, embora a 06 (seis) meses estejam habitualmente convivendo juntos, além de outras atividades sociais, inclusive mantendo ou não ocasionalmente ou de forma habitual relacionamento sexual íntimo, tal comportamento não implica convivência pública, duradoura e contínua, pois não tem por objetivo tornar-se legal a convivência. Não estando assim caracterizada a união estável, renunciam expressamente e retroativamente desde a inicial convivência, a todos os direitos em relação a quaisquer bens móveis ou imóveis adquiridos por ambas as partes, continuando cada um dos declarantes a constituir em nome próprio o seu patrimônio, de forma que esse fique distinto e incomunicável, tanto para aqueles adquiridos no passado, quanto aos que venham a ser adquiridos na continuidade da relação que atualmente mantêm entre si, e declaram ainda, que no caso da inexistência de continuidade do mencionado relacionamento, nenhum direito a título de indenização caberá a qualquer um dos declarantes, renunciando reciprocamente, portanto, a todos os direitos e deveres previstos na Lei n.o 9.278, de 10/05/1996.

Modelo de Escritura Pública de declaração de inexistência de união estável e renúncia de direitos pessoais e patrimoniais decorrentes de relacionamento íntimo cordialmente cedido pelo 1.o Tabelionato Giovanetti de Curitiba, PR.

Anexo C
Modelo de Contrato de Namoro disponibilizado no site JusBrasil

CONTRATANTES: ________ , ________ , ________ , ________ , portadora da carteira de identidade RG nº ________ , expedida pela ________ , inscrita no CPF sob nº ________ , e,

________ , ________ , ________ , portador da carteira de identidade RG nº ________ , expedida pela ________ , inscrita no CPF sob nº ________ , ambos maiores, residentes e domiciliados na Rua ________ , nº ________ , apartamento ________ , na cidade de ________ .

Decidem as partes, pessoas juridicamente capazes para o ato, identificados documentalmente e reconhecidos como os próprios na melhor forma de direito, celebrar o presente CONTRATO DE NAMORO, o que fazem, mediante cláusulas e condições, o seguinte:

CLÁUSULA PRIMEIRA – DO OBJETO

1.1 Os contratantes declaram que possuem um relacionamento afetivo, denominado "NAMORO", pelo qual as partes se comprometem no âmbito íntimo e social, sem firmar qualquer tipo de vínculo matrimonial perante a Lei Civil Brasileira, e sem qualquer intenção de constituir família ou união estável.

1.2 Caso esta intenção venha a se modificar no futuro, deverá ser objeto de novo contrato, com anuência formal e expressa de ambas as partes.

1.3 No caso de conversão automática para união estável, por enquadramento legal ou não, deverá ser regida pela separação total de bens.

CLÁUSULA SEGUNDA - DA VIGÊNCIA

2.1 O presente pacto passa a ter vigência a partir da data de início do namoro, ________, permanecendo vigente enquanto não dissolvida a relação.

CLÁUSULA TERCEIRA - DA COABITAÇÃO

3.1 As partes passam a coabitar na mesma residência com a finalidade de redução de custos e divisão de despesas inerentes à moradia e alimentação, sem qualquer finalidade de constituir família ou firmar união estável.

3.2 Os contratantes estabelecem que a vida em comum será regulada pelo Princípio da Completa Igualdade, cabendo a cada uma das partes atender suas próprias despesas e contribuir nas despesas em comum na proporção de suas respectivas posses e rendimentos.

CLÁUSULA QUARTA - DA DISSOLUÇÃO DO NAMORO

4.1 Eventual dissolução do contrato independe de notificação prévia, ocorrendo a sua imediata extinção com o término do relacionamento, devendo ser observado ainda:

4.1.1 Eventuais pertences em posse da parte contrária deverão ser devolvidos através de um representante neutro.

4.1.2 No caso do uso conjunto de plataformas por assinatura assumidas unicamente por um dos contratantes, a rescisão do contrato implica na imediata remoção do acesso à outra parte.

4.1.3 A guarda de animais de estimação adquiridos durante a vigência do contrato deverá ser decidida de comum acordo no momento de sua rescisão, sendo resguardada a visita pela outra parte.

4.1.4 Qualquer bem presenteado à outra parte não poderá ter sua devolução exigida, pelo princípio da boa fé.

CLÁUSULA QUINTA - FILHOS

5.1 No caso de uma gravidez, não haverá uma conversão do namoro em união estável, devendo ser observados os direitos e deveres relativos à gestação.

CLÁUSULA SEXTA – DA INDEPENDÊNCIA ECONÔMICA

6.1 Pelo presente as partes declaram ser plenamente independentes economicamente, não necessitando de qualquer assistência por qualquer das partes para subsistência própria. Portanto, renunciam de forma irretratável e irrevogável, a qualquer ajuda material pela contraparte, a título de alimentos ou não, em caso de extinção da presente relação ou do presente contrato, por quaisquer de suas formas.

6.1.1 Considerando a independência financeira citada anteriormente, ficam os contratantes cientes que qualquer rateio de eventual despesa não configura dependência recíproca. Ou seja, eventuais contas familiares de streamings como Spotify e Netflix, não configuram assistência recíproca

6.2 Considerando o caráter exclusivamente afetivo, prevalece entre as partes total e inquestionável separação total dos bens que cada um possui ou vier a possuir no decorrer do namoro.

CLÁUSULA SÉTIMA – DA AUSÊNCIA DE DIREITO À SUCESSÃO

7.1 Fica pactuado que as partes não farão parte dos direitos sucessórios um do outro, abrindo mão de qualquer tipo de herança, meação ou demais direitos inerentes à sucessão.

CLÁUSULA OITAVA – DA PLENA EFICÁCIA PERANTE A TERCEIROS

8.1 Os CONTRATANTES declaram ainda que têm plena ciência e integral conhecimento de todos os termos, eficácia e amplitude da presente escritura pública, deliberando que qualquer alteração, modificação ou acréscimo somente poderá produzir efeitos através de outra escritura pública, a qual ambos deverão obrigatória e pessoalmente comparecer, ficando sem valor qualquer outro escrito, documento ou declaração individual que disponha de forma diversa, com data anterior ou mesmo posterior a esta escritura.

CLÁUSULA NONA – CONDIÇÕES GERAIS

9.1 Quaisquer aditamentos e alterações do presente instrumento deverão ser feitas por escrito e registrados pela mesma forma que firmado o presente contrato.

9.2 Finalmente, as partes declaram que foram devidamente alertadas sobre as consequências da responsabilidade civil e penal da lavratura deste ato, por todos os documentos de identificação apresentados e por todas as declarações prestadas.

E, assim justos e contratados firmam a presente escritura, a qual lhes sendo lida e por acharem-na em tudo conforme, aceitam, ratificam e assinam.

(Cidade),________de________de________________________________

____

ASSINATURA CONTRATANTE 1

____

ASSINATURA CONTRATANTE 2

____

ASSINATURA TESTEMUNHA 1

____

ASSINATURA TESTEMUNHA 2

Anexo D
Modelo de Contrato de Namoro proposto pela autora

CONTRATANTES: nome_______, brasileiro(a), solteiro(a) ou divorciado(a) ou separado(a), maior, declaradamente capaz, portador(a) do RG nº______, expedido pelo órgão________, devidamente inscrito(a) no CPF nº_______, residente e domiciliado(a) à Rua_________, na cidade de_________ e nome________, brasileiro(a), solteiro(a) ou divorciado(a) ou separado(a), maior, declaradamente capaz, portador(a) do RG nº_______, expedido pelo órgão________, devidamente inscrito(a) no CPF nº________, residente e domiciliado (a) à Rua______, na cidade de _______ .

Por ser a mais ampla manifestação de vontade de ambas as partes, pessoas juridicamente capazes para a realização do ato, é que, da melhor forma e direito, celebram o presente **CONTRATO DE NAMORO**, o qual será regido pelas disposições abaixo.

CLÁUSULA PRIMEIRA - DO OBJETO

1.1 – O presente instrumento tem como objeto a regulamentação do relacionamento afetivo mantido pelas partes acima qualificadas, as quais declaram que mantêm um relacionamento de namoro.

1.2 – As partes entendem que o relacionamento que possuem é de namoro, uma vez que se estão se conhecendo e desfrutando do relacionamento na sua integralidade, não objetivando a formação familiar (de quaisquer entidades familiares).

1.3 – As partes declaram que o namoro no formato que possuem (*descrever minuciosamente o relacionamento mantido*) é a expressão do afeto mantido um pelo outro, não havendo qualquer intenção de modificar o *status* que mantém perante a sociedade.

1.4 – As partes declaram que o relacionamento de namoro ocorre desde a data de ___ e que assim desejam manter até posterior manifestação de vontade contrária ao presente.

1.5 – O presente instrumento possui prazo indeterminado e a sua resilição ou resolução ocorrerá nos termos da cláusula quinta.

CLÁUSULA SEGUNDA – DO NAMORO

2.1 – O namoro mantido entre as partes configura a livre manifestação da vontade de ambos.

2.2 – Com o objetivo de aprofundar o relacionamento, as partes passaram a coabitar, estabelecendo residência na casa da parte ____.

2.3 – A coabitação perdurará enquanto for interesse de ambas as partes e vantajoso economicamente.

Parágrafo único: O término da coabitação não configurará o fim do relacionamento, podendo advir condições que tornem a coabitação inviável.

2.4 – As despesas da coabitação serão igualmente divididas entre as partes.

2.5 – As partes mantêm independência econômica uma em relação à outra, não havendo prestação de contas de gastos individuais.

2.6 – O afeto que é inerente ao relacionamento deve ser manifestado de forma plena.

Parágrafo único: Para tanto, pactuam que em todas as datas especiais realização comemoração a sós.

2.7 – Acordam que a fidelidade deverá ser mantida entre as partes, sendo a traição vedada.

Parágrafo primeiro: Consideram como traição quaisquer *flertes,* encontros (presenciais ou virtuais) ou conversas que desrespeitem o presente relacionamento.

Parágrafo segundo: Incorrendo uma das partes em traição caberá o pagamento de R$___________ em favor da parte inocente.

Parágrafo terceiro: A multa por quebra de fidelidade acima disposta não isenta a parte culpada de indenizar a parte inocente em razão de perdas e danos.

Parágrafo quarto: O perdão da traição não isenta a parte culpada das multas acimas dispostas, salvo se assim desejar a parte inocente.

2.8 – Para a manutenção de um bom convívio, as partes estabelecem que as tarefas domésticas serão devidamente e igualmente distribuídas.

Parágrafo único: A parte poderá realizar a contratação de um terceiro para auxiliá-la nas suas tarefas, devendo arcar integralmente com os seus custos.

2.9 – Acordam que quaisquer conflitos que advenham do relacionamento serão resolvidos por meio do diálogo.

Parágrafo único: Havendo impasse de difícil resolução e sendo de interesse a manutenção do namoro, acordam que elegerão um terapeuta de casal para auxiliar a solução do conflito.

2.10 – As partes acordam em apoiar o outro nas mazelas que possam advir da vida, bem como pactuam que, em eventuais casos de doenças, acompanharão o enamorado moribundo no tratamento.

CLÁUSULA TERCEIRA – DO PATRIMÔNIO

3.1 – As partes declaram que mantêm os seus patrimônios de forma individual, assim é vedado quaisquer ingerências de uma parte à outra no que diz respeito ao patrimônio.

3.2 – Cada parte realiza a manutenção do seu patrimônio de forma autônoma. Dessa forma, é desnecessário a comunicação prévia ou requerimento de permissão para a alienação ou compra de bens.

3.3 – Usufruindo um do bem do outro, haverá a compensação econômica, sob pena de enriquecimento sem causa.

3.4 – A concessão de presentes é liberalidade da parte, se tornando propriedade, tão somente, daquele que recebeu.

3.5 – As partes declaram que estão cientes que na ocorrência da morte não fará parte da sucessão do *de cujus.*

3.6 – Acordam que eventuais concessões de benefícios de uma parte à outra (ex. beneficiário de seguro de vida, de plano de saúde etc.), consiste em mera liberalidade de forma que não descaracteriza o presente.

CLÁUSULA QUARTA – DOS FILHOS

4.1 – Havendo prole comum, as partes pactuam que a educação, o sustento e a criação se darão de forma igualitária entre as partes.

Parágrafo único: A existência de prole comum, por si só, não desconfigura o presente, salvo manifestação expressa em contrário de ambas as partes.

4.2 – Havendo prole de apenas uma das partes, acordam desde já, que não haverá quaisquer restrições de visitas ou coabitação.

CLÁUSULA QUINTA – RESILIÇÃO E RESOLUÇÃO DO PRESENTE

5.1 – Qualquer uma das partes pode resilir o presente, a qualquer momento. Para tanto, é necessário a manifestação de vontade expressa e a notificação da outra da resilição.

Parágrafo único: Na notificação em favor do outro conterá o motivo pelo qual resile o presente (seja pelo término do namoro, por entender que não vive mais um relacionamento de namoro ou quaisquer outros motivos).

5.2 – O presente poderá ser resolvido ante ao descumprimento de quaisquer deveres aqui estabelecidos, sem prejuízo das multas eventualmente dispostas e perdas e danos.

5.3 – O presente será extinto quando do término do namoro.

5.4 – Ocorrendo a evolução do relacionamento atual para outro, as partes irão resilir, bilateralmente o presente, utilizando-se do mesmo meio que o utilizado para firmar o presente.

5.5 – O presente será resilido em razão da morte de qualquer uma das partes.

CLÁUSULA SEXTA – REGRAS DE INTERPRETAÇÃO DO PRESENTE

6.1 – O presente deverá ser interpretado a partir da boa-fé objetiva e a confiança depositado no outro.

6.2 – A interpretação deverá se dar a partir do relacionamento descrito pelas partes, levando-se em consideração o pactuado no presente.

CLÁUSULA SÉTIMA - DISPOSIÇÕES GERAIS

7.1 – Eventuais concessões e tolerâncias de quaisquer uma das partes no cumprimento das obrigações ora assumidas, não configurarão novação, modificação ou alteração nas cláusulas e condições estabelecidas no presente.

7.2 – As partes se comprometem a agir com probidade e boa-fé em observância ao artigo 422 do Código Civil Brasileiro, se aplicando tais princípios em todas as fases contratuais, de modo que é vedado quaisquer atitudes que contrariem a confiança depositada de uma parte a outra, ao dever de eticidade e a cooperação entre as partes.

7.3 – As partes declaram que o presente contrato e as obrigações ora assumidas estão de acordo com as suas condições econômico/financeiras, bem como que o presente espelha fielmente o que fora ajustado, dos quais possuem ciência clara e inequívoca dos termos.

7.4 – Quaisquer modificações no presente deverão ser feitas de acordo mútuo e registrado da mesma forma que o contrato original.

7.5 – Nos termos dos arts. 104, 107 e 219 do Código Civil, as Partes expressamente anuem e autorizam que, eventualmente, as assinaturas das Partes não precisem necessariamente ser apostas na mesma página de assinaturas deste Contrato, e que a troca de vias assinadas e digitalizadas em formato eletrônico, como, por exemplo, "pdf" ou por meio de sistemas de assinatura eletrônica, é tão válida e produz os mesmos efeitos que a assinatura original de cada Parte aposta neste Contrato.

7.6 – As Partes convencionam que a digitalização ou a versão digital do presente instrumento será equiparada ao documento físico para todos os efeitos legais, desde que observados os padrões técnicos e metadados mínimos exigidos pelos Anexos I e II do Decreto no 10.278, de 18 de março de 2020, ficando dispensada a assinatura com certificação digital no padrão da infraestrutura de Chaves Públicas Brasileira – ICP-Brasil.

7.7 – O presente tem natureza de título executivo extrajudicial, nos termos do artigo 784, III do CPC.

CLÁUSULA OITAVA - DA ELEIÇÃO DE FORO

8.1 – Para dirimir as questões oriundas do presente contrato, fica eleito o foro da comarca de _________, excluindo qualquer outra comarca, por mais vantajoso que seja.

Estando de acordo, firmam o presente contrato em 02 (duas) vias de igual teor e forma, com as testemunhas que se seguem.

LOCAL, DATA

ASSINATURA CONTRATANTE 1ASSINATURA CONTRATANTE 2

ASSINATURA TESTEMUNHA 1ASSINATURA TESTEMUNHA 2